씽골리 새마을,
커뮤니티 개발의 표본

새마을재단

Life-change

in Singoli Saemaul

박영사

서문

　　1970년대 한국에서 추진된 새마을운동은 세계 최빈국이었던 한국을 경제 10위권의 대국에 이르게 한 근본 원동력이었다. 이같은 획기적 성과에 대하여 국제사회가 주목하면서 오늘날 새마을운동은 개발도상국의 효과적인 발전모델로 널리 인식되기에 이르렀고 이와 함께 국제사회의 협력요청 또한 그만큼 증대되었다. 이같은 요청과 관련 새마을재단은 2010년경부터 아시아, 아프리카의 16개국을 대상으로 한국의 새마을운동 경험을 전수하고 협력하는 사업을 전개하여왔다. 사업의 핵심적 내용은 대상국마다 몇 개 마을을 선정하여 주민과의 협력을 바탕으로 커뮤니티 발전을 위한 시범사업을 전개하고 추진하는 것이었다. 추진결과 대다수의 사업은 전통적 ODA사업과는 비교할 수 없을만큼 상당한 성과를 거두었다. 그 성과는 투입물량에 비례한 것이 아니었다. 주민의 자발적 참여와 체계화된 관리지원을 통하여 그 성과는 승수적이었다. 또한 그 성과는 물량적인 것에 그치지 않았다. 마을 주민의 의식을 변화시키고 그에 따라 지속적 자생발전의 역량을 배양하기에까지 이르렀다. 당연히 지역의 특성과 참여의 성격과 정도에 따라 성과의 크기와 정도에는 차이가 존재한다. 그러므로 보다 확장적이고 고양된 성과의 담보를 위해서는 모범적 사례를 발굴하여 그 방법과 절차를 널리 알릴 필요가 있다. 이같은 인식에 따라 새마을재단은 대상사업지 중에서 성과가 높은 모범 사례를 발굴하여 널리 알리고자 하였다. 그러한 목적으로 선정된 대상이 코트디부아르의 씽골리마을이다. 씽골리의 성과는 물량면에서 주민의식면에서 괄목할 만하다. 따라서 이 마을에서의 새마을운동의 진행과정을 체계적으로 정리하게 되다면 향후 새마을사업은 물론 유사한 국제개발협력사업에 유용한 영감을 줄 수 있을 것으로 판단되었다. 그것이 이 책의 발간배경이다.

이 책은 일차적으로는 새마을운동에 관심 있는 일반인과 전문가를 대상으로 집필되었다. 여기에는 새마을교육 담당자, 새마을현장 실천가, 새마을운동 참여자 등이 포함될 것이다. 나아가서 이 책은 새마을운동을 넘어서 일반적으로 국제개발협력사업에 관심 있는 독자를 대상으로 포함한다. 새마을운동 관련 국제개발협력의 성공사례는 새마을운동을 넘어서 일반적 국제개발협력사업에도 유용한 교훈과 지침을 줄 수 있을 것이기 때문이다. 이 책은 국제개발협력과정에서 한 마을의 성공적 변화과정을 시작부터 종점에 이르기까지 자세하게 기술한 보고자료의 성격을 갖기 때문에 특히 국제개발협력사업을 설계하고 자문하는 전문가, 실무자들에게 유용한 참고가 될 수 있을 것이다. 또한 현장에 대한 생생한 기록을 포함한 자료로서 교육현장에서도 흥미 있게 다가오는 교육자료로서의 활용도도 높을 것이다.

씽골리의 주민들은 이구동성으로 이야기한다. "우리의 삶이 바뀌었습니다." 이 책은 그들의 삶이 어떻게 바뀌었는지, 왜 바뀌었는지, 어떻게 바뀌어 갈지를 알게 해 줄 것이다. 아무쪼록 씽골리마을의 주민과 새마을협력 실천가들의 땀과 눈물로 얼룩진 이 이야기가 새마을국제협력, 나아가 국제사회의 개발협력의 향후 발전에 큰 도움이 되기를 기대한다.

2025. 3.
새마을재단 대표이사 이승종

차례

I

씽골리마을 생존에서 생활로

     " 새마을재단이 아시아 및 아프리카 개발도상국에서 새마을시범마을 조성사업을 추진하게 된 것은 국제사회의 새천년사업(New Millenium Goals)부터 비롯된 것이라 할 수 있겠다. 새천년사업은 2000년 UN의 밀레니엄 정상회의에서 지구촌의 빈곤을 타파하고 불평등을 줄이며 삶의 질을 개선하기 위해 8개의 목표를 설정하고 이를 실천하기 위한 21개 지표를 제시한 발전계획이다. 2015년에 UN은 새천년사업에 대한 그간의 활동과 성과를 평가하면서 목표를 18개로 확대하여 SDGs(Sustainable Development Goals)를 재설정하였고, 가장 중요한 실행 목표로 '절대빈곤 및 기아근절(No Poverty, Zero Hunger)'로 제시하면서 2030년까지 전 세계적으로 모든 형태의 빈곤을 없애는 것을 목표로 계획하였다. 새마을재단의 새마을시범마을조성사업은 한국이 1970년대 새마을운동으로 지역개발 및 농업생산성 증진을 통한 소득증대의 모범사례와 성공의 노하우를 개발도상국과 공유하기 위해 계획되었다. 코트디부아르를 포함한 개발도상국가들은 새천년계획의 지원을 받아 자국의 발전계획을 수립하고 빈곤 극복을 위한 농촌개발 및 농업발전을 추진하고자 하였다. 그 추진과정에 한국의 새마을운동이 모범사례로 벤치마킹 가능한 것으로 인지하고, 한국의 새마을운동을 기반으로 한 국제개발협력(ODA)을 추진하도록 요구하였다. 씽골리마을은 바로 그 과정에서 성공적으로 제시될 수 있는 사례로 다루어진 것이다.

     새마을재단은 이러한 국제기구와 국가발전계획을 수립, 추진하는 국가들에게 참고가 될 수 있도록 새마을운동을 모델로 제시함과 동시에 실제 현장에 참여하여 실천하면서 "함께 하면서 노하우를 전수하는"새마을운동을 추진하게 된 것이다. 이런 과정에서 코트디부아르의 씽골리마을의 변모는 그들의 입을 통해 "씽골리마을의 기적"이라고 명명되면서 씽골리마을의 사례가 다른 지역이나 유사한 여건의 국가들에게 관심을 받으며 그 과정을 공유할 수 있도록 요구되었다. 씽골리마을의 여건과 환경으로부터 씽골리 기적으로 탄생되기 까지의 과정을 사례연구로 제시하는 첫 과정 제1부는 코트디부아르의 국가 여건과 씽골리마을의 상황분석 및 참여과정, 그리고 씽골리마을과 새마을운동의 만남까지 과정을 다루고 있다. **"**

01

씽골리 새마을 사업의 표본

씽골리, 코트디부아르 새마을 현장.

이 책의 사례는 서부 아프리카 코트디부아르의 작은 마을, 새마을 재단이 코트디부아르에서 시행한 새마을사업 현장인 '씽골리'를 모델로 하고 있다. 씽골리를 사례로 삼은 것은 단순히 그곳에서 성공한 새마을 시범마을 조성사업(이하 '새마을사업')의 결과였기 때문만은 아니다. 씽골리에 대해서는 2016년 사업 시작부터 2023년 종료 후 사후관리에 이르기까지, 7년에 걸친 전 과정에서 주민들의 참여를 통한 실질적인 데이터가 확보되어 있기 때문에 씽골리 사례는 새마을이 필요한 곳에 귀중한 참고 자료가 될 수 있을 것이며, ODA 사업에 있어서 벤치마킹할 수 있는 실증적인 사례로서의 의미를 지닌다.

이 책을 읽고 아이디어를 구하고 실제 시도하고자 하는 독자들은 다음과 같은 사항을 염두에 두고 읽어가면 실질적인 도움이 될 것이기에 다음에서는 순차적으로 그 과정을 소개하면서 귀중한 참고자료가 되기를 바라는 바이다. 우선, 이 책의 전체적인 내용의 구성은 2017년부터 2021년까지 총 5년에 걸쳐서 이루어진 씽골리마을의 새마을사업에 대해 가능한 많은 정보를 포함하여 담아둔 것이다. 씽골리마을이 과거에 어떤 모습이었던가, 그리고 이들은 어떤 이유로 새마을사업에 지원하였고 어떤 과정과 절차를 거쳐서 선정되었는가 하는 것부터 시작해서 사업을 진행하는 동안에 나타난 여러 가지 주민들의 활동과 또 그로 인한 진행 과정에서의 어려움도, 또한 이것을 해결해 가는 과정에서 여전히 풀리지 않는 난제까지를 포함해서 구체적인 절차와 과정을 제시하고 있다. 이러한 과정은 연차별 과정부터 시작해서 당초에 계획이 어떻게 수립되었고, 그 수립된 계획에 따라서 진행된 절차들을 상세하게 묘사하였다. 그리고 실제 진행을 하면서 어떤 성과를 볼 수 있었던가를 수치로 제시하였다. 또한 사업이 종료된 후 실행한 사후관리에 대한 것을 최종적으로 평가하였다.

이런 평가 과정에서 드러난 것은 주민들의 만족도가 매우 높았다는 것이다. 만족도라 함은 심리적인 만족뿐만이 아니라 실제적인 수치로 보여주는 산출물과 성과에 대한 것까지를 포함하는 것이다. 특히 주목할 것은 지속 가능성이다. 주민들이 새마을사업을 착수했던 당시에 가졌던 소득증대와 환경 개선 등 여러 가지의 목표를 지속적으로 수행하고 있었다는 점이다. 이렇게 지속가능하게 된 것은 바로 주민들의 자치 역량 증진때문이었다. 주민들 스스로가 마을의 조직을 운영하면서 여러 가지 사업들을 계획하고 그 과정에서 목표를 달성하기 위해서 주민들이 얼마만큼 협력할 수 있는가, 그리고 무엇을 해야 하는가 하는 것들을 함께 논의하였다.

또한, 씽골리 새마을사업 실행 과정에서 주목할 것은 주민들이 스스로 마을에 부족한 것을 충족하고 마을 문제를 해결하기 위해서 자신들이 가진 자원들을 아낌없이 기부했다는 점이다. 이런 점들은 주민들의 자치 역량을 증진시킬 뿐만이 아니라 마을의 독자적인 개발과 발전이 지속 가능하도록 만든 가장 큰 요인이기도 하였다. 이 책은 이런 점들을 자세히 담고 있다.

그동안 우리가 살펴보았던 시범마을 조성이나, 해외 ODA 차원에서 지원을 받아온 많은 사례들을 볼 수 있었으나 씽골리의 경우에는 특히 두드러진 특징이 있다. 그것은 새마을재단에서 실시하는 새마을 시범마을 조성과 긴밀한 관계에서 진행되었다는 점이다. 새마을재단은 과거에 한국이 추진했던 새마을운동을 코트디부아르 현지에 갖고 들어가면서 현지 실정에 맞추어 적용하였다. 사업 내용을 다음 몇 가지로 축약해 볼 수가 있다.

첫째, 한국의 새마을운동의 경험을 모델화하여 가지고 들어가는 과정에서 새마을교육이 함께 동반되어 실시되었다는 점이다. 단지 하나의 사업으로서 목표를 수립하고 집행하고 관리하는 차원이 아니라, 주민들이 직접 스스로 할 수 있도록 새마을교육을 병행하여 갖고 들어간 것이다. 새마을교육은 주민들 개개인과 마을이 스스로 자립할 수 있도록, 그들이 얼마만큼 열심히 자기 일을 해야 하는가에 대한 근면의 정신과, 상호간의 협력을 이룰 수 있는 근면·자조·협동의 새마을 정신을 동시에 교육하는 전 과정으로 이루어졌다.

둘째, 두드러진 특징은 이러한 새마을사업은 단지 재정적인 지원에 머문 것이 아니라 사람이 함께 들어갔다는 점이다. 즉, 현지에 새마을재단에서 파견한 새마을지도자가 함께 숙식하면서 생활공유형 새마을사업 프로젝트를 추진하였다. 생활 속에서 함께하면서 경험한 노하우를 전수해 주었다는 점이 여러 특징적인 요인 중 하나였다고 볼 수 있을 것이다.

셋째, 사업 과정 전반에 걸쳐 끊임없는 의견을 주고받으며 진단과 평가가 이루어져서 지속적인 관리가 함께 이루어졌다는 점도 특징적인 것이라고 볼 수 있을 것이다.

넷째, 현지 주민 리더들이 한국을 방문하여 직접 눈으로 보고 들으면서 '확인형·간접경험형' 새마을교육의 모델을 구축하였다는 것이다. 이 점은 실제로 사업에 참여했던 주민들을 대상으로 한 평가조사 결과, 이들의 참여를 끌어낸 가장 큰 요인은 직접 한국을 방문하여 새마을운동 현장을 보고 체험한 간접경험이었다는 진술에서 확인된다. 그들은 우리도 할 수 있다는 희망과 하면 된다는 확신을 갖게 되었고, 씽골리로 돌아가서 이를 실천할 수 있었다. 씽골리의 경우 전체 45가구 중 12가구(약25%)가 한국을 방문하여 새마을교육을 받고 새마을 현장을 직접 탐방했다. 이처럼 많은 주민이 새마을운동의 실제 현장을 직접 목격한 것은 씽골리의 특징이며, 경험 중심 교육이 참여 동기와 실천에 얼마나 중요한지를 보여주는 사례다. 이러한 방식은 다른 국가 새마을사업에서 참고하거나 벤치마킹할 수 있는 중요한 요소이다.

이상의 목적을 염두에 둔, 씽골리 새마을사업의 사례를 소개하는 이 책은 다음과 같은 순서에 의해 총 5부 13장으로 구성, 집필되었다. 제1부는 코트디부아르와 씽골리마을의 현안과 환경을 이야기하면서 이들이 어떤 여건과 환경 속에서 새마을이라는 사업을 만나게 되었는가를 다룬다. 1장에서는 새마을사업이 시작되기 전에 그들은 어떠한 상태에 있었고, 왜 새마을이 그들의 인생을 바꿀 수밖에 없었는지에 이르는 과정까지 많은 것을 포함하고 있다. 2장에서는 코트디부아르가 서아프리카의 경제 중심 지역으로 떠오르고 있는 국가임을 전제로 현재 경제적 환경과 여건을 언급하고, 씽골리 마을이 어떤 환경과 여건 속에 있는가를 보여준다.

제2부는 씽골리 새마을사업이 성장하는, 즉 목적을 달성하는 데 동력이 되었던 요인으로 사람에 초점을 두고 집필된 것으로 핵심적인 역할을 한 4명의 마을 주민의 에피소드를 소개하고 있다. 이들은 마을주민이면서 마을의 새마을지도자 역할을 했고 새마을사업을 성공적으로 뿌리내리게 한 씨앗이라고 할 수 있다. 따라서 제2부에서는 새마을사업의 성공에 어떤 씨앗이 있었고 그 씨앗이 어떻게 자랐는가를 파악하면서 자연스럽게 씽골리마을이 당초 목표를 초과 달성할 수 있었던 요인들을 분석하였다. 씽골리 새마을사업이 성공할 수 있었던 것은 무엇보다도 그 마을 안에 있는 사람들의 영향이 매우 컸다는 점이 명료하게 드러나게 되었다. 그래서 3~5장에 걸쳐서 씽골리 마을주민의 요구와 마을의 니즈를 진단하고 새마을사업 추진에 적극적인 동인이 되었던 씨앗, 즉 사람들을 소개하였다. 우선 3장에서는 씽골리의 니즈와

여건을 분석하여 어떻게 새마을사업에 지원하게 되었는지를 전체적으로 보여주고 있다. 4장에서는 전체 새마을사업의 개요와 목표, 추진과정과 전략 및 주요 사업들을 개괄적으로 소개한다.

5장에서는 마을에서 새마을지도자로 활동했던 주민과, 다양한 마을조직에 적극적으로 활동하였던 자들과 마을의 리더그룹의 이야기를 담았다. 첫 번째 이야기 주민은 씽골리에서 태어나 살다가 마을을 떠나서 아비장에서 대학을 졸업하고 그곳에서 학교 교사로 일하다가 은퇴 후에 마을로 돌아왔다. 그는 마을에 돌아와서 마을주민들이 부족 언어를 사용하고, 공용어인 불어를 배우지 못하고 있는 것이 무엇보다도 씽골리마을이 다른 지역과 소통할 기회를 상실시키고 있음을 파악하고 주민들에게 불어를 가르치는 일부터 시작했다. 그가 씽골리 새마을사업의 추진과 지속에 핵심적인 역할을 한 사람이다.

두 번째로 소개하는 것은 마을에서 생산성 부분에 일등을 한 사람이다. 이 사람은 매우 가난한 집안에서 태어나 씽골리마을에서 결혼했고 먹고 살기 위해서 다른 지역으로 이주를 결심했다. 씽골리마을에서는 먹고 살, 경작할 토지조차도 없었기 때문에 먹고 살기 위해서 그들 부부는 수도인 아비장으로 떠났다. 그러나 아비장에서마저도 변변한 일자리가 없고, 먹고 살기가 힘들게 되자 다시 고향으로 돌아왔다. 그는 마을에 돌아와서 새마을을 접했는데, 씽골리 새마을사업이 시작하던 때였다. 그는 이곳에서 새마을교육을 받고 농업 생산성 대회에서 일등을 한 사람으로 실제 이전보다 10배 이상 생산하였다. 그가 생산성을 10배 이상 증진시킬 수 있었던 것은 새마을사업 추진의 기본 원리가 제대로 작동하였기 때문이다. 그는 새마을에서 도입했던 경쟁의 원리가 매우 중요한 동기를 갖게 해주었다고 말한다. 그는 생산성 1등을 하고 난 이후에 새마을 지도자로 활동하였다. 또한, 마을과 개인 차원의 생산성 증진과 소득증대를 현실적으로 어떻게 실현할 것인가를 새마을정신과 연계하여 교육하는 새마을 강사로 활동하게 되었다. 가난한 마을 청년의 모습으로부터 생산성 1등으로 변신하고, 다른 마을에 다니면서 새마을 추진 과정과 각 마을의 환경과 여건에서 어떻게 할 수 있는가를 강의하고, 생산성을 어떻게 증진시킬 수 있는가를 가르치는 새마을교육 강사로 활동하는 것이다. 그래서 그는 농업을 통해서 부업을 겸하며, 말하자면 농업 생산성을 통해서 소득을 올리고 있을 뿐만 아니라, 강사로 활동을 하면서 수익을 추가로 벌고 있는 것이다.

세 번째로 부녀회장을 들 수가 있는데 부녀회장의 경우에는, 전통적인 부족의 사고방식으로 여성들의 활동이 어려웠지만 새마을운동을 통해 새마을사업을 하는 과정에서 여성들의 역할과 여성들의 참여에 대해서 충분히 인지하게 되었다. 부녀회에 참여하는 여성들이 새마을사업에 적극적으로 참여하여, 여성들의 역할을 새롭게 정립하고 있었다. 뿐만 아니라 가족관계 내에서 부녀회 참여자들은 여성 인권이라는 것을 인식하게 되었고 새마을사업을 추진하는데 여성의 적극적인 역할이 반영되었다. 씽골리마을은 그동안 전통부족 마을형태로 가정생활과 가계경제는 남자에게 의존되었고, 남자들은 전통적인 방식으로 농업에 의존해서 생계가 영위되었다. 이런 생활방식에서 여성들은 남성에게 종속적이고 부속적인 존재로 간주되었던 것이다. 그러나 새마을사업에서 부녀회 여성들이 농업 생산 활동에 참여하여 소득을 올리게 되면서 기존의 전통적인 생활방식이 전환되었다. 여성들이 부녀자로서 직접 벌어서 자녀들을 양육하고 가계 경제를 위해서 무언가 할 수 있게 되면서 독립적인 여성으로 지위를 갖추게 된 것이다. 이런 점들이 실질적으로 씽골리 새마을사업을 성공적으로 이끄는 데 중요한 역할을 하게 된 것이다. 만약에 이들이 없었더라면 씽골리 시범마을에 열매가 맺어질 수 있었을 것인가를 생각해 볼 때 이들의 역할이 얼마나 중요한가를 알 수가 있다.

그래서 2부에서는 이들의 인적 요인들이 어떤 역할을 했는지를 다루었고, 이것을 바탕으로 제3부에서는 새마을사업의 전체 진행 과정을 이야기한다. 6장과 7장에서는 새마을시범마을의 목표를 어떻게 수립했고 실제 진행 과정이 어떻게 되는가를 단계별로 그 전략을 구체적으로 제시하고 있다. 8장에서는 산출물에 대해 이야기하게 될 것이다. 먼저 6장에서 목표 수립에 있어 소득 증대와 마을 환경개선, 주민자치 역량 증진이라고 하는 세 가지 커다란 목표를 수립해두고 이 각각에 대해서 추진하는 과정을 단계별로 제시하고 있다.

그리고 제4부에서는 새마을을 마중물로 한, 씽골리마을의 기적이라고 하는 성과들이 각 부분에서 어떻게 나왔는가를 구체적으로 세부 사업별로 이야기하고 있다. 9장에서 사업의 주요목표인 소득증대, 즉 농업 생산성 증진을 설명한다. 씽골리는 전통적인 농촌사회로 농업에 의존하고 있는 전통 부족들이 농업 생산성 증진을 통해 소득을 증대시키는 과정을 구체적으로 설명한다. 이런 목표를 달성하기 위해서, 목표에 도달하기까지의 세부 과정과 절차를 단계별로 자세히 제시하고 있다. 구체적인 소득증대 사업으로는 양계사업, 채소농장, 농산물 가공사업이 있다. 양계사업은 전통적인 아프리카 양계를 현대식 양계로 전환하여 농업수익을 증대한 구체적인 과정을 이야기하고 있다. 새로운 양계장을 만들고 이에 대한 교육을 통해서 생산성이 증대되었고, 채소 농사는 이들에게 새로운 작물을 재배하는 법을 가르쳤다. 이것이 가능했던 것은 마을에 관수로를 만들어서 1년 내내 농사가 가능하도록 하고 생산된 채소를 시장에 내다 팔 수 있는 시스템과 방법을 찾아냈기 때문이다. 그리고 농업 가공품인 아체케까지 판매할 수 있게 되었고, 이 과정에서 공동 작업이 이루어졌다. 이것이 농업을 통한 소득 증대의 부분이고 두 번째 성과는 마을의 환경개선 부분이다.

10장에서는 먼저 마을회관 건설을 설명한다. 주민들은 자발적인 노동과 기부를 통해 공동으로 마을회관 건축에 참여하였다. 이 마을회관의 건축으로 인해서 마을 주민들이 한곳에 모일 수 있는 장소가 마련되었다. 그곳에서 마을 주민들이 여러 가지 활동을 함께 하면서 협동과 협력을 직접 이루게 하는 상징적인 것으로, 마을 안길 정비를 들 수가 있다. 마을 안길이 과거에 매우 지저분하고 관리가 제대로 이루어지지 않았으나, 마을 청소를 하면서 마을 안길을 깨끗하게 정비하게 된 것이다. 다음은 관수로 공사를 들 수가 있다. 이는 농사가 1년 내내 가능할 수 있도록 물을 공급하는 것이다. 다음은 마을의 놀이터를 설치한 것이다. 이 놀이터는 마을의 중심지에 설치되어, 아이들이 한 곳에 즉각 모일 수 있다. 각 가정에서 아이들을 쉽게 찾을 수 있고 아이들이 다른 곳으로 흩어지지 않을 수 있는 장소로 고려하여 놀이터 시설을 만들었다.

특히, 물관련 문제로 마을주민들은 물을 얻기 위해 5킬로미터를 걸어가서 물을 길어오는 생활을 했는데, 여성이나 아이들은 물을 길어오는 것이 하루의 일과였다. 물론 마을 자체에 수도가 들어올 수 있는 시설이 마련될 수 있었음에도 불구하고 각 가정에서 물을 길러 다니는 이유는 수도를 설치하는 모든 경비를 개인이 지급해야 하기 때문이다. 개인들이 그 비용을 지급한다는 것은 큰 부담이다. 이런 상황에서 새마을사업으로 인해 씽골리마을은 사용하고 있지 않던 개별가정의 수도 대신 마을에 물 저장탱크를 설치하고 그 물을 끌어다 쓸 수 있게 되었다. 물을 각 가정으로 끌어다 쓸 수 있게 된 것은 가정생활의 질을 업그레이드 시키고 더 나은 생활을 위한 수요를 발굴하였다. 그 가운데 하나가 현대식 화장실의 설치이다. 씽골리마을은 각 가정이 개별 화장실을 갖추지 못하고 전통방식으로 집근처 덤불이나 숲 속에 들어가서 용변을 해결했다. 이런 방식은 여러 가지 위험이 도사리는데, 특히 여성이나 아동들의 경우에는 덤불 속에서 뱀에 물리는 등 어려움과 문제가 있었다. 그랬던 것이, 각 가정에 화장실 설치를 하는 화장실 현대화 사업이 진행이 되어 전통방식으로 인한 위험을 제거하고 개인들의 삶의 질과 위생상태를 개선하게 되었다.

마지막으로 새마을교육 연수센터를 설립한 것이다. 주민들의 교육을 위해서 마을의 진입로에 씽골리 부족장과 토지장이 그들의 토지를 기꺼이 기부해서 그곳에 새마을 교육을 위한 연수원을 지을 수 있게 되었다. 새마을교육 연수센터는 코트디부아르 공무원 및 주민들 교육은 물론 국제기구 사업 등 여러 가지 목적으로 이 시설을 건립한 것이다. 구체적인 새마을교육 프로그램은 소득증대와 마을환경개선과 관련된 하드웨어적인 부분의 사업이 추진됨과 동시에, 주민들의 인식과 기초역량을 습득할 수 있도록 기초교육과 문해교육등을 실시하였다. 주민들은 부족의 고유언어를 사용하고 있어 타지역과 원활한 의사소통이 어려웠다. 이런 점은 씽골리 주민들이 농산품이나 가공품을 시장에 내다팔 때 의사소통의 어려움으로 제가격을 받지 못하는 불합리한 경험으로 나타났고, 이를 반영하여 프랑스어 교육과 마케팅 교육 등 필요한 부분의 교육을 함께 추진하였다. 그러나 무엇보다도 중요한 점은 근면·자조·협동이라는 새마을정신이 이들의 마을을 변화시키는데 어떻게 활용될 것인가라는 부분이 새마을교육에서 큰 역할을 한다는 것이다.

이렇게 3부에서는 씽골리 새마을사업이 추진되는 과정과 전략을 소개하고 4부에서는 성과를 알아봤고 이런 내용을 기반으로 추진된 새마을사업이 마을과 가정 및 개인에게 미친 변화를 5부에서 논의하고자 한다. 제5부는 실제 새마을사업이 씽골리마을과 주민들의 삶을 어떻게 변화를 시켰는가, 어떤 변화를 가져왔는가를 이야기하고 있다.

5부에서는 씽골리주민들이 새마을사업을 어떻게 평가하고 있는가를 인터뷰하고 그들의 목소리를 통해서 그들의 이야기를 그대로 전달한다. 그들이 언급했던 여러 가지 단어 중에서 특히 두드러졌던 점은, 그들이 수없이 새마을을 이야기하면서 '라이프 체인지(Life Change)'를 강조했다는 것이다. 실제적으로 그들의 입을 통해서 그들이 인지하고 그들이 느끼고 그들이 평가하는 새마을사업에 대한 스토리를 전한다. 12장에서는 그들이 평가하는 새마을운동을 소개한다. 특히, 농업부 장관이 직접 산골 마을을 그들의 국가 시범 마을의 사례로 언급하며 모두가 공유할 수 있는 모범사례로 인지하고 있는 부분과 이것을 향후 모델로 삼을 것을 염두에 두고 사업을 진행하고 있음을 이야기 하고 있다.

또 하나 주목할 점은, 그들이 새마을운동을 통해 성취한 새마을사업의 효과를 나타내는 말로 '체인지(change)'와 '라이프 체인지(change)'라는 단어가 가장 많이 등장했다는 것이다. 즉 씽골리마을 주민들이 새마을을 통해 경험한 개인 삶의 변화와 가정의 변모를 현실적인 증언으로 직접 말한 것이다. 라이프 체인지는 인생이 바뀌었다, 삶이 변화했다, 생활이 달라졌다는 그들의 경험을 통해 새마을사업의 성과를 잘 보여주고 있다. 이 부분은 현장에서 그들의 면담 내용을 듣고 SNS 분석 결과를 종합한 것으로, 그래픽 분석으로 가장 크게 두드러진 것은 새마을이 중심 개념에 놓여 있고 이를 중심으로 라이프(life), 소득(income), 체인지(change)와 같은 용어들이 함께 분석되면서 어떤 효과를 거두고 있는지를 나타낸 점이다. 또한 이 사업이 진행되는 과정에서 여러 가지 등장하는 개념들의 네트워크를 통해서도 이것을 잘 보여주고 있다. 그리고 마지막 13장에서 그들이 지속적으로 언급하고 있는 것이 'Thanks! 새마을!'이다. 즉 새마을사업에 대해서 매우 고맙다는 감사의 뜻을 전하고 있다. 더불어 새마을이 다른 지역으로 확산될 수 있도록 무언가를 해 줄 것을 요청했고 그들의 간절한 염원이 함께 담겨 있었다.

그래서 이 마지막 13장은 그들의 말을 그대로 인용해서 Thanks! 새마을!이라는 타이틀로 집필하였다. 이 부분에서는 구체적으로 그들이 이야기하고 있는 것뿐만 아니라 실제적인 산출물을 통해서 어떤 변화를 가져왔는가를 다양한 평가보고서를 바탕으로 제시하고 있다. 씽골리마을이 새마을사업을 시작하던 때 실시했던 기초선조사부터 착수조사, 사업 진행 중 실시한 중간평가, 사업 종료 시 실시한 종료평가,

그리고 사후평가에 이르기까지의 실측자료를 기반으로 내용을 제시하였다. 이런 자료는 다른 지역에서 새마을사업을 추진할 때 유용한 참고가 될 것이며, 가능한 실제 데이터를 제시하였다.

결론적으로 새마을사업이라고 하는 것은 단지 한 개인의 삶을 변화시키는 것뿐만이 아니라 마을 공동체의 삶을 변화시킨 것이다. 이런 삶의 변화에 핵심으로 자리하고 있었던 것은 바로 새마을교육이고 이는 새마을정신을 공유하는 것을 내용으로 하고 있다. 근면·자조·협동이라는 새마을정신이 바로 마을 주민들이 함께 협력하여 무엇인가를 시도하게 한 것이다. 나의 생산성과 수익이 증대되어서 내가 잘 살고, 이웃과 함께 잘 살기 위해서 서로 협력하는 것이 협동이다. 그리고 내가 스스로 나서서 무언가를 해내고 마을을 위해 기꺼이 자신의 것을 내놓을 수 있는 기부와 봉사활동까지를 모두 포함하고 있는 과정이라고 볼 것이다. 결국, 이러한 새마을정신과 새마을교육 그리고 새마을이라는 하나의 사업 타이틀이 성공적으로 이끌어진 것은 초기에 새마을교육이 포함되어 함께 실시되었기 때문이다. 이 과정에 마을의 주요 이해관계자인 현지 리더들을 새마을지도자로 양성하고 이들이 마을 주민들의 새마을사업을 지원을 할 수 있도록 시스템을 갖추어야 한다. 새마을재단은 이 모든 과정에 사업 관리를 위해서 다양한 방식으로 평가와 진단을 하고 언제든지 사업의 내용과 방향을 융통성 있게 수정할 수 있는 유연성을 갖고 추진하여야 한다. 또한 새마을지도자와 새마을재단이 현지에서 주민들과 함께 생활하면서 주민들의 토착적인 생활환경과 전통적인 생활습관과 관습을 잘 녹여내었다는 것이 사업을 성공적으로 이끌었던 큰 요인이라고 할 수 있을 것이다.

씽골리 마을 사례에서 가장 두드러지고 인상 깊었던 점을, 모든 면담 과정에서 등장했던 두 단어로 축약하면서 이 글을 마무리하고자 한다. 그들은 라이프 체인지를 이야기했다. 이 라이프 체인지는 여러 가지 측면에서 나타났지만 특히, 그들의 삶과 가정에서 처음으로 체인지가 이루어졌다는 점에서 의미가 크다. 즉 소득의 증대는 가계 수입의 향상으로 이어졌고 이를 통해서 자녀들을 학교에 보내거나, 남편이 아플 때 약을 살 수 있을 정도의 돈이 생겼다는 것이다. 이런 것들은 단순한 수익증가가 아니라 이 소득을 통해서 자신의 정체성과 자신의 존재에 대한 자부심을 높일 수 있었다는 점에서 더욱 의미가 있다. 특히 여성들의 경우에는 더 이상 남성에게 의존하는 가부장적인 가정의 구성원이 아니라, 자신이 삶의 중심이 돼서 무언가를 할 수 있게 되었다. 둘째, 그들이 했던 이야기 속에서 이제 그들은 계획을 수립하고 미래를 꿈꿀 수 있게 되고 미래 계획을 세울 수 있었다는 것이 커다란 변화였다는 것이다. 즉 내일이 있고 내일이 기다려진다는 그들의 이야기였다. 세 번째로는 함께해서 즐거움이 있다는 것이다. 즉 카사바로 아체케를 만드는 공동 작업을 통해 함께하면서 생산성을 증진시킬 수 있었다. 그리고 마지막으로는 그들이 글자를 해독하게 됨으로써, 즉 기초교육과 문해교육 프로그램을 통해서 다른 곳과 소통할 수 있게 되었다는 변화였다는 것이다. 그래서 그들의 마지막 말인 Thanks, Saemaul!로 씽골리 사례를 마치고자 한다.

02

씽골리마을의 환경 및 여건

Chapter

1 코트디부아르 국가 개황

1) 일반 현황

코트디부아르는 북위 5도에서 11도 사이에 위치하며 서부 아프리카 기니만 연안에 위치한 나라로, 동쪽으로는 가나, 북쪽으로는 부르키나파소와 말리, 서쪽으로는 기니와 라이베리아 등 5개국과 국경을 접하고 있다. 면적은 322,463㎢로 세계 69위에 해당하며, 이는 한반도의 약 1.4배 크기이다. 국토 면적 가운데 농경지가 64.8%를 차지하고, 관계수로 면적은 730㎢(2012년 기준)이다.

코트디부아르는 다습한 적도 기후와 열대 건조 기후 사이에 위치하고 국토 전반에 걸쳐 평균 27℃의 고온다습한 열대 우림 기후를 띠고 있으나, 북쪽 지역은 사하라 사막 이남의 사헬 지대의 영향을 받아 건조한 사바나 기후이다. 행정수도인 야무수크로를 기준으로 남부 지역은 열대 우림 기후로, 북부 지역은 사바나 기후로 나뉜다. 북부는 28-37℃의 기온을 보이며, 우기는 6-9월, 건기는 10-5월이다. 남부는 29-32℃의 고온다습한 적도 기후를 가지며, 주로 원시림으로 구성되어 있고, 우기는 4-7월, 건기는 12-3월이다. 연간 강우량은 아비장 기준으로 1,200~1,500㎜이다.

코트디부아르의 행정구역은 14개의 지역(District)과 31개의 주

(Région)로 나뉘며, 행정수도는 야무수크로(Yamoussoukro)로, 2021년 기준 인구는 약 34만 명이고. 경제수도인 아비장(Abidjan)은 약 561만 명이 거주하고 있다.

코트디부아르의 총 인구는 2021년 기준으로 약 2,939만 명으로, 이 중 내국인은 2,284만 명(78%)이고 외국인은 643만 명(22%)이다. 성비는 남성 1,534만 명(52.2%), 여성 1,404만 명(47.8%)이며, 도시인구는 1,536만 명(52.5%), 농촌인구는 1,403만 명(47.5%)으로 나타났다. 인구의 변동은 2016년 기준으로 23,740,424명(세계 54위)으로, 중간 연령은 20.7세로 상대적으로 젊은 국가에 속하며 인구 성장률은 1.88%이다. 출생률은 1,000명당 28.2명, 기대수명은 58.7세, 사망률은 1,000명당 9.5명이며, 유아 사망률은 1,000명당 57.2명, 산모 사망률은 100,000명당 645명이다. 2021년 기준으로 인구증가율은 2.9%로 나타났고, 합계출산율은 4.4명이다.

주요 민족 구성은 아칸족이 42.1%로 가장 많고, 구르족(17.6%), 북방 멘데족(16.5%), 크로우족(11%), 남방 멘데족(10%) 등 60여 개 부족으로 구성되어 있다. 주요 언어로는 프랑스어가 공식어로 사용되며 줄라어(Dioula) 및 약 60여 개의 토착어도 함께 사용되고 있다. 많은 수의 부족민 언어가 사용되는 것은 다양한 부족민으로 구성된 부족국가로부터 발전되었기 때문이다. 더욱이 기초 교육을 받지 못한 사람들이 많아 공용어인 프랑스어로 의사소통 문제가 있으며, 특히 비문해율이 높은 것은 경제 발전의 커다란 장애요인이 되고 있다. 종교 분포는 무슬림이 40.2%, 가톨릭이 19.4%, 기독교가 19.3%, 감리교가 2.5%이며, 전통 신앙은 12.8%를 차지하고 있다.

코트디부아르의 HDI(인간 개발 지수)는 UNDP 인간 개발 보고서에 따르면 0.534로 166위에 해당하며, 기대수명은 58.9세, 평균 교육 연수는 10.1년이다. 성별 소득 차이는 있으며, 여성의 GNI는 4,063달러, 남성은 6,665달러이다. 성별 발전 지수는 0.861, 다차원적 빈곤 지수는 0.236으로 보고되었다. 2015년 기준 도시 인구 비율은 54.2%이며, 빈곤율은 46.3%로 나타났다. 도시화율은 3.69%로 상대적으로 농촌 거주 인구가 많고 농업 개발에 대한 요구도 높은 편이다.

생활용수 접근율은 도시 지역에서 93.1%, 농촌 지역에서 68.8%로, 전체적으로는 81.9%에 달하고, 위생시설 접근율은 도시 지역에서 32.8%, 농촌 지역에서 10.3%, 전체적으로는 22.5%에 그치고 있다. 2015년 기준 HIV/AIDS 성인 감염 비율은 3.17%이며, 성인 비만율은 5%이다. 5세 미만 저체중 아동 비율은 15.7%이다.

문해율은 41.0%이며 그 가운데 남성이 43.1%, 여성이 32.5%이며, 평균 교육 기간은 4.3년이다. 5세에서 14세 사이의 어린이 노동은 약 1,796,802명으로, 전체 어린이의 35%를 차지하고 있어 평균 교육기간이 낮은 것은 빈곤으로 인한 것 뿐만 아니라, 언어에 대한 한계도 있음이 지적되고 있다.

표 2-1 코트디부아르 일반 현황

면적	322,463㎢[한반도 1.4 배, 농경지: 64.8%. 관계수로면적: 730㎢(2012)]	빈곤율	46.3%(2015)
인구	2,374만 명	언어	프랑스어(공식), 줄라(Dioula), 60 여 개 토착어
	기대수명: 58.7(2016)		
위치	서부 아프리카 기니만 연안에 북위 5~11도 사이에 위치	민족	아칸족(32.1%), 구르족(15%), 북방 멘데족(12.4%), 크로우족(9.8%), 남방 멘데족(9%), 기타(21.2%)
접경국	가나, 부르키나파소, 말리, 기니, 라이 베리아 5개국과 접경	종교	이슬람교(40.2%), 기독교 계통 (45.6%), 토착신앙(14.2%)
행정 구역	14개 지역(District), 31개 주(Région)	수도	야무수크로(행정), 아비장(경제)

2) 주요 경제지표

코트디부아르 경제는 주로 농업에 의존하며, 인구의 약 2/3가 농업에 종사하는 농업국가이다. 주요 농산물은 커피, 바나나, 팜유 등이 있으며, 세계 최대의 코코아 열매 생산 및 수출국으로 알려져 있다. 주요 수출품으로는 코코아, 커피, 목재, 면화, 바나나, 파인애플, 팜오일 등이 있다. 특히, 세계 코코아 생산의 약 40%를 차지하고 코코아와 커피 생산등 농업 부문에 대한 높은 경제 의존도를 가지고 있다.

열악한 인프라와 과중한 대외채무는 경제성장 걸림돌로 작용하고 있지만, 최근 정부는 인프라 투자와 국가개발계획(PND)을 통해 이러한 문제를 해결하려 노력하고 있다. 코트디부아르는 서부 아프리카 프랑스어권 국가 중 경제적 중심지로, 풍부한 자원을 보유하고 있으며, 주요 자원으로는 원유, 천연가스, 금, 니켈, 다이아몬드 등이 있으며, 국제 사회로부터 외국인 투자를 유치하고 있다. 2011년 내전 종식 이후 많은 외국 투자가 이루어졌으며, 공업 부문은 2016년 기준으로

8.5% 성장하고 있으며, 국민의 약 21%가 인터넷을 사용하고 있다.

코트디부아르의 주요 경제지표를 살펴보면 2015년 GDP는 공식 환율 기준으로 약 346억 5천만 달러에 달하며, GDP 성장률은 2015년에 8.5%, 2016년에 8%로 나타났다. 2015년에서 2016년 사이 1인당 GDP는 3,400달러에서 3,600달러로 증가했다. 2015년 기준 1인당 GNI는 1,495달러였다. 코트디부아르는 2012년부터 2015년까지 경제 성장률이 점차 감소하여, 2012년 10.7%에서 2015년 8.4%로 낮아졌고 1인당 국민총소득(GNI)은 2014년 1,545달러로 가장 높았으나 2015년에는 1,398달러로 줄어들었다. 국내총생산(GDP)은 2014년 34,254백만 달러로 가장 컸지만, 2015년에는 31,753백만 달러로 소폭 하락했다.

GDP 구성은 농업, 2차 산업, 서비스업으로 나뉘었으며, 농업 부문은 2014년에 11.4%로 크게 증가했으나 2015년에는 3.6%로 감소했다. 2차 산업은 2015년에 8.7%로 상승세를 보였으며, 서비스업은 지속적으로 9% 이상의 증가율을 유지했다. 또한, 정부부채는 2010년 3,062백만 유로에서 2015년 5,564백만 유로로 급증했고, 소비자물가 상승률은 2012년 1.3%에서 2015년 1.2%로 안정적이었으나, 민간소비 증가율은 2015년 20.1%로 크게 증가했다.

대외적으로는 2012년부터 2015년까지 수출 실적과 수입 실적이 모두 꾸준히 증가했으나, 2015년에는 각각 14,415백만 달러와 13,464백만 달러로 소폭 감소했다. 무역수지는 2014년과 2015년 모두 1,370백만 달러를 기록하며 흑자를 유지했다. 외국인투자는 2014년에 최고치를 기록한 439백만 달러에서 2015년 430백만 달러로 소폭 감소했다. 2014년 기준 산업별 GDP 구성에서 서비스업은 52.1%, 농업은 25.9%, 제조업은 21.9%로 나타났다. 코트디부아르의 통화는 Franc CFA이며, 1유로는 655.957 CFA로 고정 환율로 운영되고 있다. 그러나 인프라 부족, 특히 전력과 도로 시설의 열악함은 국내외 투자에 걸림돌로 작용하고 있다.

표 2-2 주요 경제지표

구분	지표		연도			
			2012	2013	2014	2015
대내 경제	경제성장률		10.7	9.2	8.5	8.4
	1인 당 GNI(달러)		1,281	1,447	1,545	1,398
	GDP(백만 달러)		27,041	31,293	34,254	31,753
	GDP 구성 (%, real change)	농업	-2.7	6.9	11.4	3.6
		2차 산업	-1.4	8.8	4.1	8.7
		서비스업	21.2	10.1	9.1	9.9
	정부부채(백만 유로)		3,062(2010)		5,564	
	소비자물가상승률		1.3	2.6	0.5	1.2
	민간소비증가율		11.5	7.5	9.4	20.1
	종합주가지수		167	232	258	304
	이자율(상업은행)		9.5~11	9.5~11	10~11	10~11
	실업률		-	5.3	-	-
대외 경제	수출실적(백만 달러)		13,145	13,706	14,866	14,415
	수입실적(백만 달러)		11,979	12,982	13,496	13,464
	무역수지(백만 달러)		1,16	814	1,370	1,370
	외국인투자금액(백만 달러)		330	407	439	430
	총외채잔고(백만 달러)		9,166	11,082	10,857	
	외환보유고(백만 달러)		3,928	4,232	4,478	4,716
	환율(유로화에 고정)		1유로 = 655.957 CFA Franc			

자료: IMF, World Development Indicators, Economist Intelligence Unit 등

3) 경제구조 및 정책

코트디부아르의 경제는 농업 부문에 대한 높은 경제의존도를 갖고 있어 구조적 취약성을 지니고 있다. 코트디부아르가 서부 아프리카 프랑스어권 경제의 중심지로, 원유(1억 배럴), 천연가스(283억 ㎥), 금(3톤), 니켈(4.4억 톤), 망간(35백만 톤), 다이아몬드(연 30만 캐럿 이상 생산), 철광석(15억 톤) 등의 다양한 에너지 및 광물 자원을 보유하고 있는 것으로 해외 투자를 받고 있다. 이 지역에 대한 투자는 단순히 코트디부아르 하나만이 아니라 서부 아프리카 전체 국가에 대한 투자로 간주되며, 특히 내전 종식 이후 많은 외국 기업들이 진출하여 이 지역 국가들에 대한 진출의 교두보 역할을 하고 있다. 특히 아프리카개발은행(AfDB)이 경제수도 아비장으로 복귀하면서 역내 경제적 리더십을 다시 확보하고 있다.

정부는 2020년 신흥국으로 도약하기 위해 국가개발계획(PND)을 수립하고 농업, 인프라, 관광 등 다양한 분야에서 총 114건의 투자 프로젝트를 추진하고 있고 대외 협력 또한 확대되고 있다. 또한 식량 자급률을 확보하기 위해 농업 생산 증대에도 집중하고 있으며, 쌀 생산량을 대폭 늘리기 위한 투자를 진행하고 있다. 농업 부문에 대한 높은 경제적 의존도가 특징으로 특히 코코아와 커피 생산이 중요한 비중을 차지하며, 기후와 국제시장 가격에 따라 경제가 크게 영향을 받고 있다.

코트디부아르는 오랫동안 정치적 불안정으로 경제성장에 어려움을 겪어왔으나, 최근 정치적 안정을 회복하면서 Ouattara 대통령이 서부 아프리카 경제공동체(ECOWAS)의 의장으로 선출되고 아프리카개발은행(AfDB) 본부가 경제수도인 아비장으로 복귀하는 등 역내 경제적 리더십을 재확립할 것으로 기대되었다. 따라서 정부는 경제 성장을 추진하기 위해 2012년 국가개발계획을 수립하였으며, 이는 지난 수년간의 내전으로 피해를 입은 경제를 회복하고 2020년 신흥국으로 도약하겠다는 비전을 갖고 추진되었다. 이에 정부의 경제정책은 1차 및 2

차 4개년 국가개발계획(PND)을 적극 추진 중이며, 총 114건의 투자 프로젝트가 진행되고 있다. 이들 프로젝트는 농업(12건), 보건 및 에이즈 퇴치(16건), 도로 인프라(12건), 관광(4건) 등을 포함하고 있으며, 민관 협력 프로젝트(PPP)로의 진행도 도모하고 있다.

정부는 대규모 사회 기반 시설 투자를 위해 유럽, 미국, 중국 등 외부에서 자금을 적극적으로 조달하고 있으며, 2013년에는 다이아몬드, 니켈, 구리, 철광석, 망간 등 자원 개발의 일환으로 13개의 광산 개발 권을 발급했다. 그리고 농업 부문에서는 높은 농업 비중에도 불구하고 코코아, 커피, 캐슈넛과 같은 수출용 작물 위주로 경작되고 있어 자국 민에게 필요한 얌, 카사바, 쌀, 채소 등의 자급률이 낮은 실정이다. 이에 따라 정부는 전략적 목표를 세우고, 특히 쌀 자급률을 증대시키기 위해 노력을 집중하였다. 2016년까지 농업 발전에 40억 달러를 투자하여 연간 쌀 생산량을 190만 톤으로 늘리겠다는 계획을 세웠고, 2013년 1월에는 농업 생산 증대를 위해 종자 보급, 비료 지원 및 기술 지도를 포함하는 농업 증산 및 유통 촉진 프로젝트(PROPACOM)를 시작했다. 또한, 같은 해 1월에는 토지 개간을 통한 농지 확보 및 가공시설, 유통망 확보를 위해 쌀 가공 및 유통 전문 기업인 Louis Dreyfus 그룹으로부터 약 6천만 달러의 투자를 유치하여 사업이 진행되었다.

4) 정치 경제적 여건

코트디부아르는 1960년 독립 이후 20년 동안 연평균 7%의 경제 성장률을 기록하며 서아프리카에서 가장 빠르게 성장하는 국가로 자리 잡았다. 그러나 1970년대 말부터 카카오와 커피와 같은 주요 수출품의 국제 가격 하락과 과잉투자의 문제로 인해 경제의 불균형이 드러나기 시작했고, 1980년대 중반에는 심각한 한파와 외채 상환 부담이 누적되면서 1987년부터 1993년까지 연평균 -1%의 부정적인 성장을 경험했다. 또한 1994년 세파프랑화의 평가 절하 이후, 1995년부터 1997년까지 수출이 호조를 보이고 국내 투자가 활성화되고, 제조업 생산이 증가하면서 6~7%의 높은 성장률을 나타냈다. 그러나 1999년 12월 군부 쿠데타로 인한 정치적 혼란과 부조리의 발생으로 다시 한 번 경제위기를 겪게 되었다.

2007년 3월 와가두구 평화 합의 이후 경제 활동이 전반적으로 재개되었고, 국제기구와 선진국의 원조가 일부 다시 시작되었고, 이로 인해 2009년 3월 IMF와 세계은행은 코트디부아르에 대한 부채탕감 프로그램(HPIC 이니셔티브)을 승인하였다. 2011년 5월 내전 종료 후 정국의 안정화와 정상화에 따라 경제 회복이 시작되었고, 1차 및 2차 국가 개발계획(PND)을 통해 정부 주도 하에 경제 성장을 추진한 결과 2011년부터 2019년까지 평균 8%의 높은 성장률을 나타냈다.

2022년에는 코트디부아르의 1인당 GDP가 2,486달러에 달하여 가나와 나이지리아를 제치고 서아프리카 1위를 기록했다. 코트디부아르 정부는 2030년까지 1인당 GDP를 4,000달러로 증가시키고, 중위소득 국가 중 상위 그룹으로 도약하는 것을 목표로 현재 적극적인 경제 성장을 추진하여 서아프리카지역의 경제 중심지로서의 입지를 더욱 확고히 하고 있다.

표 2-3 코트디부아르 주요 경제지표(2018-2022)

구분	2018	2019	2020	2021	2022
경제성장률	4.8%	6.5%	1.7%	7%	6.7%
명목GDP	585억 달러	599억 달러	629억 달러	718억 달러	700억 달러
1인당GDP	2,295 달러	2,290 달러	2,349 달러	2,613 달러	2,486 달러
소비자물가 상승률	0.4%	-1.1%	2.4%	4.1%	5.3%

자료: 외교부 아프리카2과, 2024, p.72

이 외에도 천연고무, 과실류, 금속류 등이 주요 수출 품목에 포함되며, 네덜란드, 미국, 프랑스, 스페인 등 여러 국가가 주요 수출 대상국으로 자리 잡고 있다. 수입 품목으로는 광물성 연료와 석유가 20%, 원자로와 보일러, 기계류가 16%, 화학제품이 10%를 차지하며, 중국, 나이지리아, 프랑스, 인도가 주요 수입국이다.

농업 부문에서는 전체 노동인구의 약 70%가 1차산업에 종사하고 있으며, 1960년 독립 이래로 1차산업의 비중과 산업구조는 큰 변화가 없다. 코트디부아르는 수출용 상품작물 재배를 중심으로 하는 농업국가로, 농업 부문은 국내총생산의 약 25%를 차지하고, 전체 고용의 40%가 농업 분야에서 이루어진다. 국민의 약 절반이 농업에 종사하고 있지만, 농업의 부가가치가 GDP에 기여하는 비율은 약 24%로, 코트디부아르의 농산업은 노동집약적이지만 생산성은 상대적으로 낮은 상황이다.

코트디부아르의 주요 농산품 수출 및 생산 순위를 보면, 카카오는 세계 1위 생산국이며, 플랜틴은 아프리카 1위 수출국이다. 커피는 아프리카에서 6위 생산국, 파인애플은 2위 생산국, 면화와 고무는 아프리카 1위 생산국에 해당한다. 또한 팜유는 아프리카 1위 수출국으로, 코코넛은 UEMOA 지역에서 1위 생산국, 캐슈너트는 아프리카에서 1위, 세계적으로는 2위 생산국이며, 사탕수수는 UEMOA 지역에서 1위 생산국으로 자리 잡고 있다.

표 2-4 코트디부아르 농산품 수출/생산 순위

작물	순위	작물	순위
카카오	세계 1위 생산국	플랜틴	아프리카 1위 수출국
커피	아프리카 6위 생산국	파인애플	아프리카 2위 생산국
면화	아프리카 1위 생산국	고무	아프리카 1위 생산국

팜유	아프리카 1위 수출국	코코넛	UEMOA 1위 생산국
캐슈너트	아프리카 1위/세계 2위 생산국	사탕수수	UEMOA 1위 생산국

자료: 외교부 아프리카2과, 2024, p.76

이상에서 논의한 코트디부아르의 일반 현황과 경제환경을 비롯한 국가적 개요를 요약하면 다음의 표와 같다.

표 2-5 코트디부아르 국가 일반현황

구분	내용
국명	○ 코트디부아르 공화국(Republique de Côte d'Ivoire)
면적	○ 322,462㎢ (세계 69위, 한반도 1.4배) - 아프리카 서부에 위치하며, 말리 · 가나 · 기니 · 라이베리아 · 부르키나파소 등 5개국과 국경을 맞대고 있음
수도	○ 행정수도: 야무수크로(Yamoussoukro) *인구 약 34만 명(2021,INS) ○ 경제수도: 아비장(Abidjan) *인구 약 561만 명(2021,INS)
인구	○ 2,939만 명(2021, INS) - 내국인 2,284만 명(78%), 외국인 643만 명(22%) / 남성 1,534만 명(52.2%), 여성 1,404만 명(47,8%) / 도시인구 1,536만 명(52.5%), 농촌인구 1,403만 명(47.5%) - 인구증가율: 2.9%(2021, INS) - 합계출산율: 4.4명(2021, 세계은행) ○ 민족 - 아칸(Akan, 38%), 쿠르(Kour, 9.1%), 망데(Mandé, 30.6%), 볼타이크(Voltaique, 22%) 등 60여 부족으로 구성
언어	○ 프랑스어(공용어)와 함께 상업 언어로 디울라(Dioula)가 광범위하게 통용되고 있는 가운데, 각 지역별로 바울레(Baoulé) 등 60여 개 부족 토착어 사용
종교	○ 이슬람(42.5%), 무교(12.6%), 기타종교(5.1%) 등

자연 환경	○ 다습한 적도기후와 열대 건조기후 지역 사이에 있으며, 야무수크로를 기준으로 남부의 열대우림기후와 북부의 사바나 기후로 구분되며, 건기와 우기 두 계절 교차 - 북부는 열대건조 기후의 사바나로 28~37℃ 기온을 보이며, 우기는 6~9월, 건기는 10~5월 - 남부는 고온다습한 적도 기후로 주로 원시림으로 구성되어 있으며, 기온은 29~32℃이고 우기는 4~7월, 건기는 12~3월 - 연간 강우량은 아비장 기준 1,200~1,500㎜
거시경제	○ GDP: 700억 2,000만 달러 / 1인당 GDP: 2,486.4 달러(2022, 세계은행) ○ 경제성장률: 6.7%(2022, 세계은행) ○ 산업별 GDP 비중: 1차산업 22%, 2차산업 22%, 3차산업 56%(2023, 프랑스 재경부) ○ 2022년 세계은행에 따르면 소비자물가상승률은 5.3%, 경제성장률은 6.7%로 밝힘 ○ 주요 수출품: 코코아, 커피, 목재 등 / 주요 수입품: 자본재, 연료, 식량 등 소비재
인간개발지수 관련 항목	○ HDI: 0.534(166위) - 기대수명: 58.9 - Expected years of schooling (years): 10.1 - GNI per capita (constant 2017 PPP $): Female 4,063 / Male 6,665 - Gender Development Index Value: 0.861 - Multidimensional Poverty Index Value: 0.236
통화	○ Franc CFA　　　※ 1EURO = 655.957 CFA 고정 환율

* 2024 코트디부아르공화국 개황(2024)을 바탕으로 재구성
* UNDP Human Development Reports Cote D'IVOIRE (2022), http://www.hdr.undp.org/en/countries/profiles/CIV

2 씽골리마을 현황

1) 지리적 위치 및 행정구역

씽골리는 코트디부아르의 사카수(Sakassou)현에 위치한 부족 마을로, 아프리카 지역에서 볼 수 있는 전형적인 마을 형태를 띠고 있다. 씽골리마을은 코트디부아르 아비장에서 북쪽으로 345km 떨어져 있으며, 차량으로는 약 6시간 정도 소요된다. 이 마을은 사카수 중심에서 10km, 부아케시에서 35km(약 30분 거리) 떨어진 지역에 위치해 있다. 씽골리마을의 지도상 위치를 보면 코트디부아르 지도상 중앙 부분에 위치하고 코트디부아르에서 두 번째로 큰 도시인 부아케시 인근에 위치하고 있다.

그림 2-1 코트디부아르 위치와 국가지도로 본 씽골리의 위치

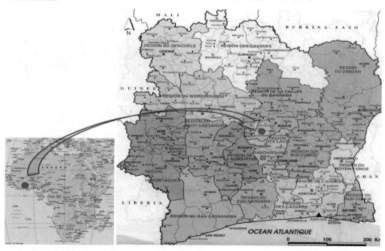

마을에는 부아케시와 사카수 중심을 연결하는 주요 도로가 포장되어 있지만, 마을 내 통행로는 비포장이다. 아비장에서 씽골리마을까지

주요 이동 및 운송 수단으로는 자동차와 오토바이가 있지만, 마을까지 운행되는 대중교통은 없다.

2) 기후 및 환경

씽골리마을은 연평균 기온이 21℃에서 30℃ 사이로, 대건기(1, 2, 3월), 대우기(4~7월 중순), 소건기(8월 말까지), 소우기(11월까지)로 뚜렷하게 구분된다. 연강우량은 약 900-1000mm로 상대적으로 적은 편이다. 씽골리의 강수량은 부아케 지역의 연평균 강수량인 1000mm 이하로 적은 편인데, 이러한 점이 원인이 되어 농업에 종속된 경제구조에서 다양한 문제가 발생하고 있다. 다음 그림의 사진에서 보여주듯이 씽골리마을의 위성사진은 건조한 토양으로 농사짓기에 열악한 환경임을 알 수 있다.

그림 2-2 **씽골리마을의 위치**

씽골리마을 위치

3) 소득과 경제적 상황

　　주요 경제활동은 농업이며, 대다수 농가가 전통 농법에 의존하는 자급자족형이다. 그러나 농민들의 시장 접근성과 금융 서비스에 대한 접근성이 매우 제한적이며, 이는 지역사회 발전의 저해 요인으로 작용하고 있다. 특히 저소득으로 인한 생활환경 개선 및 소득 증대의 어려움, 깨끗한 생활용수 확보 문제, 열악한 주택 및 교육 시설, 저조한 전기 사용률과 무차별적인 벌목으로 인한 자연 훼손, 농업 부산물의 미활용 등이 빈곤과 저발전의 주요 원인으로 지적된다. 주요 재배작물로는 땅콩, 카사바, 얌 등이 있으며, 대부분 자가 소비용으로 재배되고 있다. 이처럼 대부분 주민들은 자급자족의 생계농업에 의존하고 있으며, 잉여 농산물의 시장 판매는 거의 이루어지지 않고 있어 농업을 통한 소득의 증가도 기대하기 어려운 실정이다. 따라서, 시장판매에 대한 대한 인식이 부족하다는 점에서 농사를 통해 주민들의 소득을 기대하는 것은 어렵다. 주민들은 전적으로 농업에 의존하고 있으며, 일부는 재래식 축산도 병행하고 있다. 특히 농업은 강우에 전적으로 의존하고 있어, 기후와 강우량 변화에 수동적으로 영향을 받을 수밖에 없는 현실이 뚜렷하게 드러났다. 가구당 연 평균 소득은 52,767 CFA이며, 이 중 25가구는 소득이 없는 상황으로 총가구의 약 40%정도에 육박하고 있다.

　　더욱이 씽골리마을은 부족마을로 국가 중심의 통치 경험이 부족하여, 독자적인 경제를 유지하기 어려운 환경에 처해 있다. 씽골리마을의 경제적 여건은 코트디부아르 내에서도 가장 열악한 지역 중의 하나로 언급된 곳이다. '씽골리'라는 마을 이름 자체가 이를 암시한다. Singoli라는 언어에서 '우리가 과연 먹고 살 수 있을까?'라는 의미를 담고 있기 때문이다. 경제적으로 열악한 환경 속에서 주민들은 수렵과 채집으로 생계를 이어가고 있었다. 그러던 중 부아케시에서 시작된 도로 공사를 계기로 씽골리 주민들은 원래 거주하던 부족 마을에서 도로 근처로 이주해 정착하게 되었다. 이들이 이주한 이유는 생계를 위한 선택이었으며, 씽골리 주민 소득은 매우 낮은 수준에 머물렀다. 2016년 기준 씽골리마을 주민들의 월평균 소득은 19,000 CFA(약 32 USD)이다. 주요 소득원은 카사바와 얌 등의 농작물 재배에서 비롯된 수입이며 닭과 소, 양도 사육하고 있다.

4) 토지와 농업중심의 산업

씽골리마을 면적은 80ha이다. 소수의 가구가 토지를 거의 독점적으로 소유하고 있지만, 마을 발전을 위해 기꺼이 토지를 희사하고 있다. 주민들은 자급자족을 위해 전통농업을 시행하고 있으며, 주요 작물로는 얌(주식), 카사바, 땅콩을 재배하고, 가축은 주로 아프리카 토종닭, 양, 염소를 기르고 있다. 더욱이 농사는 전통적인 방식으로 온전히 주민들의 노동에 의존하고 있으며, 마을에는 농기계가 없는 실정이었다.

5) 인구 및 사회조직

인구를 보면 2017년 기준 씽골리마을에는 45가구, 총 500명의 주민이 거주하고 있다. 2021년 기준으로 인구 현황을 보면 씽골리마을의 인구는 67가구, 총 589명으로 구성되어 있다. 마을 구성원들의 연령 분포를 보면 마을 전체 인구의 50% 이상이 20대 이하로, 젊은 인구 비중이 높은 곳이다. 대다수가 아칸족 계통의 바울레족(Baoule)이다. 가족 형태는 대가족 형태가 많으며, 한 가구에 평균 5명 이상의 구성원이 함께 살고 있다.

언어분포는 프랑스어와 바울레어(부족어)가 사용되고 있다. 씽골리마을은 촌장(족장) 중심의 부족 공동체적 사회 구조를 가지고 있으며,

세습 족장제를 통해 다양한 마을 개발 조직이 존재한다. 주요 구성원 및 조직현황으로는 족장, 토지장, 마을개발 위원회(새마을위원회), 부녀회, 청년회, 장로회 등이 있다. 마을의 의사결정은 장로들의 의견을 중시하며, 모계 사회의 특성을 지니고 있다.

6) 교육 및 정보 접근성

마을 주민들의 교육 및 소득수준은 매우 낮은 수준이다. 교육은 교육기관이 없어 교육에 대한 접근성이 어려운 것도 원인으로 들고 있지만, 부족마을로 교육에 대한 관심이 높지 않았던 것에 기인한다. 특히 여성들의 교육기회는 매우 저조하고 관심이 없었던 환경이었다. 가장 인근에 위치한 교육기관은 마을에서 4km 이내에 초등학교가 있지만, 교육 참여율은 낮은 편이다. 주민의 50% 이상이 문맹이며, 전반적으로 문해율과 산술 능력이 낮은 편이다. 특히 여성들의 교육 수준이 낮고, 대부분의 노년층은 프랑스어를 구사하지 못하여 경제적 활동을 하는데 커다란 제약요건이 되고 있다. 인터넷과 이동통신은 부분적으로 가능하나, 전반적인 정보 접근성은 제한적이다.

7) 주거 및 생활 조건

씽골리마을의 주거 형태는 경제 수준에 따라 전통적 방식과 현대적 방식이 공존하고 있다. 주민들은 주로 벽돌과 흙으로 지은 집에 거주하고 있고, 2022년 현재 80% 이상이 현대식 주택으로 마을의 중심지에는 주민 회의를 위한 큰 공터가 있다. 상수도 시설은 있지만 단수가 잦아 수돗물의 안정적인 공급이 어려우며, 하수도 시설은 없다. 전기는 약 80%가 보급되어 있으며, 주요 연료는 나무와 숯이다. 마을회관이 존재하여 주민들이 모일 수 있는 공간을 제공하지만, 여전히 많은 발전이 필요한 상황이다. 생활환경을 보면 주민들은 마을 우물을 사용하여 물을 공급받고 식수는 주로 지하수와 인근 수도를 이용하여 공급받고 있다. 대건기에는 수자원이 고갈되기도 하지만, 지하수는 비교적 풍부한 편이다. 연료는 나무를 주요 연료로 사용하고 대부분 부엌은 따로 두지 않고 야외에서 취사를 하고 있다.

이상에서 살펴본 씽골리마을의 환경을 요약하면 다음의 표와 같다.

표 2-6 ▶ 마을 기본현황(2017년)

구분	씽골리마을
위치	수도 아비장에서 북쪽으로 345km 거리(차량 5시간), Sakassou에서 10km, Bouake에서 35Km
기후	대건기(12~3월), 대우기(4~7월 중순), 소건기(~8월 말), 소우기(~11월)로 뚜렷이 구분됨, 연강우량은 약 900ml로 작은 편
인구	45가구 500명 대부분 아칸족 계통의 Baoule족
토지	소수의 가구들이 거의 독점소유하나 마을개발을 위해 기꺼이 희사함
마을조직	세습 족장제 하에서 다양한 마을개발조직 존재함
생활환경	마을우물 사용 대건기에는 수자원 고갈되나 저수지 없음. 지하수는 풍부한 편
주요작물	자급자족 전통농업으로 얌(주식), 카사바, 땅콩
가축	아프리카 토종닭, 양, 염소
농기계	없음
정보통신	인터넷과 이동통신 가능
교육시설	없음
공공시설	마을회의 가능한 중심지의 큰 공터
소득	자급자족 생계농업으로 잉여농산물의 시장판매는 거의 없음
교육수준	주민의 50% 이상이 문맹이며 전반적으로 문해율과 산술능력이 낮음 특히 여성의 교육수준이 낮고 대부분의 노년층은 불어를 모름

8) 씽골리마을 특징

씽골리마을은 1998년에 2km 떨어진 이전 위치에서 현재의 장소로 이주하였으며, 이 과정은 주민의 100% 의사에 의해 결정되었다. 이전 당시 마을 진입이 어려워 전기와 수도 공급이 가능한 지역으로 이전하게 되었으며, 일부 주민들은 경작지를 이유로 옛 마을에 남아 있다. 마을 주민들의 이전은 동시에 이루어지지 않고 순차적으로 진행되었다. "Singoli"라는 이름은 "내가 과연 먹고 살 수 있을까?"라는 의미를 가지고 있는 것이라고 한다.

마을 내 토지는 일부 가구가 독점적으로 소유하고 있으나, 주민들은 마을 발전을 위해 기꺼이 토지를 기부하고 있어 코트디부아르의 다른 부족 마을과는 두드러진 차이를 보여준다. 토지 소유와 관련해서는 정부법보다는 부족법이 우선시되며, 따라서 정부의 개발 사업도 부족의 허락 없이는 이루어질 수 없는 실정이다. 씽골리마을은 마을발전에 대한 주민들의 자발적인 참여와 토지기부에 동참하는 것은 이미 마을의 발전을 위한 초석을 다지는 요소였다고 보인다.

마을에는 세습 족장제와 전통적인 토템 문화가 여전히 남아 있어 여성의 역할뿐 아니라 가정 내 자녀양육과 경제활동에도 지속적인 영향을 미치고 있다. 예를 들어 수요일과 매월 음력 1일(달이 처음 뜨는 날)에는 일을 하지 않는 전통이 있고 성인식을 위한 신비의 숲도 따로 존재하고 있다. 마을 인구는 약 500명, 45가구로 구성되어 있으며, 대부분 아칸족 계통의 Baoule족이다. 주민들은 마을 개발을 위해 다양한 조직에 참여하고 있으며, 성인 주민들은 최소한 하나 이상의 조직에 소속되어 있다.

주민들은 100% 농업에 종사하며, 소득원으로는 약간의 재래식 축산이 포함되어 있다. 농업은 100% 강우에 의존하고 있으며, 저수지가 없는 상황이며 주변에 물웅덩이가 있지만 우기 외에는 물이 흐르지 않아 건기에는 사실상 농사가 불가능한 상황이다. 이로 인해 자연에만 의존할 수밖에 없으며, 상시 농사를 위한 저수지 건설은 주민들의 오랜 숙원사업이다. 그리고 농업 기반 시설이 갖춰지지 않은 데다 생산성도 낮아, 일부 젊은이들은 농사 대신 일자리를 찾아 아비장이나 다른 지역으로 떠나고 있다. 다만 이들의 정확한 수는 파악되지 않고 있다. 마을 내 지하수는 풍부한 것으로 판단되지만, 깊은 관정을 시도한 경험이 없어 농업용수를 확보할 수 있을지에 대한 정보는 부족하다. 대우기 때 강물을 보관할 수 있는 저수지 건설을 고려 중이나, 아직 구체적인 계획은 없는 상태이다. 마을 축제는 부활절, 1월 1일에만 열리며, 외부로 나간 주민들도 동참하여 마을의 미래에 대한 회의를 갖고, 개발 안건에 대해 토의한다. 부를 축적한 출향인들은 마을에 기부하여 공동으로 관리하는 통장에 기여하고 있다.

농업의 상업화 정도를 보면 주민들은 자급자족을 기본으로 하고 있으며, 소득 창출이 가능한 작물로는 땅콩, 카사바, 얌 등이 있으나 시장에 내다 팔 목적으로 하는 경작은 없다. 대부분의 주민들은 농사에서 주식인 얌과 카사바 경작을 최우선으로 생각한다. 토마토와 같은 작물도 경작하고 있지만 소비는 하지 않고 중간상인에게 저렴하게 판매되고 있다.

요약하면 시범마을 대상지의 기타 사회문화적 특징은 다음과 같은 몇 가지를 언급할 수 있다. Singoli 마을은 높은 수준의 양성 불평등이 존재하며, 이는 가부장적인 사회구조와 부족의 전통에 의해 결정된다. 이러한 환경에서 여성들은 문화적, 구조적 종속관계에 놓여 있다. 그러나 얌, 카사바, 벼 등 주식 작물 경작 외의 분야에서는 여성들이 발언권이 매우 강하다. 가정을 유지하려는 여성들의 의지는 강하며, 마을 내부에서는 연장자의 영향력이 크게 작용한다.

주민의 50% 이상이 문맹이며, 문해율과 산술 능력이 전반적으로 낮은 상황이다. 특히 여성의 교육 수준이 낮은 점은 주민들이 인식하고 있는 주요 문제이다. 대부분의 노년층이 공식 언어인 프랑스어를 사용하지 못해 여러 가지 제약을 받고 있다.

보건위생 및 생활환경 개선에 대한 인식 개선 활동이 부족하다는 주민들의 인식이 있으며, 지역개발의 필요성은 인지하고 있으나 오랜 시간 외부 지원에 의존해왔기 때문에 자립 및 자치, 공동체 활동 협력에 대한 인식 제고가 필요하다. 코트디부아르 전역에서 외국 단체의 지원에 의존하는 경향이 강하며, 이는 주민의 현실적인 수요를 고려하지 않은 '이식(transplanted)' 형태의 사업 수행에 익숙해진 결과로 간주되고 있다.

> **▌씽골리마을 의미: 우리가 먹고 살 수 있을까**
> - 수집과 채집으로 연명하면서 '우리가 먹고 살 수 있을까?' 의미
> - 1998년 숲속 거주지에서 공사 중인 인근도로 옆으로 이주 시작
> - 소수가 토지를 소유하고 있으나 마을주민들을 위해 기꺼이 토지를 희사
> - 카사바, 얌, 아프리카 전통 양계가 농업의 중심
> - 교육기관이 없고 교육수준이 매우 낮음

II

씽골리마을, 성공의 홀씨 되어

66 2부는 씽골리 새마을시범마을의 배경이 되는 마을의 환경과 여건에 대한 진단을 바탕으로 시범마을 사업의 목표와 추진체제와 전략을 수립하는 등의 구체적인 새마을사업추진의 과정을 소개하였다. 씽골리마을의 여건과 환경을 분석하여 씽골리마을의 문제와 수요를 파악하고 주민들의 요구조사를 통해 새마을시범마을 사업으로 전환시킬 수 있게 하기 위함이었다. 씽골리의 니즈와 문제분석은 자연스럽게 씽골리가 새마을사업을 만나게 된 과정과 새마을사업을 추진하기 위해 수립한 계획과 목표를 체계적으로 보여줌으로써 씽골리마을 새마을사업의 성과를 드러낼 수 있기 때문이었다. 그리고 씽골리마을의 새마을시범마을조성사업이 가능하게 했던 씽골리마을 주민과 주민리더들의 소리를 통해 씽골리 주민들의 새마을사업 참여와 추진과정에서 겪는 여러 문제와 상호돌봄으로 성과를 거두게 된 과정을 보여주기 위해 주민들을 인터뷰하고 그들이 스스로 자기 이야기를 한 것을 소개하고자 한다. 그 이유는 씽골리마을의 새마을시범마을 사업의 성공은 바로 주민들이 마을을 변화시키고자 하는 의식과 그들이 바로 변화를 일으킨 씨앗이 되어 홀씨로 퍼져서 사업이 성공할 수 있었고 그들이 바로 살아있는 생생한 새마을사업의 진정한 지도자이기 때문이다. 따라서 다음에서는 씽골리마을을 떠났다 다시 귀향한 주민, 퇴직 후 씽골리마을로 돌아와 마을주민들의 계몽과 의식개혁을 위해 교육으로 헌신한 마을출신의 교사, 부녀회장, 마을의 지도자 부족장등의 이야기를 소개하고 있다. 이들의 소리는 다른 지역에서 새마을사업을 추진하는데 겪을 어려움을 미리 이해하고 해결하는데 참조가 될 것으로 기대한다. **99**

03

씽골리 니즈와 여건

씽골리마을에 대한 환경과 현황에 대한 것은 이미 앞 절에서 구체적으로 언급하였으며 이런 씽골리마을의 환경속에서 마을을 개발시키려는 주민들의 니즈와 적극적인 참여의지를 바탕으로 씽골리마을이 변화를 일으킬 수 있는 여건들을 분석하고자 한다. 다음의 씽골리마을에 대한 니즈와 여건의 분석은 씽골리마을이 새마을시범마을조성사업에 관심을 두게 된 배경과 씽골리마을 새마을시범마을조성사업을 추진하는데 활용될 요인을 파악한다. 이와 관련된 사항들을 살펴보고자 한다.

1 씽골리마을의 실태

코트디부아르의 씽골리 시범마을은 열악한 농업환경과 부족한 인프라로 인해 농업 생산성이 매우 낮은 상황이었다. 농업용수 공급 시스템이 미비하여 농작물의 자급자족이 주를 이루고 있으며, 농업을 통한 소득 증대가 사실상 어려운 것으로 평가되었다. 현지 농업 정책은 식량 작물의 생산 증대보다는 코코아, 커피, 캐슈넛, 면화, 천연고무 등과 같은 수출 농작물 중심으로 편성되어 있어, 일반 농민들은 그 혜택을 받지 못하고 대규모 농기업이나 외국 수출업체의 이익만을 위해 일하는 경우가 많았다. 이런 현실로 씽골리마을은 빈곤 상태를 벗어나 기는 더욱 힘든 상황이 된 것이다.

또한, 마을 내 공공시설의 부족으로 인해 주민들의 통행이 불편하며, 교육시설 또한 미비하여 교육 수준이 매우 낮은 실정이었다. 주거 환경은 특히 열악하여, 대부분의 가구에는 화장실 시설이 없거나 있는 경우에도 매우 비위생적으로 열악한 환경이었다. 이러한 환경은 전염병의 발병을 초래할 위험이 있으며, 생활환경 개선이 시급한 것으로 파악되었다. 상수도 시설도 사용료 부담으로 인해 많은 가구에서 사용하지 않고 있으며, 지하수 관정의 위생 상태는 좋지 않아 수인성 전염병의 원인이 되고 있었다. 따라서 안전한 식수 공급과 생활 하수 처리는 반드시 해결해야 할 시급한 문제로 파악되었다.

마을 주민들에 의해 다양한 주민조직이 정부의 지원으로 구성되었으나, 이들 조직의 실제 활동 실적은 미비한 상태에 머물러 있었다. 주민들은 소득증대, 주거 환경개선 및 마을 기반 시설 확충의 필요성을 인식하고 있지만, 이를 추진할 역량 있는 마을지도자의 부재, 주민들의 개발 의식 및 경험 부족, 그리고 기존의 경로 의존성으로 인해 마을 개발이 지연되고 있었다. 비록 씽골리마을에는 코트디부아르 농촌 고유의 사회적 자본이 존재하지만, 마을 개발에 대한 인식이 충분하지 않다는 점은 개선이 필요한 것으로 파악되었다.

새마을시범마을 조성사업에 선정된 씽골리마을의 현황은 분야별로 보면 인적 자원으로 새마을위원회, 청년회, 부녀회 등이 있으며, 주민들이 자발적으로 참여하고 있는 조직들을 들 수 있다. 물적 자원은 지하수와 새마을 지원 인프라 시설이 존재하지만, 주민들에 의한 활용은 낮은 편이다. 주요 사업으로 대다수 주민이 농업에 종사하고 있으며, 자급자족 형태로 농업 활동이 이루어지고 있으나 실제 소득증대로 연결되지 못하는 애로가 있다. 소득 증대 분야 문제는 주민 대부분이 농업 자급자족 형태로 인해 소득증대에 한계가 있는 실정이다. 농업이 자급자족의 형태로 지속되는 것은 경작을 하는 주민들이 고소득 작물 재배 경험이 부족하고, 재배 및 관리 기술도 부족하여 농업생산성이 매우 낮기 때문이다. 따라서 농업 기술 전수를 통해 생산량 증대 방안을 모색해야 할 필요가 있고 경작된 농산물의 채소 직판을 통해 소득을 증대시켜야 할 필요성이 커지고 있다. 선진 농업 기술의 전수와 함께 새마을 조직 중심의 운영이 필요하다.

씽골리 현황을 보면 첫째, 농업용수 공급 시스템의 미비 등으로 농업 생산성이 낮고, 대부분의 농작물이 자가 소비를 위해 생산되어 농업을 통한 소득증대가 매우 어려운 상황이다. 농업 정책이 수출 농작물 중심으로 이루어져 있어 일반 농민들은 빈곤 상태를 극복하기 어렵다. 둘째, 기본적인 공공시설이 부족하여 통행이 불편하고, 교육시설의 미비로 인해 교육 수준이 매우 낮다. 주거환경 또한 열악하여 위생적이지 않은 화장실로 인해 전염병 발생 위험이 높다. 상수도 시설의 사용률이 낮고, 지하수의 위생 상태가 좋지 않아 안전한 식수 공급이 시급하다. 셋째, 정부의 지원으로 여러 주민 조직이 구성되었으나, 실질적인 활동은 미비하였다. 주민들은 개발의 필요성을 인식하고 있지만, 추진할 역량 있는 지도자와 개발 의식, 경험의 부족으로 마을 개발이 지연되고 있다. 코트디부아르 농촌의 사회적 자본은 존재하나, 마을 개발에 대한 인식이 부족한 상황이다. 이와 같은 상황을 종합적으로 분석한 결과, 씽골리 시범마을의 발전을 위한 체계적이고 지속 가능한 방안이 필요하다.

씽골리마을이 위치한 사카수현의 주요 경제활동은 농업이지만, 대다수 농가는 전통 농법에 의존하는 자급자족형으로 운영되고 있다. 이로 인해 농민들은 시장 접근성과 금융 서비스 등 공적 서비스에 대한 접근성이 매우 제한적이며, 이는 여러 사회경제적 제약 요인과 결합되어 지역사회 발전의 저해 요인으로 작용하고 있다. 특히 저소득층은 생활환경 개선과 소득 증대를 위한 자금 조달에 어려움을 겪고 있으며, 깨끗한 생활용수 확보 문제, 열악한 주택 및 교육 시설, 저조한 전기 사용률, 무차별적인 벌목으로 인한 자연 훼손, 농업 부산물 미활용 등이 빈곤과 저발전의 주요 요인으로 지적되고 있다.

또한, 시범 마을이 위치한 지역은 농업용수 공급 시스템이 미비하여 열악한 농업 환경으로 농업 생산성이 매우 낮다. 대부분의 농작물은 자가소비를 목적으로 재배되고 있어 잉여 농산물을 통한 소득 증대가 어렵다. 코트디부아르의 농업 정책은 식량 작물의 생산 증대보다 수출 작물(카카오, 커피, 캐슈넛, 면화, 천연고무 등) 중심으로 설계되어, 그 혜택이 대규모 기업이나 외국 수출입상에게 집중되므로 일반 농민들은 빈곤에서 벗어나기 힘든 상황이다.

생활환경 역시 열악하여, 시범 마을의 공공 시설은 빈약하고 교통이 불편하며, 기본적인 교육 시설이 부족해 교육 수준이 매우 낮다. 일반 가구는 화장실이 없는 경우가 많고 외부 화장실도 비위생적이어서 다양한 전염병의 위험이 상존하고 있다. 마을에서 사용하는 상수도 시설은 사용료 부담으로 인해 사용하지 않는 가구가 많으며, 지하수 관정의 경우 오염 상태가 심각해 설사 등 수인성 질환의 원인이 되고 있어, 안전한 식수 공급과 생활 하수 처리 방법 마련이 시급하다.

마지막으로 주민 조직은 정부의 의지에 따라 다양한 조직이 구성되어 있으나, 실질적으로는 기능하지 못하고 있다. 주민들은 소득 증대, 주거 환경 개선, 마을 기반 시설 확충 등 마을 개발의 필요성에 공감하고 있지만, 이를 추진할 역량 있는 마을 지도자의 부재와 주민들의 의식 부족으로 마을 개발이 이루어지지 않고 있다. 비록 마을에는 농촌 고유의 사회적 자본이 존재하지만, 마을 개발에 적절히 활용되지 않고 있는 실정이다.

2 씽골리 개발과 주민조직 및 ANADER와의 관계

코트디부아르의 농촌 사회는 여전히 전근대적인 농경사회의 구조를 유지하고 있으며, 강력한 부족 공동체 성격을 띠고 있다. 마을 내에서는 공동체의 존속을 위해 필요한 최소한의 관계망이 형성되어 있지만, 이러한 역할의 효과성에 대한 의문이 제기되고 있다. 이로 인해 새마을시범사업을 위해서는 마을조직의 개편이 필요할 것으로 보인다.

마을주민들은 필요한 공공시설을 자력으로 건설하는 경우가 많지만, 시범마을은 재정적 어려움으로 인해 마을 진입로, 농로 및 관개시설, 마을회관, 초등학교 시설 등의 개선이 어렵다. 현재 코트디부아르 정부는 마을 개발을 추진하고 있으나, 국가 재정 부족으로 인해 마을에 대한 직접적인 재정 지원은 이루어지지 않고 있다.

코트디부아르 정부는 국가개발계획 1차와 2차 계획을 수립하는 과정에 농업의 생산성 증진과 쌀 생산 증진을 위한 전략을 포함하였다. 그리고 계획 실행을 위한 세부 전략을 수립하고 농촌지역의 농업생산성 증진을 목적으로 ANADER(Agence Nationale d'Appui au Développement Rural, 국가농촌개발지원단)이 중심 역할을 하도록 전략을 추진하였다. 국가농촌개발지원단은 각 지역마을의 농업생산성 증진을 위해 먼저 마을의 기본 현황과 조직, 지원 체계를 마련해 주는 기능을 하고 있다. 코트디부아르의 농업은 자급자족형 농업의 특성을 강하게 띠고 있고 씽골리마을은 전형적인 자급자족형 특성을 갖고 있었다. 주요 식량작물은 얌, 카사바, 벼이며, 일부는 땅콩과 채소를 재배하고, 상업적 영농은 여전히 미진한 상황이었다. 특히 벼 산업의 경우, 2015년에는 2,152,935톤을 생산하였으나, 여전히 110만 톤 이상의 정미를 수입한다. 따라서 생산성 향상과 생산된 벼의 가치사슬 형성이 중요한 정책 과제로 부각되고 있는 것이다.

씽골리마을의 개발을 위해 사카수현은 ANADER(국가농촌개발지원단)와 협력하여 주민들을 지원하고자 하였으나 당초 의도한대로 진행되지 않았고 이에 주민들이 새마을시범마을조성사업의 추진을 요구하였던 것이다. 그 당시 주민들은 새마을사업에 대한 이해도가 다소 있으며, 사업 추진 및 방법에 대한 경험이 부족하지만, 새마을시범마을사업을 유치하고자 하는 강한 의지를 보이고 있었다.

씽골리마을 내에서는 공동체사업의 개념이 정립되어 있으며, 회관건립 및 시범포 사업 등에 필요한 유휴지 또는 공동재배지 활용에 적극적인 협조 의지를 보이고 있다. 주민들은 벼농사 사업, 농기계 보급, 관개시설, 공동 농작물 가공 시설 등 다양한 사업에 대한 수요를 가지고 있다. 이러한 씽골리마을의 환경과 여건은 주민들이 자립적인 경제를 이루기 위해 극복해야 할 여러 과제를 안고 있다.

주민들의 자립적인 경제개발을 달성하기 위해 주민활동이 중요하고 이를 촉진하기 위해 주민조직이 적극 활성화 되어야 할 것이다. 구체적으로 살펴보면 다음과 같다. 첫째, 마을 지도자이다. 개발도상국에서 정부 지원의 농촌 개발 사업은 정부와 주민 간의 일방적인 관계로 형성되는 경우가 많다. 그래서 주민들의 공감대를 형성하고 참여를 유도할 수 있는 마을 지도자의 존재가 중요하다. 그러나 코트디부아르의 부족중심의 전통적인 마을조직 체계는 촌장이나 토지장의 세습적인 권력의 형태로 마을을 주민 협동으로 운영하는 데 장애가 될 수 있으나, 씽골리마을의 경우는 촌장이나 토지장이 열린 사고와 행동으로 마을개발을 위한 능동적이고 적극적인 마을지도자로 자리매김하고 있다. 또한, 청년들의 마을 개발 역량 향상을 위한 훈련이 필요하지만 이는 시간이 걸리는 문제로 파악되고 있다. 따라서 마을의 니즈를 충족하기 위한 사업추진의 초기 단계에서 새마을 교육과 주민 참여 촉진을 위한 별도의 보완 대책을 마련하는 것이 필요할 것이다.

둘째, 마을개발위원회(VDC) 운영이다. 마을개발위원회(VDC)는

ANADER의 지나친 간섭을 배제하고 자율적으로 운영되도록 해야 한다. 그러나 시범마을의 사회문화적 배경에서는 이 제도가 제대로 운영될 수 있을지 확신하기 어렵고 VDC의 자율성이 갈등을 조장할 수 있다는 우려도 제기되고 있다. 따라서 주민 참여 확대를 통한 지속 가능한 마을 개발을 위해 현실적으로 수용가능한 대안을 모색해야 한다. 촌장을 VDC 위원장으로, 마을 원로, 청년회장, 부녀회장 등으로 구성된 위원회를 만들고, ANADER의 마을 담당자가 입회인으로 참여하는 형태가 제안되었다.

셋째, 여성주민들의 참여와 역할이 매우 필요하다. 농촌 여성들이 지역 활동에 참여하기 위해서는 그들이 직면한 제약 요인들을 선결적으로 해결되어야 하는데 개발도상국에서는 마을 개발에 적합한 역량을 갖춘 여성이 드물며, 농촌 여성의 능력 개발을 위한 지속적인 노력이 제시되어야 하는 실정이다. 코트디부아르 농촌 여성들은 영농활동에서 여성 조직의 활성화를 통해 중요한 역할을 하고 있다. 특히 채소 재배와 같은 여성 중심의 활동을 통해 여성의 역량 강화를 도모할 수 있다. 이와 같은 접근은 여성의 잠재력을 발휘하고, 마을 개발에 기여하는 중요한 기초가 될 것이다.

씽골리의 여건은 코트디부아르의 농촌과 동일하게 드러나고 있다. 즉 씽골리마을은 코트디부아르 농촌마을의 전형적인 형태를 보이고 있다. 씽골리는 취약한 농촌공동체로 농업생산성이 낮고 농가소득 또한 매우 낮아 불안정한 농촌경제의 형태를 지니고 있다. 마을 주민들의 농가소득은 매우 낮거나 소득이 아예 없는 농가도 있다. 농업에 의존성이 강한 마을경제 형태에서 자연의존적 농업을 하고 있어 농업의 생산성은 매우 낮은 형편이다. 이로 인해 주민들의 생활 인프라는 저조하고 교육시설도 없고 보건시설도 없어서 실질적으로 삶의 질이 매우 낮은 상황이다. 이런 여건에서 주민들은 마을발전에 대한 니즈와 요구가 높게 나타나고 있다. 주민들의 자치조직의 형성이나 자치역량

도 또한 낮은 상황에서 개발에 대한 의지가 매우 높고 적극적으로 참
여하고자 한 것이 외부의 새마을시범마을조성사업에 관심을 갖게 한
배경이 되고 있다.

그림 3-1 씽골리의 전형적인 농촌마을 실태

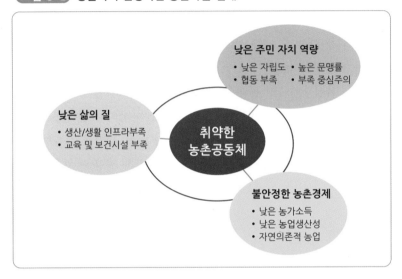

3 씽골리마을의 니즈

　씽골리마을은 촌장 중심의 부족 공동체적 사회구조를 가지고 있다. 촌장은 마을의 지도자로 촌장이 새마을 시범마을사업에 긍정적일 경우, 사업 추진이 상대적으로 용이할 것이다. 주민 대다수는 농업에 종사하고 있으나, 전통적이고 자급자족형 농업이 주를 이루고 있고, 이미 언급한 바 상수도는 일부 설치되어 있으나, 하수 시설은 전혀 없는 상황이다. 씽골리마을은 사카수(Sakassou)라는 도시 주변에 위치해 있어 주요 도로 접근성은 양호하지만, 마을 안길의 상태가 매우 불량하고 보건 및 의료 분야의 기본 인프라 시설이 부족하여 주민들의 건강 문제에 영향을 미치고 있다. 마을의 기본 인프라가 부족한 여건 속에서 마을주민들은 기본 생활인프라 갖추기 위해 새마을시범마을사업에 참여하고 토지를 희사하는 등의 리더십도 보이고 있다. 마을 주민들의 농지 소유 규모는 0.5~1.0ha로, 가족 수가 많지 않은 경우 0.5ha로도 자급자족이 가능하며 가축은 양이나 닭 몇 마리 정도 소유하는 영세한 상황이다. 최근 인구 증가와 도시 부문에서의 수요 증가로 인해 주민들의 양계 및 양돈에 대한 관심을 높이고 있다. 코트디부아르 전역에서 우유와 관련된 유제품은 전적으로 수입에 의존하고 있어 이 분야에서도 상업화의 가능성이 충분히 있다. 그러나 농업 생산성은 매우 낮으며, 농산물은 대부분 자급자족 목적으로 재배되고 있어 생산성 향상과 농업 재투자 및 가계 소비 지출 강화를 위해서는 환금작물의 경작 확대가 필요하다. 농업 생산성과 농업 소득이 낮은 이유는 첫째, 생산성이 낮은 재래종자의 전통적인 재배 방식, 둘째, 관개 시설의 미비, 셋째, 품종 다변화 및 질병 관리 등 기술적 지원 부족, 넷째, 가치사슬 및 마케팅 기반 부족 등이다. 코트디부아르는 전반적으로 강수량이 풍부하지만, 관개시설이 절대적으로 부족하여 대부분이 천수답에 의존하고 있어 가뭄에 취약하다. 또한, 배수 시설의 부족으로 거의 매년 홍수 피해를 겪고 있다. 재정적 지원 부족이 관개 배수시설 문제의 핵심이기 때문에, 현존 가용 수원을 활용할 수 있는 중소 규모의 마을 기반 관개 배수시설(소규모 농업용수 저수지 등) 지원이 필요하다. 그러나 정부지원 현황은 현재 ANADER의 예산 부족으로 인해 산하 57개 지부의 농업 기술 인력을 충분히 활용하지 못하고 있으며, 인력의 역량 강화를 주요 과제로 삼고 있는 상황이다. 이러한 농업생산성이 낮은 이유를 분석해보는 것은 이런 요인들의 개선이 바로 농업생산성을 증진시키고 농가 소득을 높이는 전략이 될 것이기에 ANADER과 협력을 통해 씽골리 새마을시범마을조성사업의 니즈로 파악된 것이다.

　이상에서 드러난 씽골리마을의 니즈를 충족하기 위한 핵심 과제 및 해결 방안은 다음과 같이 제시되었다. 시범마을 개발을 위해 가장 중요한 것은 주민들의 적극적인 참여를 유도하는 것이다. 이러한 주민 참여는 경제적 동기가 부여되어야 가능하므로, 소득 증대 방안을 마련해야 하고 여성들의 참여를 위한 역량 강화는 장기적 과제로 추진되어야 마을 전체의 발전을 도모할 수 있을 것이다. 따라서 주민들의 영농 활동 역량을 강화하는 것이 필수적이고 이를 위해 몇 가지 전략적 접근이 다음과 같이 제시되었다. 첫째, 농업 교육 및 기술 훈련 프로그램의 도입이 필요하다는 점이다. 주민들이 최신 농업 기술과 기법을 배우고 적용할 수 있도록 지속적인 교육 기회를 제공함으로써, 생산성을 높일 수 있을 것이다. 특히, 관개시설의 부족 문제를 해결하기 위해 효율적인 물 관리 기술에 대한 교육이 강조되어야 할 것이다. 둘째, 고부가가치 작물의 재배를 장려해야 할 것이라는 점이다. 현재 주민들은 자급자족 목적의 전통적인 농업에 의존하고 있지만, 시장성을 고려한 환금작물의 재배 확대가 필요하고 이를 위해 농민들에게 적절한 자재와 기술을 지원하여 새로운 작물 재배에 대한 관심을 유도할 수 있어야 한다는 점이다. 셋째, 농업 협동조합의 설립과 활성화를 통해 주민들이 공동으로 자원을 관리하고 판매하는 시스템을 구축해야 한다는 점이다. 협동조합은 농민들이 자원을 공유하고 공동으로 마케팅을 진행하여, 생산물의 가치를 높이고 시장 접근성을 개선하는 데 기여할 수 있기 때문이다. 넷째, 소득 증가를 위한 경제적 지원 방안을 마련해야 한다는 점이다. 정부나 비정부기구(NGO)와의 협력을 통해 농민들에게 저리의 대출, 보조금 등을 지원하여 초기 투자 부담을 줄이고, 안정적인 영농활동을 촉진할 수 있어야 한다는 점이다. 마지막으로, 여성의 참여 확대를 통해 가정의 소득 증대를 도모할 수 있다. 농업 활동에 여성의 참여를 장려하고, 그들의 역량을 강화하는 프로그램을 운영함으로써, 전체 가구의 소득 수준을 향상시킬 수 있을 것이다.

이상의 계획은 농업 소득 증대를 목표로 하여, 영농활동 역량 강화를 통해 주민들의 협업 체제를 구축하고, 주민 참여를 활성화하며, 여성의 역량을 강화하는 다양한 방안을 제시하고 있다. 이는 무엇보다도 영농활동 역량강화를 통한 농업소득 증대를 핵심과제로 하고 있다. 현재 씽골리마을에서는 대부분 주민들이 자급자족형 농업에 의존하고 있으며, 농업 간 협업 체제가 거의 전무한 상태이며, 이로 인해 적극적인 기술 보급 및 지도 사업이 이루어지지 않고 있고, 시장에 대한 생산자의 협상력이 매우 낮다. 이런 점을 해결하기 위한 방안으로 주민들의 협업 체제를 지원하고, 주민 조직인 생산자 조합이 이해 집단으로 기능하도록 물리적 환경을 조성해야 한다는 점이다. 이를 위해 다용도 마을회관을 건축하고, 농산물 집하 및 유통센터, 기술 교육 공간, 회의실 등을 포함한 건물을 설계하여 주민들이 다양한 활동을 할 수 있는 공간을 마련하고 주민 욕구에 기반한 농업 기술 개발 및 보급을 통해 현재 존재하는 농업 기술의 수직적 및 수평적 이전을 지원하여야 한다는 점이다. 구체적인 사업요소로는 첫째, 주민들이 제안한 기초 인프라 지원을 통해 맞춤형 생산 기반을 제공하여야 한다. 둘째, 교육 및 훈련으로 주민 조직과 협업하여 농업 기술 교육 및 생산성 향상 프로그램을 운영해야 한다는 점이다. 셋째, 기초 가치 사슬 개발로 기초 관개 시설 및 1차 가공 및 운송 시설 등 기본적인 가치 사슬을 구축하여 생산성과 수익성을 높여야 한다.

이상의 계획을 추진하기 위해서는 주민참여를 활성화시키는 것이 중요하고 구체적인 방안과 이를 실행하기 위한 핵심과제가 다음과 같이 논의되고 있다. 새마을시범마을조성사업 초기 단계에서 마을 지도자와 조직 대표들의 역량 부족이 문제로 지적되고 있다. 주민 자치 역량의 부족으로 인해 주민 주도의 지역사회 개발 기반이 미비하다는 지적으로 이를 해결하기 위한 방안이 제시되어야 한다. 해결방안으로는 주민들의 참여를 촉진하기 위해 지역 사회의 활동 역량을 배양해야 하고, VDC 및 마을 조직을 활성화하고, 사업성과 평가에서 우수 마을에 대한 우선 지원 원칙을 고수하여 마을 간 경쟁을 통해 투자 효율성을 높여야 한다는 점이다. 또한, 사업 형성 단계에서 마을 주민을 대상으로 공청회를 의무화하여 주민 참여를 보장해야 한다는 점이다. 사업 요소로 주민 조직 역량을 강화하기 위해 현재의 주민 조직을 중심으로 주민 욕구 파악, 사업 설계, 재정 관리, 이행, 모니터링 및 평가에 대한 교육이 실시되어야 할 것이라는 점이다. 그리고 주민들의 의식 개혁이 중요하며, 마을 대표 및 주민을 대상으로 하는 새마을 교육을 통해 주민의 인식 개선을 도모해야 할 것이라는 점이다. 또한 여성 차별, 기초 교육 수준의 미비, 주요 문제에 대한 인식 부족 등 다양한 사회 및 문화적 문제가 시범 마을의 사회적 자본 축적 및 생산성 향상에 장애 요소로 작용하고 있기 때문에 여성 역량 강화를 위한 핵심과제가 필요하다. 구체적인 해결방안으로 여성의 기초 역량을 함양하고, 이를 바탕으로 여성 친화적인 농업 및 사회경제 활동 관련 기술 및 직업 훈련 교육을 지원해야 하며 특히 초청 연수와 영농 역량 강화 프로그램에 여성의 참여가 보장되어야 한다는 점이 논의되고 있다. 구체적으로 여성역량강화는 기초 역량 교육으로 문해, 산술 능력, 기초 회계 및 인식 개선 활동 등을 포함한 교육 프로그램이 운영되어야 한다. 여성 활동을 강화하기 위해 기초 역량 교육을 바탕으로 여성 친화적인 직업 훈련 및 농업 기술 교육을 제공하여, 여성의 사회적 역할을 강화하여야 한다. 이상의 사항들은 ANADER 역량 강화를 통해 협력적으로 이루어져야 하며 ANADER 관계자의 역량 강화를 위한 교육 프로그램을 제공하여, 전문 인력이 양성되어야 한다는 점이 논의되고 있다.

이와 같은 접근 방식은 시범 마을의 농업 소득 증대와 주민들의 삶의 질 향상에 기여할 것이며, 이와 같은 종합적인 접근을 통해 주민들의 영농활동 역량을 강화하고, 결과적으로 농업소득 증대에 기여할 수 있을 것으로 기대되면서 이러한 접근이 다음에서 다루게 될 씽골리 새마을시범마을조성사업의 방향과 과제로 포함되었다.

04 | 씽골리마을, 새마을운동을 만나다

씽골리는 사카수 현에서 부아케 시로 가는 도로변에 인접한 마을이다. 씽골리는 그 원래 부족의 언어로 "우리가 먹고 살 수 있을까?"라는 의미라는 것이 부족장의 설명이다. 씽골리마을의 주요 자원은 카사바와 얌이다. 두 가지 농산물은 거의 돌보지 않아도 자라는 작물로 실제 농사라고도 보기 어려운 것들로 농산물은 생존을 위한 식량으로 사용되고 이로 인한 소득증대는 생각조차 하지 않고 있는 실정이었다. 이런 가운데 씽골리가 새마을시범마을조성사업을 시작하던 2017년 이곳은 45가구 500명이 살고 있는 마을이었다. 이들은 2016년 새마을재단의 새마을시범마을조성사업에 선정되어 2017년부터 2023년까지 사업이 진행되었다. 씽골리는 새마을시범마을조성사업이 시작되면서 기초선 조사가 이루어지고 기초선 조사 결과를 바탕으로 현재 씽골리마을의 문제와 수요를 파악하고 그것에 바탕하여 시범마을 사업의 목표와 성과를 수립하였다. 연간 약 1억 5천만의 사업비로 소득증대사업과 생활환경개선 그리고 자치역량강화를 주요 내용으로 하는 새마을시범마을사업이 진행되었다.

1) 새마을시범마을조성사업 개요

코트디부아르 새마을시범마을조성사업은 농촌개발 모델로서 새마을운동의 방식이 국제적으로 인정받고 있음을 바탕으로, 코트디부아르의 농촌 주민들의 빈곤을 퇴치하고 삶의 질을 개선하는 데 기여하는 것을 목표로 하고 있다. 이 사업은 마을 주민들의 요구에 기반을 두고 주민들에 의해 계획되고 실행되며, 한국의 성공적인 새마을운동 경험을 활용하여 부족 공동체 중심의 농촌 개발 전략을 개발하고 적용하는 데 중점을 두고 있다. 이 사업의 핵심은 농가 소득 증대와 생활 수준 향상, 주민 역량 강화를 통해 새마을시범마을조성사업의 성공을 유도하는 것이다. 이를 통해 코트디부아르 농촌에서 새마을운동의 지속 가능성을 확보하기 위한 기반을 마련하려는 것이다.

새마을시범마을조성사업은 ANADER(국가농촌개발지원단)의 활동과 연계하여 진행되며, 빈곤 퇴치와 삶의 질 향상을 목표로 시범마을을 조성하였다. 궁극적으로는 코트디부아르에 새마을운동을 현지화하기 위한 계획과 시행을 통해 주민들이 주도적으로 참여할 수 있는 환경을 조성하는 것을 지향하였다.

새마을시범마을조성사업은 개도국 농촌개발을 위한 국제개발협력 사업으로, 한국의 새마을운동 경험을 수원국의 상황에 맞게 현지화하여 시행하고 있다. 이 사업은 2010년부터 경상북도에서 시작되어, 농촌 지역 주민들에게 자신감과 희망을 주기 위한 '새마을, 함께 번영하는 마을'이라는 비전을 가지고 추진되었다. 사업의 주요 목적은 두 가지로 제시되고 있다. 첫째, 새마을운동의 성공 경험을 국제 사회와 공유하여 개발도상국의 농촌 발전과 빈곤 퇴치에 기여하고, 둘째, 새로운 국제교류 협력의 틀을 마련하여 새마을운동의 글로벌 브랜드 가치를 높이는 것이다.

2) 새마을시범마을조성사업의 목표와 추진과정

씽골리 새마을시범마을조성사업의 목표는 "새마을 사업을 통한 마을의 지속가능한 발전의 토대를 마련"하는 것이었고, 추진 전략은 1)

마을자치 역량강화를 통한 새마을시범마을조성사업 추진 2) 협동조합 교육을 통한 마을주민 소득증대 및 역량 강화였다. 그리고 전략을 추진하는 내용은 아래의 표와 같이 주민자치역량강화, 생활환경개선, 소득증대로 추진되었다. 세부적인 사업내용은 새마을리더농업기술교육, 주민 리더십교육, 조합운영교육을 실시하도록 하였다.

표 4-1 2019년 씽골리 새마을시범마을조성사업 내용

자치역량강화 (마을자립역량강화)	생활환경 개선	소득증대(경제기반조성)
• 새마을리더 농업기술교육 • 주민리더십 교육 • 새마을정신교육 • 조합운영 교육 등	• 다목적 새마을회관 건립 • 마을 안길개선 • 놀이터 설치 • 화장실 현대화	• 협동조합 설립 • 채소농장 • 농수 급수시설 • 공동작업장 설치

새마을시범마을조성사업은 마을 주민의 복지와 생활 수준을 개선하면서 경제적, 사회적, 환경적 가치를 훼손하지 않는 지속 가능한 마을 개발을 목표로 하고 있다. 이는 한국의 새마을운동을 기반으로 하여 코트디부아르의 농촌 문제를 혁신적으로 해결하기 위한 시범사업이다. 이렇게 시범마을을 조성한 이유는 코트디부아르에서 시범마을의 개발 성과를 통해 한국 새마을운동의 효과성을 코트디부아르 주민들과 지역 개발 관계자들에게 입증하고, 향후 코트디부아르에서의 새마을운동의 지속 가능성을 높이며 현지화할 수 있게 하기 위한 것이었다. 궁극적으로 새마을 시범마을조성사업은 코트디부아르 농촌이 직면한 문제를 해결하는 혁신적인 모델로 자리 잡게 될 것으로 한국의 새마을재단의 지원과 협력으로 추진하게 된 것이다.

시범마을조성사업은 다음의 4단계로 추진되었다. 1단계는 농가 소득 증대, 생활환경 개선, 주민 역량 강화를 위한 재원과 인력을 투

입하는 단계이다. 이는 한국 새마을재단의 자금 지원, 코트디부아르 ANADER의 전문가 참여, 주민의 자원 분담(토지, 노동력 등)을 포함한다. 2단계는 사업 추진 과정으로 주민의 생산 및 소비 활동과 시장 관계를 중시하여 5년 동안 지속적으로 사업을 추진하고 이는 다른 농촌 개발 사업과의 차별점으로, 농업 소득 증대를 중요한 목표로 삼고 있다. 3단계는 산출물(outputs)이다. 산출물은 재원 투입의 결과로 나타나며, 이는 사업의 1차 목표 달성을 의미한다. 이 산출물은 반드시 사업성과로 발전해야 하며, 예를 들어 화장실이나 하수구 개선은 단순한 시설 개선을 넘어서 생활 편리함과 보건·위생 상태 개선이라는 상위 목표로 이어져야 하는 것이다. 4단계는 성과(Outcomes)로 최종적으로 설정한 상위 목표가 달성되어야 사업의 성공을 의미한다. 성과 관리는 모니터링·평가 체계를 통해 이루어진다. 이렇게 새마을사업은 4단계를 거쳐 이루어지고 있으나 특징적인 것은 한국의 새마을사업은 새마을교육과 동행되었다는 점이다. 새마을사업을 성공적으로 추진하기 위해 가장 중요하게 여긴 것은 이에 참여하는 주민들의 역량을 증진시키기 위한 교육이 병행되었다는 점이다. 새마을교육은 주민들이 왜 새마을사업에 참여해야 하는가에 대한 것과 참여로 인해서 기대하고 성취하게 될 결과에 대해 파악할 수 있도록 하는 것은 물론 새마을에 참여하고 추진하는 과정에 갖추어야 할 새마을정신교육을 입문과정에서부터 실시하고 있다. 농촌의 소득증대와 농촌지역의 생산성증진이라는 새마을시범마을조성사업의 목표달성을 위해 새마을교육이 이루어진 것이다. 농촌 주민의 역량 개발과 의식 개선을 위한 새마을교육은 새마을재단에서 전문가를 파견하여 시행하며, 필요할 경우 한국의 새마을 초청연수를 통해 더 많은 지원이 이루어질 수 있었다. 이러한 방향성과 과정을 통해 새마을 시범마을조성사업은 코트디부아르 농촌지역의 지속 가능한 발전을 도모하고, 주민들의 삶의 질 향상에 기여할 수 있었던 것이다.

씽골리마을의 새마을시범마을조성사업 과정을 전체적인 사업의 추진과정과 목표를 중심으로 설명하면 아래 그림에 나타난 바와 같다.

그림 4-1 새마을 시범마을조성사업 시행과정

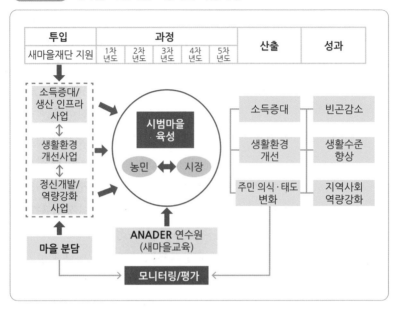

씽골리마을 주민들의 새마을시범마을조성사업은 시행과정에서 코트디부아르 농촌개발사업을 담당하는 ANADER과 협력하여 실시되었다. 이와 같은 방법론은 농업이 전체 고용의 45%를 차지하고 있으며, 농업의 부가가치가 GDP에 기여하는 비율이 약 24%에 불과하다는 점에서 농업 생산 활동의 중요성을 강조하는 것이다.

코트디부아르의 1차 국가 발전 계획(PND)은 빈곤퇴치와 농촌개발에서 어느 정도 성과를 거두었지만, 정부 주도의 정책으로 주민참여가 부족했던 점이 지적된다. 또한, 마을 개발을 위한 구체적인 방법론이 부족해 재정 투자 대비 효율성이 낮다는 문제점이 있었다. 코트디부아르는 서아프리카 경제공동체(ECOWAS)의 회원국으로, 향후 경제적 연합이 가속화될 것으로 예상되고 농업 부문에서도 인근 국가들과의 경쟁이 심화될 것임에 따라 농업의 생산성 증대와 경쟁력 강화는 코트디부아르의 빈곤 해소와 경제 성장에 필수적인 요소가 된 것이다.

　농림부와 ANADER은 지속적으로 한국의 새마을 초청연수에 공무원과 직원들을 파견하고 있으며, 2015년부터 ANADER은 새마을운동을 도입하고자 새마을재단에 지원을 요청하였다. 이에 따라 새마을재단은 2016년 7월에 사전 타당성 조사단을 파견하여 코트디부아르에서 새마을운동 방식의 농촌 종합 개발 사업을 추진할 수 있는 여건을 분석하고, 사카수(Sakassou) 지역의 씽골리(Singoli) 마을을 시범사업 대상지로 선정했다. 그리고 씽골리 새마을시범마을조성사업을 원활히 추진할 인력들의 역량을 갖출 수 있도록 2016년 12월에 한국으로 공무원 및 주민들을 초청하여 새마을연수를 실시하였다. 이어서 2017년 1월 전문가를 파견하여 씽골리마을의 사업추진에 대한 타당성 조사를 실시하였다. 그 결과 씽골리마을의 새마을시범마을조성사업은 새마을운동 방식에 의한 주민 참여형 농촌 종합 개발 사업으로 마을 중심의 미시적 개발 방식으로 추진하도록 하였다. 씽골리새마을시범마을 사업의 추진경과는 다음과 같이 요약되고 있다.

표 4-2 씽골리 새마을시범마을조성사업 추진 내역

연도	사업추진 내역
2012	ANADER(Agence Nationale d'Appui au Développement Rural, 한국 농촌진흥청과 유사한 기능을 하는 조직) 이사장 및 직원들이 한국 새마을운동 초청연수 참여
2016	한국 초청 새마을연수에 참여한 인사들을 중심으로 새마을운동 실천위원회(SMU Action Group) 결성, 새마을재단에 새마을운동 경험 공유 요청
	새마을재단 전문가 현지 방문 조사, 2개 시범마을 선정, ANADER 협력방안 논의
	새마을재단-ANADER 협력 MOU 체결

2017	재단 전문가 현지 조사
	재단 협력관 위촉
	새마을 시범사업 착수
2018	재단 현지 사무소 설치(아비장)
	ANADER와 MOU 파기
2019	재단 사무소장 파견
	새마을 시범사업 중간 평가
	씽골리마을 채소농장 관수시설 완공
	씽골리마을회관 완공
2020	채소재배조합 조직, 수확물 관리 및 보관 창고 마련
2021	새마을 시범사업 종료 평가

출처: 2021 새마을 시범마을조성사업(2017~2021) 종료평가보고서(2021)를 바탕으로 재구성

    씽골리마을을 중심으로 한 새마을사업은, 코트디부아르의 마을 및 농촌 지역에 대한 구체적인 개발 방법론을 제시할 것으로 기대되었다. 사카수 지방정부는 거버넌스 협력체제를 형성하였고 ANADER의 농촌 개발과 연계하여 추진할 경우, 시너지 효과를 가져올 것이라는 전망 아래 본 사업이 실시되었다. 아래의 표 4-3은 이런 상황에 대한 마을단위의 미시적 새마을사업추진과 ANADER의 협력을 동시에 보여주는 사업의 목표 및 추진방법을 보여주고 있다.

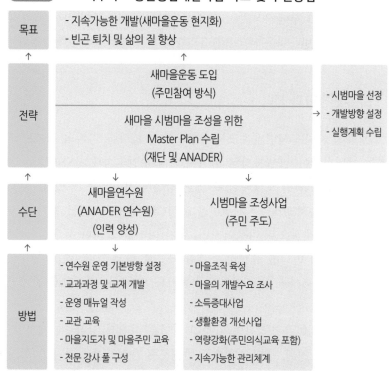

표 4-3 코트디부아르 농촌종합개발사업 목표 및 추진방법

목표	- 지속가능한 개발(새마을운동 현지화) - 빈곤 퇴치 및 삶의 질 향상	
전략	새마을운동 도입 (주민참여 방식) 새마을 시범마을 조성을 위한 Master Plan 수립 (재단 및 ANADER)	- 시범마을 선정 - 개발방향 설정 - 실행계획 수립
수단	새마을연수원 (ANADER 연수원) (인력 양성)	시범마을 조성사업 (주민 주도)
방법	- 연수원 운영 기본방향 설정 - 교과과정 및 교재 개발 - 운영 매뉴얼 작성 - 교관 교육 - 마을지도자 및 마을주민 교육 - 전문 강사 풀 구성	- 마을조직 육성 - 마을의 개발수요 조사 - 소득증대사업 - 생활환경 개선사업 - 역량강화(주민의식교육 포함) - 지속가능한 관리체계

코트디부아르 정부는 ANADER을 통해 위의 그림과 같은 지역개발 목표를 수립하고 사업을 진행하였지만, 그 성과를 얻지 못했다. ANADER은 새마을운동과 유사한 목표를 수립하였지만 그 결과는 새마을운동과 달리 나타나, 코트디부아르 농림부는 씽골리마을의 새마을시범마을조성사업에 각별히 관심을 갖고 협력하였다. 그 결과 부아케 시는 씽골리마을의 성공적인 사업추진을 확인하고 씽골리마을의 성공적 사례를 전국적으로 확산되어야 할 필요가 있다는 점을 언급하였다. 씽골리마을의 새마을운동과 코트디부아르 정부가 ANADER을 통해 실시한 사업의 커다란 차이는 새마을운동이 새마을교육과 함께

실시되었다는 점이다. 이 점에서, 사업의 성공여부가 달라지게 되었다는 분석을 하고 부아케 시는 코트디부아르의 새마을사업 확산을 위해 한국으로 현장방문하는 새마을교육의 기회를 확대하도록 요청하였다.

3) 추진방향과 전략

씽골리 새마을시범마을조성사업의 추진 방향은 기존의 원조방식과는 차별화되어, 개발도상국 현지 주민의 주인의식과 자립역량을 강화하여 스스로 가난을 극복할 수 있는 방법을 전수하는 데 있다. 사업은 초청연수(인력 양성) → 시범마을 조성(경험 공유) → 인근 지역 확산의 단계로 체계적으로 이루어지며, 현지 여건을 고려한 유연한 접근 방식과 상향식 변화를 유도하는 것을 목표로 하고 있다. 주민의 숙원사업 및 소득 증대 사업을 지원하여 동기를 부여하는 방식으로 진행되고 있다.

새마을시범마을조성사업의 추진 방법은 다음과 같은 3단계로 제시될 수 있다. 첫째, 주민의 필요를 반영하여 가시적인 성과가 큰 사업을 중심으로 전개하고, 둘째, 사업 선정과 추진 과정에서 주민의 합의에 기반한 민주적이고 자주적인 접근을 중시한다. 셋째, 사업의 성과와 파급력을 높이기 위해 마을별, 지역별 경쟁을 원칙으로 하여 '우수마을 우선 지원의 원칙'을 따르고 있다. 이런 원칙에 기반하여 씽골리 새마을시범마을조성사업의 목표가 설정되었다. 이 사업의 목표는 지속 가능한 개발을 통해 새마을운동의 현지화를 이루고, 빈곤을 퇴치하며 삶의 질을 향상시키는 것이다. 이러한 목표를 달성하기 위한 전략은 다음과 같이 설정되었다. 첫째, 새마을운동 도입은 주민 참여 방식을 통해 시범마을을 선정하고 개발 방향을 설정한 후 실행 계획을 수립한다는 것이다. 둘째는 Master Plan을 수립하는 과정이다. 새마을시범마을 조성을 위한 마스터 플랜을 재단과 ANADER가 협력하여 수립하는 것인데, 사업의 수단과 방법을 구체화 하는 과정이다. 셋째, 새마을교육을 통한 주민의식과 역량을 증진시키는 것으로 새마을연수원을 통해 인력을 양성하고 시범마을조성사업을 주민 주도로 운영하는데 초점을 두고 있다. 주민들을 대상으로 교육하는 과정은 먼저 주민들의 여건과 환경을 고려하여 주민들을 위한 교과과정 및 교재를 개발하고 이에 따른 운영 매뉴얼 작성하여 교관들을 교육하고 마을 지도자와 주민 교육도 함께 실시하도록 설계하였다. 마지막으로, 마을개발 수요를 조사하고 주민들의 소득 증대 사업 및 생활 환경 개선 사업과 주민 의식 교육을 포함한 역량 강화 및 지속 가능한 관리 체계를 구축하는 것이었다. 이러한 방법들을 통해 코트디부아르 농촌 지역의 빈곤 문제를 해결하고 주민들의 삶의 질을 개선하며, 새마을운동의 지속 가능성을 확보하도록 목적을 두고 실시되었다.

씽골리마을 새마을시범마을조성사업은 2017년부터 5년간 시행하는 것을 원칙으로 하며, 사업 진행이 지연되거나 기타 상황이 발생할 경우, 코트디부아르의 ANADER와 새마을재단이 합의하여 기간을 단축할 수 있도록 유연하게 시행하고자 하였던 것이다. 본 사업의 목적을 달성하기 위해 코트디부아르의 ANADER는 새마을운동을 위한 정책 방안 구상, 새마을 연수원 운영, 환경 개선, 역량 강화, 소득 증대 사업을 포함한 새마을 시범마을 조성 등을 주요 실행 수단으로 활용하도록 하였다. 새마을재단은 사업 시행을 위한 재원 지원, 전문가 파견, 사업 모니터링 및 평가에 참여하며, 현지에 새마을 코디네이터를 파견하여 ANADER의 시범사업 추진 과정에 참여하였다. 코트디부아르 새마을 시범사업의 기본 목적 중 하나인 빈곤 퇴치 및 농촌 주민들의 삶의 질 개선을 위해, 본 사업의 주요 전략은 새마을운동 방식을 도입하여 사업을 추진하는 것이었다. 특히, 마을 주민들이 자신의 마을 개발 과정에 적극적으로 참여하고, 개발 사업에 대한 의사결정에 참여하며, 개발 자금의 일부를 자체적으로 충당하는 주민 참여 방식이 가장 중요한 전략이었다. 이를 위해 씽골리마을은, 코트디부아르 ANADER와 긴밀히 협력하여 정책 방안 마련, 새마을 연수원 운영, 시범마을 선정 및 실행 계획 작성, 소득 증대 시범사업 등을 추진하였다. 사업의 집행 주체는 한국의 새마을재단과 코트디부아르의 ANADER가 공동 수행하며, 코트디부아르 내 시범사업 관련 활동은 전적으로 ANADER의 책임 하에 진행되었다.

4) 씽골리 새마을시범마을조성사업의 내용

다음은 코트디부아르 새마을시범마을 조성을 위한 씽골리마을의 새마을사업 마스터플랜을 수립하였다. 마스터플랜의 주요 내용은 새마을 시범마을 육성 방안, 새마을 교육을 위한 ANADER 연수원 운영 방안, 소득 증대, 생활환경 개선, 역량 강화 등을 위한 시범사업 추진 및 관리 방안에 관한 실행 계획으로 다음과 같다.

① ANADER의 새마을 교육

코트디부아르 내에서 새마을운동을 추진할 인력을 양성하기 위해 ANADER의 Bingerville 연수원을 활용하며, 주민의식 개혁, 소득 증대, 인프라 개선, 마을 개발, 보건 위생, 교육 환경 개선 등 다양한 분야의 교육을 실시하도록 하였다. 또한, 연수 과정 설계, 교재 개발, 운영 매뉴얼 작성을 통해 연수원의 효율적인 운영을 할 수 있는 기본 내용을 제시하고 교과과정 및 교재 개발을 위해 전문가들이 지원하도록 하였다.

② 새마을 시범마을 조성

코트디부아르에서 새마을운동이 전국적으로 확산되기 위해서는 농촌 실정에 맞는 마을 개발, 개발계획 수립 방법 모형화, 실행 및 평가 등의 전 과정에 대한 실행 계획을 수립하고 이를 바탕으로 시범사업을 추진하여야 한다. 사업의 시행, 모니터링, 평가 등은 코트디부아르 ANADER의 책임 하에 이루어지며, 새마을재단은 전문가를 지원하여 협력하에 실행하도록 하였다.

③ 소득증대 시범사업

소득증대 시범사업은 쌀 및 카사바의 가치사슬 향상에 초점을 맞추며, 시범 농장에서 신품종의 쌀, 카사바, 토마토 등을 도입하고 새로운 경작법을 도입할 수 있도록 하였다. 또한, 카사바의 생산, 가공, 판매를 연결하는 가치사슬을 형성하며, 채소재배 기술 향상을 위한 공동 농장 운영과 농업용수 개발을 추진하였다. 이 과정은 농가의 소득증대는 물론 농업생산성을 향상시키고 농업경제 의존도를 단순 경작에서 가공·판매에까지 이르도록 소개하고 교육·훈련을 시키는 것까지 포함하였다.

④ 생활환경 개선 사업

마을주민들의 회의 및 화합의 장을 위한 마을회관을 건립하고, 주거환경 개선을 위해 부엌, 가구별 화장실, 공동화장실 등의 시설을 마련하는 것이다. 생활환경의 개선은 주민들의 수요조사에서 가장 많이 거론된 사업으로 각 개별 가정생활과 마을공동체 생활환경까지 여러 영역에 걸쳐 니즈가 파악된 부분이다. 또한, 마을 진입로 및 마을 안길을 개보수하고, 생활용수 공급 체계를 개선하는 활동을 포함하였다.

씽골리 새마을시범마을조성사업은 이상에서 제시된 것을 목표로 구체적인 추진방향과 전략을 수립하고 실행하는 과정을 거쳐 성공적으로 사업을 마무리 짓는 과정으로 수행절차를 수립하였다. 이에 더해 가장 중요하게 논의된 것은 이런 사업의 내용들이 어떻게 어느 정도 목표를 달성하고 목적을 실행했는가에 대한 지속적인 관심과 모니터링이 필수적이라는 점이다. 사업관리를 위해 새마을재단은 코트디부아르 ANADER와 협력하여 새마을사업 관리사무소를 설치함으로써 ANADER의 전문가와 새마을재단이 공동으로 사업을 추진할 수 있는 기반을 조성하였다. 중앙 단위에는 중앙 새마을사업 관리사무소를 두고, 각 마을에는 마을 새마을사업 관리사무소를 구성하였다. 중앙 사무소는 ANADER 청장(또는 이사장)을 위원장으로, 관련 전문가를 위원으로 위촉하며, 마을 단위 사무소는 촌장을 위원장으로, 토지장을 부위원장으로 두고 마을 조직 대표자를 위원으로 위촉하였다. 이들 사무소는 시범사업 기획 및 시행에 대한 자문을 제공하고, 새마을운동 추진 시 주요 쟁점에 대한 해결 방안을 제시하는 역할을 담당하였다. 새마을재단은 중요한 사안에 대한 의사결정을 위해 중앙 새마을 사업관리 사무소 회의를 소집하여 자문을 구하고, 사업이 원활히 추진될 수 있는 방안을 모색하였고 모든 과정은 씽골리 주민 리더 및 마을 새마을지도자들과 협의에 의해 진행하였다. 씽골리 주민들과 함께 새마을 코디네이터가 파악한 마을의 문제와 목표를 제시하면 다음의 그림과 같다. 씽골리 새마을시범마을조성사업은 코트디부아르 정부차원 ANADER에 의해 농촌빈곤퇴치와 삶의 질 향상이라는 목표가 설정되었고 새마을재단과 합의된 목표로 새마을운동방식의 농촌개발전략을 수립하였다. 그 과정에 중요한 점은 새마을재단이 파견한 전문가가 수행한 기초선조사와 사전평가에 의해 마을의 문제와 수요가 진단되었다는 것이다. 문제는 씽골리마을이 개발을 추진하기에 인프라가 갖춰지지 않았고 주민들의 공동체발전에 대한 관심과 참여 의식의 부족한 것으로 밝혀졌다. 진단된 문제와 수요에 기초하여 농가소득증대와 생활환경개선 및 주민역량강화를 위한 전략을 수립하였다. 구체적으로 자급자족 영농, 농자재 부족, 농업기술 교육 부재, 농민조직 부재, 마을공동기금 부재, 주민센터 시설 부재, 마을조직 역량 부재, 공동체 의식 부재가 문제로 진단되었다. 이런 문제를 해결하여 소득증대와 생활

환경을 개선하고 자치역량을 함양할 수 있도록 씽골리 새마을시범마을조성사업의 전략이 체계적으로 수립되었다.

 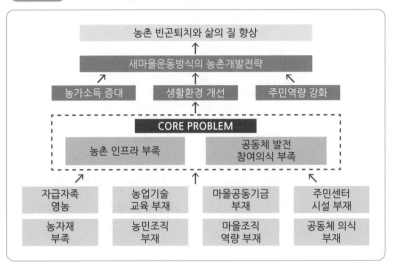

그림 4-2 씽골리 새마을사업의 Problem Tree: 수요 및 목표수립

농촌 빈곤퇴치와 삶의 질 향상
↑
새마을운동방식의 농촌개발전략
↑
농가소득 증대 / 생활환경 개선 / 주민역량 강화

CORE PROBLEM

농촌 인프라 부족	공동체 발전 참여의식 부족

자급자족 영농	농업기술 교육 부재	마을공동기금 부재	주민센터 시설 부재
농자재 부족	농민조직 부재	마을조직 역량 부재	공동체 의식 부재

이상에 제시된 문제와 수요를 바탕으로 추진된 씽골리 새마을시범마을조성사업은 주민들의 적극적인 참여와 새마을지도자의 리더십으로 다음과 같은 성과를 산출물로 이루어내게 되었다.

표 4-4	씽골리 새마을 시범마을 사업 산출물

새마을시범마을의 산출물(output)				
마을자치역량 강화	농업소득 증대	농산물보관시설	협동조합 운영	마을환경 개선
- 조직화 - 새마을교육 - 마을발전기금 운용 - 마을발전 자생력 강화	- 생산성 증대 - 관수시설 - 육계양계장 - 아체케생산 방앗간 - 공동재배장	- 농기자재 보관시설 - 구판장 - 농로개선 - 재배기술 교육 - 소득사업	- 협동조합조직 - 공동재배장 - 농산물 수매	- 마을회관 신축 - 마을 식수 보급 시설 개선 - 마을 안길 보수 - 쓰레기 하치장

이상에서 보여준 씽골리 새마을시범마을조성사업의 목표와 산출물은 새마을재단과 코트디부아르 지역 ANADER의 협력으로 성과를 낸 것이다. 이미 앞의 그림에서 보여주듯이 사업목표는 지역 주민의 농업 소득을 향상시키고 농촌 마을의 자생력을 강화하여 절대 빈곤 가구를 50% 이상 축소하는 것으로 이는 지속 가능한 개발 목표(SDG)와 관련된 것이다. 빈곤퇴치, 식량 안보 및 지속 가능한 농업발전, 보건 증진, 양성평등, 물과 위생 보장 및 지속 가능한 관리, 불평등 해소 글로벌파트너십 부분의 SDG와 연관되어 있다. 사업내용은 첫째, 마을자치역량 강화로 주민 조직 체계 구축, 지역 거버넌스 구축, 새마을 교육(영농교육) 실시, 마을 발전 기금 조성 등이 추진되었다. 둘째, 마을 생활환경 개선사업으로 마을 회관 신축, 급수 시설 설치가 이루어졌다. 셋째, 농업 생산성 증대사업으로는 농업용수(관정) 확보, 농로 개선, 농산물 보관소 설치가 포함된다. 넷째, 협동조합 설립 및 운영 체제 구축으로 생산 단체 조직 및 활성화가 추진되었다. 다섯째, 소득증대사업으로는 시범농장 운영, 양계장, 농기계 은행, 종자 은행 설립 등이 추진되었다. 기대효과는 마을 주민의 역량이 50% 이상 강화되며, 주민 소득은 2021년 말 조사 결과 기준으로 3배 증가한 것으로 나타났다. 씽골리 새마을시범마을조성사업은 다음과 같이 추진되었다.

표 4-5 씽골리마을 새마을시범사업 개요

구분		내용
사업명	국문	개발도상국 새마을 시범마을 조성(코트디부아르)
	영문	Saemaul Pilot Villages Project For Developing Countries(Cote d'Ivoire)
사업대상지		코트디부아르 발레뒤반다마 주, 그베케지방, 사카수 현, 씽골리마을 Singoli, Region de Gbeke, Vallee du Bandama, Cote d'Ivoire
사업기간		2017 ~ 2021년
사업내용/ 예산		o 1차년도(125,000달러): 주민역량 교육, 마을회관 건립 o 2차년도(125,000달러): 주민역량 교육, 농업생산성 증대 o 3차년도(186,700달러): 주민역량 교육, 농업생산성 증대, 생산단체 설립 구축 o 4차년도(120,000달러):주민역량 교육, 농업생산성과 소득 증대, 생산단체 설립 o 5차년도(125,000달러):주민역량 교육, 농업생산성과 소득 증대, 생산단체 역량 강화
수혜자		씽골리마을 67가구, 589명(2021년 기준)
사업분야		농촌개발
시행 기관	국내	새마을재단
	협력국	코트디부아르 농업부
사업목표 (달성 가능한 SDGs)		코트디부아르 씽골리마을 지역주민의 농업소득 향상 및 농촌 마을 자생력 강화를 통해 SDGs 목표 달성에 기여. 1. 빈곤 종식, 2. 기아종식, 11. 지속가능한 도시 및 거주지 조성

성과 지표	실적 및 목표치					2021 목표치 산출 근거	측정산식 (또는 측정방법)	자료수집 방법 또는 자료출처
	2017	2018	2019	2020	2021			
가구 소득 증대	10%	10%	20%	20%	20%	생산성 전년대비 50% 증가	당해 연도 평균 가구소득 ─────────── ×100 전년도 평균 가구소득	최종활동 보고서

성과 지표	실적 및 목표치					2021 목표치 산출 근거	측정산식 (또는 측정방법)	자료수집 방법 또는 자료출처
	2017	2018	2019	2020	2021			
마을 자치 역량	5%	5%	5%	5%	5%	교육 및 사업 수행에 따른 주민역량 강화	당해 연도 평균 마을자치역량수준 ─────────── ×100 전년도 평균 마을자치역량수준	최종활동 보고서

출처: 코트디부아르 종료평가 보고서(2021)발췌 (17p)

씽골리 새마을사업의 씨앗 이야기

　　씽골리마을의 새마을시범마을조성사업이 가능하게 했던 씽골리마을주민과 주민리더들의 소리를 통해 씽골리 주민들의 새마을사업 참여와 추진과정에서 겪는 여러 문제와 상호돌봄으로 성과를 거두게 된 과정을 보여주기 위해 주민들을 인터뷰하고 그들이 스스로 자기 이야기한 것을 소개하고자 한다. 그 이유는 씽골리마을의 새마을시범마을조성사업의 성공은 바로 주민들이 마을을 변화시키고자 하는 의식과 그들이 바로 변화를 일으킨 씨앗이 되어 홀씨로 퍼져서 사업이 성공할 수 있었고 그들이 바로 살아있는 생생한 새마을사업의 진정한 지도자이기 때문이다. 따라서 다음에서는 씽골리마을을 떠났다 다시 귀향한 주민, 퇴직 후 씽골리마을로 돌아와 마을주민들의 계몽과 의식개혁을 위해 교육으로 헌신한 마을출신의 교사, 부녀회장, 마을의 지도자 부족장 등의 이야기를 소개한다. 이들의 소리는 다른 지역에서 새마을사업을 추진하는 데 겪을 어려움을 미리 이해하고 해결하는데 참조가 될 것으로 기대한다.

부족장의 열린 마음과 리더그룹이 부족구성원들의 안녕과 편안한 생활을 위해 최선을 다해 지원하고 방법을 찾으려는 노력은 마을의 주민 자치조직 활동을 더욱 활발하게 하였다. 특히 부족장은 84세로 마을주민들로부터 지혜를 가진 리더로 존경받고 있어 씽골리 새마을시범마을조성사업을 추진하는데 윤활유 역할을 했다. 그가 처음 이 사업을 유치하도록 주민들을 격려하며 지원을 이끌어냈기에, 오늘날의 추진이 가능했던 것이다.

코트디부아르의 부족마을 체제에서 각 마을에는 토지의 분배와 사용허가에 대한 권한을 행사하는 토지장(Chef de Terre)이 있으며 토지장은 마을 족장단의 일원으로 부족장과는 다른 권한과 역할을 갖고 있다. 아무리 마을의 유휴 토지가 풍부해도 토지장이 개발을 허용하지 않으면 새마을사업은 아예 시작조차 할 수 없게 되는데 씽골리마을에는 마을의 공동 발전을 위해 사용할 수 있는 유휴 토지도 많고 토지장이 개발목적의 토지 배정을 적극 지원하였기에 가능하였던 것이다. 이런 부족장과 토지장 및 리더그룹들의 적극적인 참여와 지원 덕분에 사업을 시행하는 과정에 주민들 간 화합과 단결이 잘 이루어졌다. 주민들의 회의는 주로 부족장 집 뜰의 망고나무 아래서 진행됐으며, 나무그늘 밑 회의라 불렸다. 망고나무는 지혜의 나무라 불리면서 주민들의 의견을 합리적으로 협의할 수 있도록 지혜를 내라는 암묵적인 의미의 상징이기도 하였다. 다만 나무 아래여서 비가 오거나 밤 시간대에는 회의할 수 없다는 한계가 있었다.

"저는 N'dri Akissi Clemency입니다. 씽골리마을에서 태어났고 현재 씽골리마을에서 살고 있습니다. 2002년 내전으로 학교를 다니지 못하게 되어 마을을 떠나 아비장에서 식모생활을 하며 한달에 10,000세파~15,000세파를 벌었습니다. 그 돈으로는 저와 가족을 돌볼 수가 없었고, 씽골리에서 사는 것과 큰 차이가 없어서 다시 마을로 돌아왔습니다.

귀향자 1 인터뷰 주민의 말

마을에서 새마을운동을 하기 전에는 야생동물을 잡아서 팔려고 온 곳을 다녔는데 삶은 나아지지 않고 계속해서 더 나빠졌습니다.

새마을재단이 마을에서 새마을운동을 하면서 마을회관을 만들고, 닭장을 만들고 여러 가지 공사를 많이 했습니다. 저와 이웃들은 공사를 할 때 기초를 파는 일, 물을 나르는 일을 하며 도왔습니다. 마을회관과 닭장이 완성되어 거기에서 우리는 닭 사육, 농업에 대한 많은 교육을 받았습니다. 그리고 이웃들과 합심해서 일할 수 있는 방법을 배웠습니다. 우리는 평균 500마리의 닭을 키우고 있는데 병아리를 사서 몇 달 키워서 팔고, 또 병아리를 사서 키워서 팔고 이렇게 반복적으로 소득을 올리고 있습니다. 그리고 함께 채소를 재배하였고, 아체케를 만들었고, 쥬스를 만들었습니다.

특히 아체케를 만들어 팔아서 많은 돈을 벌게 되었습니다. 그것이 저에게 많은 도움이 되었습니다. 그리고 쥬스판매와 농업활동 역시 저에게 많은 도움이 되었습니다.

소득활동을 통해 번 돈으로 저는 나 자신과 우리 가족들을 돌볼 수 있게 되었습니다. 저는 3명의 아이가 있는데 아이의 아빠에게 기대지 않아도 아이들을 학교를 보낼 수 있게 되었고, 학용품, 교복, 점심값 등을 지불할 수 있게 되었습니다. 공과금(전기·수도요금)을 낼 수 있게 되어 집에서 물과 전기를 쓸 수 있게 되었습니다. 생선과 쌀을 살 수 있게 되었고, 아프신 어머니를 위해 약도 살 수 있게 되었습니다.

저는 이제 제 인생에서 원하는 것은 무엇이든 할 수 있을 것 같은 자신감이 생겼습니다. 앞으로 개인적으로 닭 농장을 만들 계획을 갖고 있습니다. 열심히 일해서 많은 돈을 벌고 싶습니다. 그리고 어려움을 겪고 있는 사람이 있으면 도와주고 싶고, 우리처럼 다시 일어설 수 있도록 알려주고 싶습니다."

귀향자2

"저는 KOUASSI Koffi Narcise입니다. 저는 씽골리마을에서 태어났고 현재 씽골리마을에서 살고 있습니다. 저는 새마을위원회에서 구판장 운영, 양계 사업을 담당하고 있습니다. 초등학교를 다니다가 중퇴하고, 외지에 1년 ~ 2년 나가서 일하며 100,000 세파 정도 돈을 벌었습니다. 젊은 세대는 일이 없어 도시로 나갔으나 지금은 마을로 돌아오고 있습니다. 지금은 자신들의 마을을 건설하려고 남아 있습니다."

귀향자 2 **인터뷰 주민의 말**

"새마을재단이 마을에서 새마을운동을 하기 전에는 마을에 아무것도 없었습니다. 우리는 아무것도 하지 않고 있었고, 돈을 벌기 위해 마을 밖의 다른 사람의 집이나 큰 밭으로 가서 일을 했습니다. 1년을 일하고 나면 50,000 세파 ~ 100,000 세파를 받을 수 있었습니다. 새마을운동을 하면서 더 이상 마을 밖에서 돈을 벌지 않아도 되었고, 이전보다 훨씬 많이 벌 수 있게 되었습니다. 그래서 마을 밖으로 나간 젊은이들이 마을로 돌아오고 있습니다.

새마을운동을 하면서 우리는 이웃들과 함께 마을회관을 짓고, 닭장, 연수센터를 만드는데 참여를 했습니다. 그리고 많은 교육을 받았습니다. 특히 상추, 토마토, 가지, 양파 등 채소재배 교육을 많이 받았습니다. 교육 덕분에 상추로는 한달에 50,000 세파 정도 벌고, 가지는 200,000 세파 정도, 토마토는 100,000 세파 정도 벌고 있습니다. 우리 마을 채소 품질이 좋아서 다른 사람들에게 채소재배법을 가르치고 있습니다. 한 번 가르치는 수당으로 50,000 세파에서 100,000 세파 정도 받습니다.

농사를 통해 번 돈으로 저는 가족을 잘 돌볼 수 있게 되었습니다. 아이들을 학교에 보내고 배불리 먹일 수 있습니다.

새마을운동으로 사고방식이 바뀌었습니다. 이웃과 협동하고, 자신감도 생겼습니다. 앞으로도 이웃들과 함께 많은 일을 할 것이고, 마을을 잘 가꿀 것입니다. 개인적으로는 돈을 더 벌어서 집을 개선하고, 닭 사육 농장도 운영하고 싶고, 그리고 가게도 열고 싶습니다."

<씽골리 새마을 부녀회장 >

"저는 씽골리마을에서 부녀회장을 맡고있는 Kofi Aya Béatrice입니다. 씽골리마을에서 태어난 이후 쭉 여기에서 살고 있습니다.

새마을사업을 통해 부녀자들이 서로 협동하고, 경제적인 자립심을 갖게 되었습니다. 삶에 대한 희망이 생기고, 우리도 마을 발전에 기여하는 일원이라는 자부심도 생겼습니다."

초기 사업은 2017년 1ha의 농지를 6명이 시작했으며 2018년에는 3ha, 27명으로 늘어나고, 2019년에는 5ha, 40명으로 증가했습니다. 2020년에는 10ha, 79가구를 목표로 하고 있으며, 가구당 1,000~1,500m² 정도의 채소밭을 운영할 예정입니다.

부녀회장 인터뷰 주민의 말

"새마을재단이 새마을사업을 하기 전 마을에는 물 문제가 심각했습니다. 여자들은 물을 얻기 위해 새벽 일찍 나서서 물을 구해와야 해서 늘 큰 걱정거리였는데, 새마을사업 이후에 마을 여자들이 더 이상 멀리까지 가서 물을 안 길러와도 되어서 잠을 오래 잘 수 있게 되었고, 깨끗한 물을 먹으면서 질병도 많이 없어졌습니다. 새마을운동을 통해서 씽골리마을의 환경이 변하고, 소득이 증가했으며, 매주 주민들이 같이 청소를 해서 마을이 깨끗해졌습니다. 씽골리마을에 희망이 생겼고 앞으로 나갈 수 있게 되었습니다.

저는 부녀회장으로 부녀자들을 사업에 참여시키기 위해 애를 많이 썼습니다. 새벽 5시부터 마을을 돌아다니며 주민들을 깨우고 마을회관을 지을 때는 부녀회원들과 함께 공사를 위한 물을 길러 왔습니다. 처음에는 회원들이 참여를 잘하지 않아서 속상했지만, 회원들이 이제는 마을이 점차 변화되는 모습을 보고 소득이 늘면서 말하지 않아도 알아서 다들 잘 참여하고 있습니다.

개인적으로 새마을운동 전에는 카사바, 옥수수를 길러 먹고 남는 것을 시장에 내다 팔아 생계를 유지했는데 지금은 소득도 많이 늘고, 생활 수준도 많이 높아졌습니다.

앞으로 부녀자들을 더 단합시키고 사업을 잘 추진해서 더 발전하는 씽골리마을을 만들 계획입니다.”

농민그룹대표

“저는 씽골리마을에서 농민대표를 맡고 있는 N'Guessen Nestor입니다. 씽골리마을 채소농장 운영 전반을 담당하고 있습니다. 저는 씽골리마을에서 태어났고 현재도 여기에서 살고 있습니다. 저는 학교에 다닌 적이 없고 부모님에게서 밭일을 배워서 지금까지 밭일을 하고 있는 농부입니다. 새마을운동 전에는 아내와 함께 얌, 옥수수, 카사바 등을 재배하였습니다.

농민그룹대표 인터뷰 주민의 말

“새마을재단이 우리 마을에서 새마을사업을 하면서 여러 가지 마을에 필요한 시설들을 만들었는데 저는 여러 이웃들과 함께 건축을 도왔습니다. 우리 마을의 일이기 때문에 즐겁게 도왔습니다. 새마을은 우리 마을을 아름답게 만들었습니다. 우리 마을은 예전과 비교해 많이 달라졌고, 진화했습니다. 그리고 새마을재단은 여러 가지 채소 재배법을 교육했고, 채소밭을 새롭게 만들었습니다. 이웃들과 함께 잘 정리된 밭에서 가지, 토마토를 재배했는데, 배운 대로 했더니 정말 많은 수확을 얻을 수 있었습니다.

새마을운동 덕분에 소득이 늘어 우리 5명의 아이들을 대학에 보낼 수 있게 되었고, 큰 집을 지을 수 있게 되었습니다.

새마을재단이 와서 길을 안내한 이후 우리 마을과 우리 집이 변했습니다. 무엇보다 우리 마을과 집이 깨끗해졌습니다. 새마을운동을 통해 우리 마을 주민들과 우리 가족은 많은 변화를 몸소 느꼈습니다. 그리고 많이 성장했습니다. 앞으로 잘 지속하고 실천해서 더 깨끗하고 살기좋고 잘 사는 마을로 만들 것입니다."

양계그룹대표

"저는 Monsieur Alla Amani Narcisse입니다. 현재 마을에서 양계사업 대표이면서 새마을위원회 회장의 비서역할을 담당하고 있습니다. 저는 씽골리에서 태어났는데 부아케에서 학교를 다니다가 2017년에 씽골리로 돌아와서 현재까지 살고 있습니다. 마을로 다시 돌아온 이유는 부모님이 학비를 더 이상 내주실 수가 없었기 때문입니다.

마을로 돌아와서 채소밭에서 가지와 카사바를 키우고, 벼를 재배하고, 토종닭을 키웠습니다. 그런데 물 문제로 생산량이 적어서 수지타산이 안 맞아 생활고로 힘들었습니다.

마을에는 상수도 시설은 되어 있었으나 가난해서 수도요금을 낼 수가 없어 물을 먹을 수 없었습니다."

양계그룹대표 인터뷰 주민의 말

"새마을재단이 우리 마을에서 새마을운동을 하면서부터 물 문제가 해결되었고, 교육을 해줘서 생산량이 많이 늘었고, 닭도 더 잘 키울 수 있게 되었습니다. 그리고 판매를 위한 차량을 지원해줘서 직접 시장에 내다 팔 수 있게 되어 소득이 더 늘었습니다.

우리 마을주민들은 마을에 필요한 건물들을 지을 때 다같이 참여해서 도왔고, 채소밭, 닭장, 아체케 생산장에서 같이 일하고, 매주 마을전체가 참여하는 새마을청소를 해서 마을을 깨끗하게 관리하고 있습니다.

새마을사업에 참여하면서 개인적으로 제 인생에 많은 변화가 생겼는데 가족들을 제대로 보살필 수 있게 되었습니다. 저는 6명의 아이들이 있는데 아이들을 학교에 보내고, 아플 때 병원에서 치료를 받고, 먹는 걱정 없이 살 수 있게 되었습니다.

새마을사업을 더욱 지속하고 발전해서 우리 마을을 앞으로 더욱 잘사는 마을로 만들 생각입니다. 지금하고 있는 활동들을 보면, 우리는 성공할 수 있을 것이라고 생각합니다."

청년회 대표

"저는 Koffi N'Guessan Hernes입니다. 저는 씽골리 마을에서 태어났고, 대학교 1학년을 마쳤습니다. 대학에 다니던 중, 아버지와 형이 병에 걸려서 가족을 돌보기 위해 어쩔 수 없이 학업을 중단하고 마을로 돌아오게 되었습니다. 새마을운동 이전에는 아비장으로 돌아가서 학업을 계속하고 일자리를 구해 돈을 벌고자 했지만, 상황이 여의치 않아 마을에서 농사를 시작하게 되었습니다. 불행히도 물 문제로 인해 농업이 수확 시즌 동안 충분한 생산을 하지 못해 수익을 올릴 수 없었습니다. 씽골리의 생활 수준은 저에게 수익을 창출할 수 있는 활동을 할 수 없게 만들었습니다.

▌청년회장 내용

"새마을재단이 씽골리마을에 도착했을 때, 우리 마을은 지역이 두 개로 나뉘어 있었습니다. 한 쪽은 예전에 살던 곳으로 많은 사람들이 살고 있었고, 다른 쪽은 새로운 지역이었습니다. 우리는 두 지역을 오가며 생활했지만, 생활 환경은 아주 좋지 않았습니다. 우리는 생계를 유지할 수 있는 수단이 없었습니다.

2016년, 저는 재단에서 초청하여 한국에서 새마을연수를 받게 되었습니다. 돌아온 후, 저는 마을에 남기로 결심했습니다. 교육 덕분에 제 사고방식이 정말로 변화했음을 느꼈고, 재단이 추진할 활동들을 통해 희망을 보았습니다. 4헥타르 규모의 농업 구역과 새로 마련될 닭장 등 마을에서 이루어질 계획들을 보며 새로운 가능성을 느꼈습니다.

기본적으로 농업에 종사하던 우리 마을에 새마을사업으로 농업 관련 사업이 제공된 것은 꼭 잡아야 할 기회였습니다. 그래서 저에게 이 사업은 하나의 촉매제가 되었고, 덕분에 저는 마을에 남아 전업으로 활동할 수 있게 되어 수익을 올릴 수 있었습니다.

씽골리마을에서 새마을운동 덕분에 저는 마을에 남아 수익을 창출할 수 있는 활동을 할 수 있게 되었습니다. 새마을운동에 대한 제 인상은 매우 긍정적입니다. 오늘날 제 삶이 변화한 것은 바로 이 새마을운동 덕분입니다. 농업 활동을 시작하자마자 돈을 벌기 시작했고, 그 돈으로 어머니께 정기적으로 용돈을 드리고 생선도 사드릴 수 있었습니다. 또한 도시에서 살았던 경험이 있기 때문에 전기가 없는 생활은 저에게 쉽지 않았습니다. 그래서 저는 전기를 공급받기 위해 CIE(코트디부아르 전력회사)에서 전기 계량기를 설치했습니다. 저는 집안의 경제활동에 참여하는 사람이 되었고, 이 점은 중요하게 언급해야 합니다. 얼마 지나지 않아 아내와 아이들이 생겼고, 저의 활동 덕분에 그들을 돌보고 교육하는 데 문제가 없었습니다. 또한 농업 활동으로 얻은 저축으로 벽돌을 만들어 집을 짓기 시작했습니다. 마을에 살면서 집을 짓는 것이 가능하다는 사실에 큰 행복을 느꼈습니다. 일반적으로 공무원이어야만 이런 것을 이룰 수 있다고 생각했지만, 저는 오늘날 그것을 이룰 수 있었고, 지금 이 집에서 앉아 있는 것이 정말 행복합니다."

청년회 대표 인터뷰 주민의 말

새마을 활동에서 제가 맡은 역할은, 한국에 다녀온 덕분에 그룹의 리더가 된 것입니다. 저는 활동을 이끌고 조정하며 감독하는 역할을 맡았습니다. 마을에서 어떤 활동을 해야 할 때는 제가 그 시작을 알리고, 젊은이들을 동원하여 활동이 잘 진행되도록 했습니다. 예를 들어, 마을회관 건설 시에는 젊은이들에게 역할을 분배하여 모든 건축 작업을 도왔습니다. 저는 팀을 이끌어 활동이 잘 진행되도록 했습니다. 농사일을 잠시 접고 마을 활동에 참여해야 했던 희생은 힘든 일이었지만, 우리는 기꺼이 참여했고, 이는 우리에게 많은 의미가 있는 경험이었습니다. 어느 날, 채소농장의 물탱크를 받치고 있는 철골 기둥이 쓰러졌습니다. 우리는 회의를 통해 새로운 기둥을 설치해 줄 때까지 기다리지 않고, 우리 스스로 쓰러진 기둥을 세우기로 결정했습니다. 주민 모두가 참여하여 다른 기계장치 없이 오롯이 인력으로 들어올려 다시 세웠습니다. 위험한 일이었고, 지지하는 나무가 부서져서 다칠 수도 있었지만, 다행히 우리의 의지와 하늘의 도움로 성공할 수 있었습니다.

개인적으로 미래의 목표는 백만장자가 되는 것입니다. 1~2년 짧은 시간내에 일부 사람들에게는 가능할 법한 일인데 저는 단기간에 제 집을 지었습니다. 새마을사업 덕분에 가능한 일이었습니다. 저는 마을에 살면서도 성공할 수 있다는 것을 보여주고 싶습니다. 이는 새마을재단이 잘 가르쳐 준 덕분입니다.

저는 개인적으로 마을에서 수행하고 있는 다양한 활동들이 더 많은 수익을 낼 수 있도록 수행하고자 합니다. 최근에 마을 내에 새로운 공용 건물을 짓기 위한 또 다른 부지를 확보했습니다. 이를 통해 도시처럼 결혼식도 진행할 수 있습니다. 씽골리마을이 모두가 감탄하는 마을 모델이 되는 모습을 보고 싶습니다. 현재 우리는 주택 문제를 겪고 있으므로, 씽골리마을에 질 좋은 주택, 호텔, 레스토랑, 주유소, 슈퍼마켓들이 생겨서, 향후 몇 년 안에 도시와 같은 시설을 갖춘 현대적인 마을을 만드는 것이 목표입니다. 이것이 씽골리마을에 대한 저의 꿈이며, 이러한 프로젝트를 실현할 수 있는 마을의 리더 중 한 명이 되고 싶습니다. 몇 년 후에 이 약속을 지킬 수 있기를 바랍니다."

현지 사업담당자

"저는 새마을재단에서 새마을운동에 관한 연구 및 조사, 새마을사업 평가 등을 담당하고 있으며, 새마을재단 코트디부아르 사무소 초대 소장을 역임한 권령민입니다."

현지 사업담당자

2017년 7월에 씽골리마을을 처음 방문하였는데 아비장에 있는 아프리카개발은행(AfDB) 본부와 신규사업에 대한 업무협의를 겸한 출장에서였다.

당시 씽골리마을은 이웃의 엔조꼬수 마을과 함께 시범마을조성사업을 막 착수한 시점이었는데, 마을을 방문했을 당시 마을 가운데 있는 공터에 모인 마을주민들에게 재단이 앞으로 마을에서 추진할 새마을사업에 대한 안내를 하는 자리인 '사업설명회'를 가지는 중이었다.

본격적인 사업 시작에 앞서 2016년에 주민대표들을 재단으로 초청하여 새마을 연수를 하였고, 주민대표들이 사업계획을 만들고 재단에서 파견한 협력관이 뒤에서 지원하여 2021년까지 마을 안길 조성, 생활용수 급수시설, 화장실, 마을회관, 카사바 가공시설, 시범농장, 농업용수, 양계 등 주민 숙원사업과 소득기반 조성을 연차적으로 추진하겠다는 내용이었다.

방문한 2017년에는 마을회관 신축, 양계장 신축 및 사육, 문해교육을 실시하는데, 마을회관 공사를 위한 설계나 공사, 감리는 건설회사에 맡기지만, 마을자체로 3명의 관리위원을 지정하여 진행 상황을 매일 점검하고 협력관과 상황을 공유하며, 마을주민들은 노동참여 그룹을 정해서 노동력을 제공하는 등 자발적으로 동참하겠다고 하였다. 그리고 마을회관을 주민회의나 교육 용도만이 아닌 구판장, 탁아소 등 다목적으로 활용할 수 있도록 설계했다고 하였다.

양계사업은 가구 소득증대를 위해서 병아리를 사서 성체로 키운 후에 판매를 하는 육계 방식으로 사업을 추진하는 계획이었다. 우선 양계장 설치와 병행해서 양계교육을 실시하고, 크리스마스 시즌을 겨냥하여 2,500마리 정도 대량으로 사육하는데 청년회가 주로 맡아서 추진한다는 내용이었다.

마을주민 대부분이 부족어를 쓰고 공용어인 프랑스를 하지 못하며, 기본적인 셈을 하지 못하는 상황이라 마을 내에 유일하게 대학을 다닌 적이 있는 청년회장에게 부탁하여 주 1회 프랑스어와 산수를 가르친다고 하였다.

씽골리 주민들과 처음 만남에서 주민들 간 단합이 잘되고, 의욕이 넘치는 모습을 보면서 주민들이 가난에서 벗어나고 싶어하는 절박감을 느낄 수가 있었다.

이후에 보고서 등을 통해 사업이 순조롭게 잘 진행되고 있다는 소식을 듣고 있었는데, 재단이 코트디부아르에서 국제농업개발기금(IFAD)과 아프리카개발은행(AfDB)의 국제기구 사업을 본격적으로 추진하게 되어, 2018년 10월 코트디부아르에 재단 사무소를 신규로 개소하는 것으로 결정이 되었고, 씽골리마을과 인연이 있었는지 초대 소장으로 발령이 났다.

코트디부아르 사무소장으로 1년 정도 근무하면서 사업 관리자(PM), 교육자, 퍼실리테이터 등의 역할을 담당했는데 마을에서 무엇보다 주민조직에 대해 특별히 강조하였다. 외부의 도움 없이도 마을이 스스로 자립할 수 있도록 새마을위원회와 부녀회, 청년회 등 부문조직의 활동을 위한 재원 마련 시스템 구축과 사업을 관리할 수 있는 역량강화를 위해 노력했다.

부녀회에는 카사바 재배 → 아체케 가공 → 판매 → 마을공동기금 조성 → 구판장 및 탁아소 운영에 이르는 모델을 제시하였고, 청년회에는 양계 → 판매 → 마을 공동기금조성 → 운동모임(축구), 마을환경 개선의 모델을 제시하였다.”

위의 사진은 새마을사업에 관해 마을 주민들이 원하는 사업내용과 추진방식에 대한 의견을 수렴하는 모습이다. 이런 과정들이 사업을 추진하는 전 기간에 걸쳐 이루어졌기 때문에 주민들의 적극적인 참여와 협력이 가능하게 된 것이다.

현지 사업담당자로서 당시 사업을 추진하고 이후 2019년 4월 마을을 방문했을 때 족장님께서 재단사업으로 마을 주민들이 긍정적으로 변화하고 있다고 하셔서 구체적으로 어떤 부분에서 변화가 있었는지 여쭤보니 주민들이 매주 마을청소를 통해 마을 주변 환경을 깨끗이 관리하고 있고, 공동으로 일을 하고, 애향심이 생겼으며 시간을 효율적으로 사용하게 되는 등 의식적인 부분에서 많은 변화가 있었다고 대답하였다. 그리고 부녀회는 제시한 모델대로 카사바를 재배하고 수확하여 아체케로 가공 후 판매하여 마을 기금을 조성하고 있고, 양계는 청년 11명이 참여하여 시즌별로 사육을 하여 판매를 하고 역시 마을 기금을 조성하고 있다고 하였다. 족장님은 씽골리마을이 외부로 널리 알려져 견학오는 마을로 만들고 싶다는 포부를 밝히셨다.

씽골리마을은 이제까지 본 다른 마을들과 달리 주민들과 같이 회의를 하면 그냥 뭐를 해달라는 것이 아니라 이것이 왜 필요하고 이를 위해 자신들이 무엇을 얼마만큼 준비할 수 있는데 부족한 부분을 좀 도와달라는 식으로 이야기를 해서 늘 즐겁게 지원을 했었다.

2019년 5월에 한국의 농업전문가를 마을로 초청해서 마을주민들이 선진 농업기술을 배울 수 있도록 계획을 세웠다. 퇴비제조 및 활용법, 토마토 작물재배법, 이랑조성 방법, 병해충 방제법에 대해 마을주민 76명을 3개조로 나누어 2주간 교육을 받는 것으로 하고, 농기구를 점검해 봤는데 마땅한 농기구 없이 길다란 칼 같은 것으로 모든 것을 해결하고 있기에 우선 필요한 곡괭이, 호미, 손수레 등 필요한 농기구부터 구입하여 지원했다.

약 1달여의 긴 기간이었는데 한 명의 이탈자 없이 모두가 교육을 이수하였고, 퇴비를 만들 때에는 어른, 아이 할 것 없이 전 주민들이 참여하여 풀을 베고, 쌓는 등 활동을 하였다.

코트디부아르에서 새마을연수를 할 수 있는 공간을 마련하기 위해 기존 연수원, 대학 등 여러 곳을 알아봤는데 마땅치가 않아서 씽골리마을이 코트디부아르 중심부에 있고 앞으로 고속도로가 생기면 교통도 편리할 것 같아서 족장님에게 새마을연수센터 조성을 위한 부지를 제공해 주실 수 있는지 여쭤봤는데 한 번에 흔쾌히 허락을 해주셔서 도로변에 새마을연수센터를 신축하였다. 이때 시키지도 않았는데 청년들이 건물 기초를 만드는데 무보수로 참여하여 공사를 도왔다. 청년들에게 힘들지 않느냐고 물었을 때 그들은 '우리가 희생한 것은 우리의 희생'이라는 답을 주었다. '주인의식'이 느껴져서 '향후에도 건물을 잘 관리하겠구나'라는 생각을 했었다.

사무소장으로 근무하며 씽골리마을의 새마을사업을 뒤에서 지원하면서 주민들이 새마을사업을 몸소 체험하면서 긍정적으로 변화되고 항상 밝게 웃는 모습을 보면서 많은 보람을 느꼈다.

현지 중간평가자

"저는 씽골리마을의 새마을사업 사전조사, 마스터플랜 수립, 그리고 종료평가를 수행했던 임한성입니다."

코트디부아르에서 새마을재단의 새마을사업은 우리나라 농업진흥청과 비슷한 기능을 하는 코트디부아르의 ANADER이라고 하는 농촌지도를 전문으로 하는 기관에서 재단으로 새마을사업을 요청하면서부터 시작되었다. ANADER은 전국적인 조직과 4개의 교육시설을 갖추고 있어서 그들이 새마을운동을 배워서 코트디부아르 전역에 한국의 새마을운동과 같은 농촌개발사업을 추진하겠다는 계획을 갖고 있었다. 그들이 본격적인 사업에 앞서 재단에 자문을 구하고, 코트디부아르에서 새마을사업에 대한 시범을 보여달라고 요청을 한 것이었다.

2016년 12월 사전조사를 위한 출장에서 ANADER을 방문하여 시설들을 둘러 보았고, 시범사업을 하기에 적절한 마을을 여러 곳을 추천받아 현지 마을조사를 시작하였다. 씽골리마을은 여러 후보마을 중 하나였는데, 사카수 현에서 10Km, 부아케에서 35Km 정도 떨어져 있었고 사카수에서 부아케로 가는 도로변에 위치하고 있었다. 이곳에 마을이 조성된 것은 1998년부터인데 예전 마을은 현재 위치에서 2km 정도 떨어진 숲 속에 마을이 있었다고 했다. 마을로 진입이 힘들고, 전기와 수도가 없어서 였다고 하였다. 마을전체가 동시에 이전한 것은 아니고 순차적으로 이전했다고 했다. 마을의 이름인 씽골리(Singoli)의 의미는 '내가 과연 먹고 살 수 있을까?'라는 뜻이라고 한다. 마을의 이름에서 이들의 생존을 위한 절박함을 알 수 있었다.

마을 주민 대다수는 아칸족 계통의 바울레족으로 마을의 대표는 족장이 세습하고 있고, 전통적인 토템이 남아 있어 매주 수요일과 매월 음력 1일(달이 처음 뜨는 날)에는 일을 하지 않는다고 한다. 마을의 토지는 토지장이 관장하고 있는데 정부도 함부로 땅에 대한 권리를 행사하지 못한다고 한다. 다시 말해 정부사업이나 새마을사업을 위해 부지를 사용해야 할 때 반드시 토지장의 허락을 받아야 한다는 뜻이다. 물과 전기 때문에 마을을 이전했지만 물과 전기를 살 수 있을 정도의 소득이 없어 여전히 물은 마을 밖에서 길러와야 하고, 전기가 없어 저녁에는 아무런 활동도 할 수가 없는 삶을 살고 있었다. 소득과 관련해서 주민 전체가 농업에 종사하는데 저수지나 수로 등이 전혀 없어 오로지 강우에 의존하여 농사를 짓고 있었고, 생산량이 적어서 자급자족도 겨우 하는 수준이었으며 판매는 꿈도 못 꾸는 실정이었다.

마스터플랜 수립을 위해 주민들에게 꼭 필요한 사업들을 물어봤는데 다음과 같다.

환경개선사업	수익사업	교육사업	보건사업
마을 안길 정비	양계	초등학교 개보수	보건소 신축
화장실	재봉시설	교사 숙소	약국
전기공급	미용실	학교 급식	간호사
운동장	호텔	학교 담장	가족계획
	신품종 카사바 경작	성인 문해교실	

도로변에 위치한 이점을 최대한 살리고 싶었는지 호텔, 미용실 등 상업시설을 설치하기를 희망했고, 교육에 대한 열망이 강하고 의료관련 사업을 희망했다.

당시 마을조사를 한 노트를 살펴보니 씽골리마을에 대해 주민들의 의지가 매우 강한 것으로 판단되는데 특히 청년들의 관심이 높으며, 마을 개발 의지도 매우 강한 것으로 판단된다는 메모가 있었다.

종료평가는 21년에 실시했는데 당시 코로나19로 인해 해외 여행이 안 되던 시절이라 그동안 사업을 했던 자료들을 분석하고, 화상으로 사무소장과 면담을 했었다. 첫 인상대로 사업이 아주 성공적으로 마무리가 되어서 '매우 성공적'이라는 결과를 판정했다.

그 뒤에 씽골리마을 사례는 독특하니 심층적으로 연구해 볼 필요가 있다고 재단에 어필을 했는데 이번에 이런 사례집을 낸다고 하니 아주 시의적절하다고 생각되며, 씽골리의 사례가 지구촌 필요한 곳곳에 전파되어 그 곳 마을 주민들도 환하게 웃게 되기를 바란다.

Ⅲ

씽골리 새마을 시범마을
추진과정과 전략

❝ 제3부는 씽골리 새마을시범마을조성사업의 과정을 구체적으로 절차에 따라 소개하고 추진계획과 전략에 대한 것을 단계별로 보여주고자 한다. 6장은 씽골리가 새마을시범마을조성 사업에 선정된 과정과 사업을 시행하기 전 실시한 사전조사를 다루고, 7장은 씽골리 새마을조성사업 마스터플랜, 구성요소와 씽골리마을 주민제안 및 사업 추진전략을 기술하고 있다. **❞**

06

씽골리 시범마을조성 선정 및 사전조사

1 시범마을조성사업 제안 및 선정 절차

새마을시범마을조성사업은 마을 단위에서 시범사업을 신청할 때, 신청서에는 마을과 마을 개발위원회에 관한 기본 정보, 제안된 시범 프로젝트 설명, 5년간의 사업 투자 계획, 주민들의 현물 분담, 시범 프로젝트의 예시, 종합적 마을 개발 계획, 교육훈련에 대한 수요조사가 포함되도록 하였다. 새마을시범마을조성사업은 다음의 표에서 보여주는 것처럼 소득증대, 생활환경개선, 역량강화사업의 세 가지 유형의 사업으로 구성되어 있다. 사업을 신청할 때 각 사업의 유형별로 마을의 필요에 따른 사업의 종류를 구체적으로 기술하였다.

표 6-1 새마을시범마을조성사업의 유형과 비중

사업유형	시범사업의 종류	총사업비에 대한 비율(%)
소득증대사업	생산기반 확충, 영농사업, 농업기술교육·훈련, 소액금융, 가축은행 등	40~60
생활환경개선사업	생활·환경 인프라, 보건·위생사업 등	30~50
역량강화사업	주민교육(새마을교육, 보건교육), 주민조직 활동, 마을행사, 네트워크 구축	10~30

사업은 제안서를 접수받아 선정절차를 진행하게 되며 기본적으로 두 가지 선정방법으로 실시된다. 첫째, 한국 새마을사업의 경험과 새마을재단의 노하우를 기반으로 전문가들이 마을에 꼭 필요하다고 판단하는 사업이 선정되도록 하였고, 이러한 필요 사업들은 부문별로 새마을재단에서 제시하는 표준사업 유형에 맞게 제시되었다. 둘째, 주민의 의견을 반영한 주민들의 숙원사업이 선정되도록 하였다. 이상의 두 가지 방법은 다음에서 구체적으로 설명하고 있으며 두 가지 사업의 유형은 새마을재단의 해외새마을사업 경험을 통해 수립된 것이다. 한국의 새마을사업 경험으로 제시된 표준 새마을 시범사업의 유형은 씽골리 시범마을조성사업 제안에 그대로 반영되었다.

1) 표준 새마을 시범사업의 유형

표준 새마을사업은 한국의 새마을운동 경험으로부터 제시된 전통적인 농촌개발 프로젝트로 평가, 인정된다. 그 성공적인 모델을 바탕으로 코트디부아르와 같은 국가에서도 적용될 수 있는 표준 새마을사업으로 설정되었다. 표준 새마을사업은 다섯 가지 주요 영역으로 제시되어 있으며 세부 내용은 다음의 표로 자세히 제시되고 있다.

① 새마을사업 기반조성: 지역 주민들이 주체가 되어 스스로의 문제를 해결할 수 있도록 하는 기반을 조성하는 사업이다. 이는 주민 참여와 협력을 촉진하고, 지역의 자원을 최대한 활용할 수 있도록 지원하는 것이다.

② 환경개선 및 마을인프라 구축: 깨끗하고 안전한 환경을 조성하고, 마을의 기본 인프라(도로, 상하수도 등)를 구축하여 주민의 생활 수준을 향상시키는 사업이다.

③ 소득증대 및 생산기반 조성: 주민들이 자립할 수 있도록 다양한 소득원 개발과 생산 기반을 마련하여 경제적 안정성을 도모한다. 이를

통해 마을의 경제 활성화와 주민의 삶의 질 향상에 기여하는 것이다.

④ 주민역량강화: 주민들이 스스로 문제를 인식하고 해결할 수 있는 역량을 기르도록 교육과 훈련을 제공한다. 이는 지속 가능한 발전을 위한 필수적인 요소이다.

⑤ 기타 사업: 위의 영역에 포함되지 않는 다양한 사업을 포함하여, 지역의 특성에 맞는 맞춤형 사업을 추진할 수 있다.

이러한 사업유형은 한국의 전형적인 새마을사업 경험을 바탕으로 하며, 현지화를 위한 마을공동체 기반 조성과 지원체계 구축사업도 포함된다. 또한, 새마을재단의 과거 사업들을 참고하여 환경개선사업이나 소득증대 사업에 중점을 두면서도, 비 예산사업의 필요성을 강조한다. 이는 주민들이 주도적으로 추진하는 사업이 거의 없었던 경험을 바탕으로 하여, 시범 마을의 여건에 맞게 사업의 선택과 집중을 통해 효율성과 효과성을 높일 수 있도록 한 것이다. 이러한 구분은 한국의 새마을운동 경험과 한국 정부의 ODA 사업, 그리고 새마을재단의 경험을 토대로 하여 코트디부아르에 적용할 때 유용한 참고자료가 되고, 이 자료와 주민제안 시범사업이 결합되어 제안서에 포함되어야 시범사업의 효과성을 더욱 높일 수 있다. 즉 표준사업유형을 기준으로 하고, 주민들이 제안하는 숙원사업과 조화를 이루어 연차별로 추진할 수 있도록 사업 기회가 제공된다. 다음의 표는 부분별 표준사업의 유형을 사업부문별 표준사업과 선정 사유까지 기술하고 있다.

표 6-2 부문별 표준사업 목록과 유형

사업부문	표준사업		연도	선정사유
1. 새마을사업 기반조성	(1) 마을회관 건립 (2) 새마을조직체계 구축 및 규약 정비 (3) 기금조성 및 마을금고 프로그램 운영 (4) 마을공동체 행사, 마을총회 (5) 거버넌스 구축 - 새마을연수 참여자 협의체구성		1차 1차 2~5차 1~5차 1~5차	• 새마을 시범사업 추진 기반 • 의사결정 및 사업운영방침 결정 • 공동사업의 재정확보 • 참여와 공동체 의식촉진, 주민주도형 사업선정과 추진 • 행정 · 재정 지원의 토대마련
2. 환경개선, 마을인프라 구축	마을 인프라	(1) 마을 안길 및 진입로 개보수 (2) 상하수도	2~3차 3~4차	• 주민숙원사업, 협동정신 유도 • 주민숙원사업, 보건 · 위생 증진
	주거 환경	(3) 주거환경 개선 (화장실, 부엌 등) (4) 마을 청소	2~3차 1~5차	• 주민숙원사업 • 손쉽고 가시적 효과
3. 소득증대, 생산기반 조성	소득 증대	(1) 쌀 생산증대사업 (2) 시설농업 설치 및 관리 (시범농장) (3) 수확 후 관리기술 사업 (4) 농업기술지원 (5) 가축은행 사업 (6) 양어장 사업 (7) Home Gardening (8) 공동 축사(양계, 양돈) (9) 소액금융	3차 2차 3차 4차 3~5차 3차 2~5차 2~5차 4~5차	• 식량안보 및 소득증대 • 고부가가치 상업농업 육성 • 생산성 향상과 상품화 • 생산성 제고와 소득증대 • 사회적 약자 보호 • 주민숙원사업 • 식생활개선 및 소득증대 • 소득증대 • 부녀회 활동 지원(제봉)
	생산 인프라	(10) 저수지 건설(또는 보수)	3~5차	• 마을 숙원사업, 농업생산성 향상

4. 주민역량 강화	복지	(1) 마을문고 (2) 운동시설	3~5차 3차	• 문해교육과 연계 • 주민화합 및 휴식공간 제공
	보건, 위생	(3) 기초 보건·위생 교육 (4) 가족계획	2~5차 2~5차	• 여성 보건 증진, 인구정책
	역량 개발	(5) 마을지도자 리더십 교육 (6) 주민에 대한 새마을정신 교육	1~2차 1~5차	• 새마을사업의 추진주체양성 • 자조 협동의 동기부여
		(7) 사회정책교육 (8) 주민자치역량개발 교육	1~5차 2차	• 정부정책과 연계 • 주민제안 시범사업 계획 수립 및 시행
		(9) 농업기술 교육 (10) 선진지 견학 (11) 영유아교육	1~5차 1~4차 2~5차	• 주민의 영농 전문성 증대 • 동기부여 • 아동보호 및 여성노동력 활용
5. 기타		(1) 마을홍보 (2) 마을조사	1~5차 1~2차	• 새마을운동 홍보 및 확산 • 마을개발계획수립

위의 〈표〉에서는 표준 새마을사업을 기술하고 있지만 씽골리 새마을시범마을조성사업을 추진하는 것은 표준사업 유형에 실제 현지 주민들의 요구와 니즈를 반영하였고 그들의 개발수요를 마을 주민 뿐 아니라, 코트디부아르 ANADER에서 조사한 개발수요까지 반영하여 추진되었다. 따라서 다음에서는 씽골리 새마을시범마을조성사업을 추진하기 전에 주민들이 제안한 사업과 주민들의 의견을 반영한 숙원 사업의 내용을 진단하였고 그 내용을 소개하고 있다.

2) 주민제안 사업과 주민의견 반영한 사업

씽골리 새마을시범마을조성사업 선정 과정에서 우선 고려한 것은 규범적 요구와 표현적 요구진단이다. 즉 규범적으로 전문가들에 의해 씽골리마을의 수요와 문제를 진단한 결과와 주민들이 직접 표현해준 요구와 니즈를 모두 반영하여 사업이 설계되었다. 주민 제안사업 적용 시 고려되어야 사항은 다음과 같이 사업범위, 사업 설계로 나누어 볼 수 있다. 주민 제안사업의 범위는 농업 생산성 진작 및 이를 위한 기초 인프라 구축, 마을 주거환경 개선 등으로 제한되며, 외부인이 마을의 우선순위를 제안하는 데 한계가 있다. 이를 극복하기 위해 2017년 동안 다양한 교육을 통해 주민 스스로 문제가 무엇인지 파악하고 해당 마을의 우선순위를 이해하여 사업을 제안하도록 하였다. 이러한 주민들의 제안사업을 반영하기 위한 사업 선정은 기본 사업계획(표준안)과의 조화 및 일관성을 고려하며, 마을의 노동력 투입 등 사전 논의가 필요하다는 점을 인지하고 그 과정에 전문가들의 현지방문이 이루어졌다. 또한 사업을 추진하는 과정에서 제안된 사업 가운데 주민들의 자치활동과 자치역량 육성을 위해 주민들의 공동작업과 공동판매를 통한 마을기금 조성이 중요 사업유형으로 추천되었다. 마을 기금을 조성할 때 각 가구소득 대비 차등을 두는 방안을 고려해야 하며, 사업 심사의 공정성을 위해 명확한 선발 기준을 제시하였다. 주민 전체의 합의에 의해 사업이 선정되고 계획될 수 있도록 유도하며, 여성 농민의 참여 및 여성 조합의 활동도 선발 기준에 포함하여 사업이 남성 중심으로 구성되지 않도록 설계하였다. 사업 채택 시 ANADER 전문가와 새마을재단 자문위원의 기술적 조언을 바탕으로 사업 설계를 하고, 사업 시행기관은 회계 및 사업 진행을 지원하고 모니터링을 실시하는 등 사업선정과 추진의 전 과정에 전문가들의 참여가 수시로 이루어질 수 있도록 설계하였다.

사업 선정 과정에서는 사업(계획서) 평가위원회를 구성하여 사업을 선정하였다. 평가위원회는 다음과 같은 요인을 중심으로 사업제안서를 평가하고 최종 선정하는 작업을 진행하였다.

① 사업의 타당성 분석: 제안한 사업이 실제 마을주민들과 마을의 문제와 수요를 반영하고 있고, 이를 달성한 후에 가져올 변화가

예측 가능한가에 대한 분석을 하였다.

② 예산 규모의 적합성: 제안 사업이 시범마을조성사업비 규모에 적합한가를 분석하였다.

③ 주민 분담 비율의 적절성: 제안된 사업의 추진에 필요한 예산에 주민들이 어느 정도 분담하려는 의지를 갖고 있는가를 반영하였다.

④ 수혜자의 수: 사업의 추진과정과 종료 후에 수혜자 수는 어느 정도인가를 반영하였다.

⑤ 제안사업의 효과성 및 지속 가능성: 제안사업의 종료후에 효과와 지속가능성 여부를 분석하여 사업선정에 반영하도록 하였다.

⑥ 장기 사업과의 마찰 여부 등을 중요하게 검토하였다.

씽골리 새마을시범마을조성사업을 선정하는 과정에서 평가위원들은 위의 요인에 초점을 두고 심사하였으며 그 과정에서 마을과 주민들의 니즈와 마을여건에 대한 진단을 실시하였다. 그 결과 새마을시범마을조성사업을 실행하기 위해서는 코트디부아르 농촌마을과 밀접한 연관이 있는 몇 가지 문제를 우선적으로 해결할 필요가 있다는 점이 지적되었다. 이러한 문제가 해결되지 않으면 새마을시범마을조성사업의 지속가능성을 확보하기 어렵다는 평가위원들의 의견에 따라, 우선적으로 해결해야 할 문제로 ANADER의 역량문제가 다음과 같이 논의되었다.

ANADER는 코트디부아르의 농촌개발을 지도하는 조직으로 이들의 역량을 강화하는 것이 최우선 과제로 논의된 것이다. 이를 위해 ANADER는 씽골리마을에 마을개발위원회(VDC: Village Development Committee)를 조직하고 더불어 다양한 마을조직을 활성화 시키는 것이 시범마을조성사업을 추진하기 위해 중요한 요인이기 때문이다. 또한 사업이 성공적으로 추진되기 위한 선결 요건으로 씽골리 주민의식 개선이 중요하다는 점이다. 특히 사업 시행 초기에는 사업을 총괄할 수 있는 조직체(VDC) 결성이 매우 중요하다. VDC 조직방안은 다음과 같이 세 가지로 구분 가능하다. ① 새마을위원회 활성화, ② 촌장을 중심으로 하는 현재의 마을 관행을 활용하는 방안, ③ 시범사업을 책임질 새로운 조직체 결성이다. 그리고 시범사업을 총괄하는 VDC를 조직할 때 고려해야 할 사항으로 다음의 일곱 가지 요인을 제시하고 있다. ① 신규 마을조직체를 결성할 때의 장점과 단점, ② 운영원리를 설명하는 매뉴얼 작성, ③ 마을 운영체계의 작성, ④ 책임경영을 담당할 기구 결성, ⑤ 달성목표에 대한 기획 및 실행계획 개발, ⑥ 점검 평가체계의 수립, ⑦ 실행 프로그램의 발전을 위한 매년 자체평가 등이다. 일반적으로 마을을 기반으로 한 주민조직을 결성하기 위해서는 다음의 10단계를 거칠 필요가 있다. ① 마을실태에 대한 이해, ② 마을지도자(잠재)에 대한 파악, ③ 확인된 지도자들과의 토의, ④ 전문가 또는 정부 관료와의 컨설팅, ⑤ 지역 지도자들의 마을총회 요청 지원, ⑥ 주민조직을 개발할 수 있는 그룹지도자 지명, ⑦ 주민조직의 조직구조 수립, ⑧ 교육과 기획을 통하여 경영시스템을 개발, ⑨ 실행 프로그램을 위한 시범 프로젝트 실행, ⑩ 주민조직 결성의 진행상태 점검 및 평가 등이다. 추가적으로 주민들이 제안한 사업과 주민들의 개발수요에 대한 타당성 분석은 주민들이 제기한 각 사업의 필요성과 경제적, 환경적 이익 등을 분석하여 추진 여부를 결정하도록 하였다. 그리고 이에 대한 검증 작업은 사업 대상 지역의 지리적 위치, 기술적 및 경제적 타당성, 주민들의 경제적 부담 능력, 지속가능성을 검토하였다.

2   마을 실태조사 및 개발수요조사

사업 선정과정은 이미 새마을표준사업유형과 주민들의 제안을 포함한 ANADER의 제안과 요구를 중심으로 논의하였다. 이런 내용에 더해 마을의 실태를 조사하고 실제 개발사업에 참여하게 될 주민들의 개발수요를 조사하였다. 새마을시범마을조성사업의 일환으로, 마을 실태 및 개발 수요 조사를 진행하였다. 조사단은 각 시범마을을 방문하여 마을의 지도자 및 주민들과의 면담을 통해 다양한 의견을 수집하였다. 주민개발 수요조사는 Focus Group Interview 기법을 활용하여 마을별 주요 집단의 의견을 종합하였으며, 부가적으로 ANADER 직원들의 의견도 청취하였다. 이 과정을 통해 마을의 전반적인 실태를 파악하고자 하였다.

1) 마을 실태조사

마을의 실태를 파악하는 것은 새마을을 추진하는 데 있어 마을을 이해하고 주민들의 참여를 독려할 수 있는 주요 자료로 조사되었다. 조사 내용은 마을의 일반 현황에 대한 실태를 다음과 같이 조사하였고 이런 점들은 사업계획을 수립하고 사업 목표를 수립하는 과정에 반영된 것이다.

① 인구 현황: 남녀 인구와 총 인구를 조사하였다. 이를 통해 마을의 인구 구성과 인구 변화를 파악했다.

② 가구 현황: 가구 수와 구조를 파악하여 마을의 가구 분포를 파악했다.

③ 지리적 위치 및 입지 조건: 마을의 위치가 경제적, 사회적 발전에 미치는 영향을 분석하기 위해 지리적 특성을 조사했다.

④ 마을의 자원 보유와 활용 실태: 수자원 보유와 이용 현황을 조사하였고 물의 이용 가능성과 그 활용 방식을 조사하여 농업과 생활용수의 확보 상태를 평가했다.

⑤ 농지 보유 및 이용 현황: 농지의 면적, 유형(초지 및 과수원 포함)과 이용 현황을 통해 농업 생산력을 진단하였다.

⑥ 농업생산 실태: 주요 작물재배, 축산 실태 및 농외활동과 농기계 보유 실태를 조사하였다. 주요 작물 재배 실태는 주요 작물, 과수, 채소의 생산성 및 재배면적을 조사하여 농업의 생산성을 조사하였다. 그리고 축산 실태는 주요 가축의 종류와 숫자를 조사하여 축산업의 현황을 파악했다. 또한 이런 축산물 및 농산물 유통과 관련된 중간상인과 중재인의 역할과 수를 파악했다. 이 외 농외 활동으로 농업 외에 주민들이 참여하는 다양한 경제 활동을 조사하여 마을 경제의 다각성을 평가했다. 그리고 농기계 보유와 이용실태 파악을 위해 농기계의 보유 현황과 이용 방식을 조사하여 농업의 현대화 및 생산성 증대 가능성을 분석했다.

⑦ 마을 기금: 마을공동기금과 마을 저축 및 대출 조직에 대한 실태를 조사하였다. 마을공동기금 실태는 마을의 공동기금 운영 현황을 파악하여 주민들의 협력과 자원 관리 방식을 분석했다. 그리고 마을 내 금융 활동과 관련된 저축 및 대출 조직의 현황을 조사했다.

⑧ 보건·의료 실태: 보건소 이용실태와 의료인 및 시설현황과 화장실 및 생활용수 확보를 조사하였다. 보건소 이용실태는 주민들의 보건소 이용 현황과 접근성을 조사하여 보건 서비스의 적절성을 평가했다. 의료인 및 시설현황은 지역 내 의료 인력과 시설의 수와 질을 파악했다. 그리고 화장실의 보유 현황과 생활용수 확보의 현실을 조사했다.

⑨ 마을의 초등교육 현황: 초등학교의 시설과 접근성을 파악하여

교육 환경을 평가했다.

⑩ 체육, 문화활동: 운동장 및 체육 시설의 유무와 활용도를 조사하여 주민들의 여가 활동 현황을 평가했다. 그리고 마을의 공동 행사를 조사하여 마을에서 열리는 공동 문화 활동의 현황을 파악했다.

⑪ 마을의 역사와 전통: 마을의 역사적 배경과 발전 과정을 조사하여 지역 정체성을 이해하기 위한 것이었다. 그리고 마을 전통을 조사하기 위해 마을 주민들의 공동 의식과 신앙을 조사하여 사회적 결속력을 파악했다.

이와 같은 조사 결과를 바탕으로, 시범마을의 개발 방향과 필요한 지원 방안을 구체화할 수 있었으며 구체적인 내용은 실제 사업을 실행하는 과정에 중요한 요인으로 작용하였다.

2) 주민들의 개발수요 조사

씽골리마을 주민들의 개발 수요조사는 이미 ANDER에 의해 조사되었고 사업공모 제안서에도 드러나 있었다. 주민 숙원사업 결정에 ANADER(국가농촌개발기관)의 영향력이 작용하였던 것으로 추정된다. 그 이유는 주민들에 의해 개발수요에 대한 의견이 조사되었지만, 이들의 의견을 통합하여 제안사업으로 만들어내는 작업은 씽골리 주민들의 경험이 전무하여 ANADER의 지원을 받을 수밖에 없었기 때문이다. 이런 점에서 새마을시범마을조성사업의 지원은 현지 국가농촌개발관련 기관에 의한 지원이 필수적이라고 할 것이다. 씽골리마을도 ANADER의 지원을 받아 시범사업 대상지의 숙원사업 제안서 작성 및 발표 형식이 ANADER의 통일된 접근 방식으로 진행되었다.

외부 기관의 도움으로 주민들의 개발수요조사가 진행되었고 씽골리 주민들의 최우선 주민숙원사업은 마을회관 건립과 농업생산성 증진, 환경개선사업, 수익사업, 교육사업, 보건사업의 5가지로 나타났다. 각 사업의 구체적인 요구사항은 다음과 같이 조사되었다.

① 마을회관 건립과 농업생산성 증진: 마을회관은 주민들이 한곳에 모일 수 있는 시설이다. 오랜 숙원사업으로 마을회관 건립 수요가 강하게 드러났고, 농업생산성 증진을 위한 요구도 매우 높게 나타났다. 농업생산성 증진을 위한 주민들의 개발수요는 벼농사에 대한 니즈가 가장 높게 나타났으나 실제 벼농사를 하기 위한 농수로등의 시설이 동시에 개발되어야 하는 단순치 않은 개발수요였다. 또한, 양돈사업을 전통적 가축기르기 방식에서 현대식으로 전환하는 것과 농사를 위한 저수지 건설 사업, 그리고 양상추, 당근, 토마토, 양파, 오이, 양배추 등 채소 경작에 대한 개발수요가 나타났다.

② 환경개선사업: 씽골리 주민들의 일상생활과 밀접한 것들로부터 마을의 전반적인 환경개선까지 포함하여 다양한 개발수요가 조사되었다. 먼저 하수구 정비에 대한 수요로 주민들이 하수구에 대한 기본 지식이 부족하다는 문제가 제기되어 하수구 시설 정비 및 하수구에 대한 지식제공에 대한 개발수요가 조사되었다. 또한 마을진입로 및 마을 안길 정비에 대한 수요가 조사되었다. 주민들은 살기 위해 거주지를 도로 주변으로 이주하고, 일부 주민들은 농사를 위해 과거 전통마을에 잔존하기도 하였으며 주민들의 이동 편의를 위한 도로 개선이 필요하다는 요구가 조사되었다. 이외에 위생적인 환경 조성을 위한 화장실 설치가 요청되었다. 개발수요 조사에서 특이한 점은 주민들이 휴게실 설치에 대한 개발수요가 있었다는 점이다. 이런 점은 새마을사업 표준사업유형에는 논의되지 않은 것인데. 주민들은 마을 옆을 지나는 주요 간선도로(Sakassou↔Bouake) 근처에 휴게실 설치를 원했다. 이런 점을 보면 새마을시범마을조성사업을 실시하기 위

해서는 표준사업 유형뿐 아니라, 필수적으로 현지 해당 마을 주민들의 개발수요에 대한 조사가 반드시 병행되어야 함을 드러내고 있는 것이라 할 것이다. 그리고 전기 공급 문제를 해결하려는 개발수요가 조사되었다. 씽골리마을은 1998년 마을 이전 당시에는 전기가 공급되었으나, 이후 입주 주민들에게는 무상 공급이 이루어지지 않고 있어 전기에 대한 개발수요가 강하게 제기되었다. 마지막으로 마을 공설 운동장을 만들어야 한다는 개발수요로 현재 초등학교 운동장이 방치되고 있어 체육시설 개선이 필요한 것으로 조사되었다.

③ 수익사업: 씽골리 주민들의 개발수요는 수익사업에서 가장 많은 요구가 있었다. 구체적으로 수익사업은 다음과 같은 부문에서 나타났다. 첫째, 양계 사업으로 개량종 및 재래종을 보다 과학적으로 사육하기 위한 시설이 필요하다는 것이다. 둘째, 주민들이 자활할 수 있는 재봉시설 구축이 필요하다는 요구이다. 셋째, 주민들이 편리하게 사용할 수 있는 이미용 공간 조성에 대한 개발수요가 있었다. 넷째, 호텔 사업에 대한 개발수요가 있었다. 이는 앞서 언급되었던 도로 휴게시설 설치에 대한 요구와 유사하게 마을 앞도로를 통과하는 교통차량이 관광에 대한 수요가 있을 것으로 기대하여 개발수요로 이어진 것이다. 다섯째, 도로 주변에 다양한 용도의 상점 설치가 필요하다는 수요가 조사되었다. 마지막으로 농업생산물을 가공품으로 만들어 팔아 수익을 창출할 수 있기 위해 Micro Credit 형식의 소액 대출 프로그램의 개발을 요구하였고, 개량종 카사바를 경작하여 농작물 가공품을 만드는 개발수요가 있었다. 이를 위해 씽골리마을의 주 생산농작물인 카사바를 가공품으로 만들 수 있도록 아체케 가공시설을 구축하도록 개발수요가 있었고 새로 개간될 농지에 대한 접근로 및 농로 개설, 삼발이 오토바이 같은 운송수

단 구입, 저장창고 건설, 증가하는 카사바 생산량을 위한 시장 개설 및 비료 구매 요구가 있었다.

④ 교육사업: 개발수요 가운데 교육사업에 대한 필요는 마을의 전 주민들에게 요구되는 개발수요로 조사되었다. 먼저 자녀와 어린아이들의 기초교육을 위한 초등학교 개설과 초등학교 학습환경 개선을 위한 책걸상 지원 필요하다는 요구가 조사되었다. 또한 외진 농촌마을에 학교가 건립되고 교육이 진행되면 교사가 채용되어야 하고 교사를 위한 숙소가 필요하다는 개발수요가 조사되었다. 학교가 운영되면 자연스럽게 학생들에게 급식 제공을 위한 시설 마련이 필요하고 학교 안전을 위한 담장 설치가 필요하여 이런 점들이 개발수요로 나타났다. 또한 교육은 아동과 자녀뿐 아니라 교육의 혜택을 받지 못했던 성인들을 대상으로 하는 성인 문해 교실 운영에 대한 수요가 나타났다. 성인 문해교육은 동네 청년들이 강의할 수 있는 프로그램으로 진행될 수 있을 것이다.

⑤ 보건사업: 주민들의 강한 개발수요로 드러났는데 씽골리마을 현지 환경에서 주민들의 보건소 접근성에 문제가 있었기 때문이다. 현재 보건소가 마을에서 4.5km 떨어져 있어 주민들의 접근에 어려움이 있는 것으로 나타났다. 또한 약국 시설이 부족하고 보건소에 구비된 약품이 극히 제한적이어서 약국에 대한 개발수요가 조사되었고 보건서비스 제공을 위한 간호사 시설에 대한 개발수요도 드러났다. 그리고 가족계획사업의 일환으로 주민들의 가족계획에 대한 교육 및 지원과 환경미화위원회를 구성하여 마을 정화사업을 추진할 필요가 제기되었다.

이와 같은 다양한 주민 숙원사업들은 씽골리마을의 지속 가능한 발전을 위한 기초가 될 것이며, ANADER와의 협력이 필수적인 이유이기도 하다.

3) ANADER의 지원

새마을시범마을조성사업은 그 추진과정에서 주민들의 개발수요에 대한 조사가 병행되어야 함을 앞에서 언급하였다. 주민들의 개발수요는 주민들을 지원하는 국가개발지원기관의 협력에 의해 가능하고 씽골리마을의 경우 ANADER의 다양한 지원을 받아 새마을조성사업에 참여할 수 있게 되었기 때문에 ANADER의 지원을 다음과 같이 구체적으로 소개함으로써 다른 사업에 참고가 될 수 있게 하기 위함이다. ANADER는 코트디부아르 국가농업개발 조직으로 지역사회의 개발을 지원하기 위해 다양한 방법을 활용하여 활동하고 있다. 이들의 마을개발 과정에서 지원 방안은 중개 업무, 마을 조직 역량 강화, Micro Projects, 코디네이션 사업 관리로 나누어 볼 수 있다.

① 중개업무

- 행정처리: ANADER는 정부와의 관계를 통해 필요한 행정 절차를 관리한다.
- 담당부처 업무: 각 부서와의 협력 및 커뮤니케이션을 통해 사업을 원활하게 진행할 수 있도록 한다.
- 개발업무 파트너와의 중개: ANADER는 다양한 개발 파트너와의 협력을 통해 사업의 효율성을 높이고, 주민들에게 필요한 서비스를 제공한다.
- 업무 대행 및 마을에 업무 설명: 마을 주민들에게 필요한 정보를 전달하고, 사업의 진행 상황을 설명한다.

② 마을조직 역량 강화

- 새마을운동 그룹: 마을 조직을 통해 주민들의 참여를 촉진하고, 공동체 의식을 강화한다.
- 하부조직 결성: 본사 아래에 하부 조직을 형성하여 주민들이 자

신의 역할을 이해하고 책임을 다하도록 한다.

- 마을조직 회의 지원: 회의 소집, 진행, 회의록 작성, 간단한 회계 업무 및 활동 계획 수립 등을 포함한다.
- 새마을운동 교육: 마을 내에서 교육 프로그램을 진행하여 주민들의 역량을 강화하고 자립적인 활동을 지원한다.

③ Micro Projects 수행업무

- 주민숙원사업: 소득 증대 및 지원 사업을 통해 주민들의 생활 수준 향상을 목표로 한다.
- 수익사업: 양돈 사업, 저수지 사업, 채소 재배 등을 포함한다.
- 5단계 접근법: 수혜자 교육, 투자금 지원, 수혜자 관리, 사업 평가 및 지속성 확보를 위한 메커니즘을 마련하는 것이다.

첫째, 양돈 사업으로 교육 내용은 양돈장 및 사료관리, 질병 예방, 판매 및 부산물 관리 등을 포함하고 있다. 또한 양돈장 개축 관리로 양돈장 설치 및 관리, 장비 및 사료 구매 지원과 일일 관리표 작성 및 교육을 포함하고 있다. 둘째는 저수지 사업으로 저수지 사업을 위한 사전 조사 및 건설 공사를 지원하고 ANADER에서 모든 공정 과정을 관리한다. 셋째, 채소 경작사업으로 현장 조사 및 농업용수 공사 등을 저수지 관리 방식과 유사하게 운영하고 모든 개별 사업 종료 후 평가를 실시하여 결과를 검토한다.

또한 지속성 확보를 위한 메커니즘으로 수혜자에게 지속적인 홍보 및 교육을 통해 공동사업의 중요성을 강조하고, 갈등 해소를 위한 회계 교육을 실시한다. 그리고 사업의 추진을 지원하기 위해 하부 조직을 결성하고, 위원회 구성원 교육을 통해 관리 책임을 부여하고 ANADER 본부 관계자의 출장 및 평가회를 통해 사업의 진행 상황을 점검하고 현장 출장 보고서를 작성하고 재단에 제출하여 조직의 공식화를 지원하는 일을 한다.

예시로 사업을 소개하면 주민 참여형 농업 기술 개발 및 보급은 주민과 ANADER의 협업으로 사업을 추진하게 된 것이다. 이 사업은 마을 단위 농업 기술 역량 강화와 협업 증진을 목표로 주민 그룹을 조직하고 교육을 실시한다. ANADER의 기술과 주민 지도자 간의 수직적 및 수평적 농업 기술 이전을 지원하며, 우수 사례 현장 방문 및 실습도 포함된다. 한국 농업 전문가가 파견되어 시범 농장을 운영하고, 기술 개발의 범위는 현장 단위의 농·축산업 생산성 향상 및 가치 사슬 개발을 중심으로 한다. 구체적으로는 작물 및 가축 종자 다양화, 재배 기술, 퇴비 활용, 수확물 보관 및 관리, 가축 사육 및 질병 관리, 농산물 가공 및 유통, 마케팅 진작 등이 포함된다. 기술 이전은 주민 기반(농민 협의체 단위)의 농·축산업 기술 개발 및 전수와 ANADER의 기술 인력 역량 강화가 두 트랙으로 진행된다. 사업 집행 방식은 사업 개시 첫 해에 ANADER 인력들과 논의를 통해 주민 수요를 파악하고, 코트디부아르 내 비슷한 환경의 성공 사례를 공유하며, 자체 기술 수요 조사를 실시하였다. ANADER와 새마을 재단이 공동으로 수요 기반 기술 커리큘럼을 개발하고, 주민 중심의 참여형 연구를 진행하였다. 마을 지도자와 ANADER를 중심으로 종자 및 기술 지원 보급 및 실습 활동을 실시하며, 주민 단체 단위의 생산성 향상을 목적으로 활동을 유도하였다. 3차 년도 이후 형성되는 자산의 일부는 마을 공동 자산으로 구성하여 시범 사업 종료 후에도 활동이 지속될 수 있도록 유도하였다. ANADER 농업 및 축산 분야의 훈련된 인력에 대한 심층 교육과 기술 이전을 위한 새마을 재단의 지원도 포함되었다. 농산물 지원은 마을별 주요 농산물(얌, 카사바, 벼, 채소 등)에 대한 신품종 배급 및 재배 기술 교육 및 지원을 실시하도록 하였다.

이 과정에서 여성친화적사업에 대해서는 다음과 같은 사항을 고려하도록 하였다. 여성이 경제 및 육아, 가사 활동으로 인해 기술 개발 및 전수 활동에서 배제되지 않도록 여성 친화적인 사업을 마련하는 것이다. 예를 들어, 여성들이 거주지를 근거로 토마토 등의 고부가가치 채소 재배 및 생산, 유통 활동을 할 수 있도록 여성 중심의 교육 사업을 설계하고 교육 참가자의 상당수에(예: 30%) 여성이 포함되도록 하였다. 그리고 기술을 확보할 수 있도록 특별히 고려하도록 하였다. 주민들이 관련 농업 기술을 쉽게 적용하고 실습할 수 있도록 기술 인력을 확보하고, 특정 시범 사업 수행 과정에서 환금 작물의 생산성 증진이 주요 식량 작물 재배의 위협이 되지 않도록 지원하도록 하였다. 농민들은 기술 개발에 참여하고 기술을 전수받는 것 자체를 인센티브로 인지하도록 하여 이 기술을 이웃에게 전수할 수 있도록 유도하였다. 사업의 예시를 보면 카사바 생산에 의존하고 있는 시범 마을의 특징을 고려하여 카사바 재배 협동조합을 구성하고 생산성 향상 및 부가가치 창출을 위한 역량 강화를 추진하였다. 또한, 여성들의 채소 재배 활성화를 위해 고부가가치 작물(토마토, 양파, 가지, 콩 등) 재배를 활성화하기 위한 조합 구성 및 교육을 실시하였다.

앞장에서 씽골리의 새마을시범마을조성사업 프로젝트 지원서 제출과 선정과정에 대해 자세히 소개하였다. 이상의 과정을 거쳐 시범마을 사업에 선정된 씽골리마을은 사업에 착수하게 되는데 그 전에 주민들의 교육을 먼저 실시하였다.

이 사업은 각 마을 주민들이 자체적으로 필요를 분석하고 우선순위를 정해 주민 주도형 사업을 채택하고 설계하는 것을 목표로 하고 있다. 예를 들어, 저수지 신축 및 정비, 재봉시설 구축, 채소 경작 등을 통해 농가소득을 창출하고 생활 환경을 개선하는 사업을 주민이 제안할 수 있다. 이를 위해 마을별 VDC 워크숍 등 거버넌스 시스템을 통해 사업 선정과 지원을 진행하였다. 사업진행방식은 먼저 주민들에게 사업에 대한 교육을 실시하고, 교육후 사업을 착수하였다. 교육 과정은 주민들의 수요에 따라 6개월에서 1년간 기초 및 역량 교육을 실시하도록 하였다. 교육은 새마을 교육, 농업 기술, 사업 수요 개발, 설계, 이행, 모니터링 등을 포함한다. 교육 내용 및 방법은 제4장에서 다룬 새마을 교육을 참조하며, 현지 사업 시행기관인 ANADER를 통해 새로운 기술이나 아이디어를 주민들에게 소개하여 스스로 적합한 방법을 채택할 수 있도록 유도하고 교육실시 후 사업에 착수하였다. 첫 해 동안 주민 조직을 형성하고 자체 수요 조사를 실시하여 각 마을의 우선순위에 따라 1~2개의 사업 계획서를 VDC가 ANADER에 제출하고,

새마을 재단 자문위원의 조언을 통해 각 마을 당 1개 이상의 사업을 선정하도록 하였다. 사업 참여 의지(부지 기증 및 노동력 제공 등), 사업 기간 동안 교육 참여율, 1차 년도 사업 성과 등을 바탕으로 2차 년도 추가 지원 여부를 결정하였다. 이때 기초선 조사 후 시범 마을별 성과 평가 방법 및 인센티브 내용을 확정하도록 하였다.

썽골리 새마을시범마을 조성은 먼저 썽골리 사업의 마스터플랜을 수립하고 프레임워크를 논의하였다. 전반적인 실행과정은 사업목표 수립, 추진 단계 및 추진전략으로 단계별로 구체적인 계획수립과 집행과정을 제시하고 단계별로 추진되었다. 따라서 본 장은 썽골리 새마을시범마을조성사업 수행체제, 부문별 시기별 추진전략을 포함하고 있다. 썽골리 새마을시범마을조성사업은 사전조사를 거쳐 최종적으로 시범마을조성사업지로 선정되면서 마스터플랜을 수립하고 단계별 목표를 포함한 프레임워크를 설정하였다. 이하에서 그 내용을 구체적으로 다루어보고자 한다.

1 썽골리 새마을사업 마스터플랜과 사업 목표

1) 시범마을 사업 마스터플랜 프레임워크

썽골리마을의 사업 마스터플랜은 지역사회의 개발과 주민 역량 강화를 위한 다각적인 접근 방식을 제시하고 있다. 이 플랜의 핵심 요소는 유관 기관인 ANADER와의 네트워킹 강화, 주민들의 역량 강화를 위한 새마을 교육, 그리고 새마을운동을 추진하기 위해 필수적인 새마을 지도자의 발굴과 육성이다. 이러한 요소들은 공동체 개발 사업, 특히 새마을 시범 마을 조성 사업의 효과적인 실행을 위한 기반이 되기 때문에 중요하게 다루어졌다.

① 주민 교육과 참여는 마스터플랜의 핵심요소 중 가장 역점을 두고 다루어진 것으로 새마을 지도자의 육성과 주민 역량 강화를 위한 교육이 그 내용으로 구성되었다. 교육은 시범마을조성사업을 추진하는 과정에서 주민 제안 사업을 통해 주민의식을 개선하는데 기여하게 되었다. 교육은 근면, 자조, 협동의 새마을 정신을 강화하고, 주민들이 시범사업에 적극적으로 참여하도록 유도하는 역할을 하였다. 이러한 참여는 지역 사회의 활성화와 함께 주민들의 사회적 책임을 강화하는 데 기여한 것으로 나타났다.

② 소득증대는 마스터플랜의 또 다른 핵심요소로 주민들의 태도 변화와 동기 부여를 위해 매우 중시된 것이다. 주민들의 참여를 촉진하는 것은 단순한 교육이나 환경개선만으로는 부족하기 때문이다. 주민들의 참여와 새마을조성 사업이 지속적으로 추진될 수 있을 것인가는 무엇보다 소득 증대의 경험이 절대적으로 중요한 것이기 때문이다. 소득이 증가하면 주민들은 경제적 안정감을 느끼게 되고, 이는 장기적으로 합리적 사고를 통한 기업가 정신의 발현으로 이어질 수 있기 때문이다. 좋은 경험 하나가 주민들에게 다음 기회에 대한 긍정적 예상을 가능하게 하여, 궁극적으로 이 경험들이 축적되어 주민의 역량이 강화되는 결과를 가져오게 된다.

③ 광역화 및 현지화가 마스터플랜에 주요 요소로 포함된 것은 새마을운동의 성공적인 사례가 한 지역 공동체에서 달성되었을 경우, 이를 마을 단위를 넘어 광역화하고 현지화하는 것이 필요하기 때문이다. 이는 지역 사회의 자원을 최적화하고, 다양한 공동체의 참여를 통해 새마을운동의 지속 가능성을 높이는 데 기여하는 것 뿐 아니라, 코트디부아르 국가차원으로 확산될 수 있는 모델이 되기 때문이다. 따라서 마스터 플랜은 단순한 개발

사업을 넘어서, 주민들이 자발적으로 참여하고 협력하는 지속 가능한 모델을 구축하는 데 중점을 두고 있는 것이다.

다음의 그림은 마스터플랜의 프레임워크를 보여주는 것으로 앞서 언급한 주민들의 교육과 역량강화, 소득증대, 광역화 및 현지화라는 요소들과 시범마을조성사업의 목표가 어떻게 상호 보완적으로 작용되는가를 보여주고 있다. 결국 새마을시범마을조성사업은 마을공동체 개발 사업으로 새마을교육과 지도자 양성을 통해 거버넌스를 구축하고 이는 새마을사업으로 구체화 되어 주민들의 소득증대와 환경개선 및 역량강화를 통해 궁극적으로 빈곤을 퇴치하고 주민들의 삶의 질을 향상시키는 결과를 가져오게 된다.

그림 7-1 Master Plan의 Framework

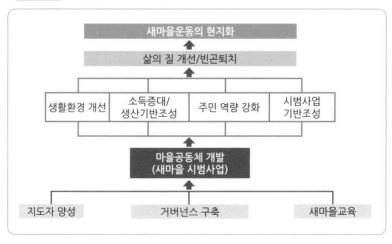

2) 사업단계별 목표

씽골리 새마을사업은 마스터플랜을 수립하고 그 프레임워크를 만들면서 사업기간에 따라 사업추진과정을 단계별로 구분하게 되었다. 총 사업기간은 2017년부터 2021년에 걸친 5개년의 사업으로 사업의 완성도를 높이고 성공적으로 수행하기 위해 전문가와 사업평가자가 함께 참여하도록 하였다. 사업의 성과를 매 연차별로 평가하고, 사업을 효율적으로 추진하기 위해 각 단계별로 구분하고 계획과 목표를 수립하였다. 씽골리시범마을조성사업은 3단계로 정착단계, 발전단계, 자립단계로 구분한다. 1단계는 기반조성단계로 주민들과 사업의 이해관계자들에게 사업참여 동기를 부여하는데 목표를 두었다. 2단계는 사업을 본격적으로 추진하는 단계로 새마을운동을 대중화시켜 주민들 스스로 참여하여 성과를 창출하게 하는데 목적을 두었다. 3단계는 자립단계로 씽골리 새마을시범마을조성사업이 지속가능하도록 발전기반을 구축하는데 목적을 두었다.

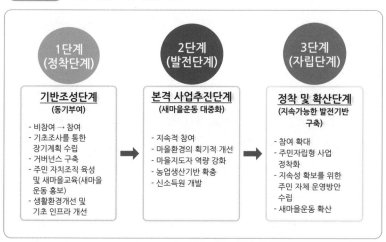

그림 7-2 시범사업의 단계별 추진

① 정착 단계(1~2년) 목표

정착 단계의 가장 큰 목표는 새마을사업에 대한 비참여 주민들을 참여로 유도하는 것이다. 이를 위해 우선 새마을사업을 추진할 수 있는 기반을 조성하는 것으로, 새마을 지도자를 발굴하고 육성하는 것, 주민교육 실시, 주민 참여형 마을 개발 계획을 수립하는 것 등이 포함되었다. 기반조성 단계에서 주민들이 공동으로 이용할 수 있는 마을회관의 신축을 최우선적인 사업으로 목표를 수립하였다. 또한, 마을 단위의 기존 관행을 바탕으로 새마을사업 운영과 관련된 규약이나 방침을 정립하여, 시범사업 추진을 위한 다양한 양식 개발과 학습 활동을 전개하도록 하였다. 주민들이 쉽게 이해하고 실행할 수 있는 생활 개선 사업과 마을 안길 조성 등 소규모 재정으로 가능한 사업을 통해 주민들의 참여를 이끌어내는 것이 중요하다는 진단으로 인프라사업을 포함되었다. 특히, 마을 주민에게 필수적인 숙원 사업을 중심으로 사업을 구성하며, 시범 농장과 같이 주민들에게 동기를 부여할 수 있는 사업도 포함하였다.

② 발전 단계(3~4년) 목표

발전 단계에서는 초기 정착 단계에서 구축한 기반을 바탕으로 마을의 안정적인 농업소득 증대 사업을 확대하는 것을 목표로 하였다. 이 단계의 주요 목표는 복합 영농, 고소득 작물 재배, 영농작물 다양화 및 부업 등을 통해 주민들의 식량안보와 빈곤 퇴치에 기여하는 것에 두었다. 이를 위해 생활환경 개선과 소규모 소득증대 사업을 통해 주민들이 새마을 시범사업에 대한 확신을 갖게 만드는 것이 중시되었다. 또한, 새마을운동의 대중화를 위해 보건·위생 사업을 활성화하고 (수인성 전염병 예방, 위생교육, 가족계획), 새마을 조직(새마을회, 청년회, 부녀회)을 활성화하며, 편리한 공동생활 환경을 조성하도록 하였다. 이러한 물량적 예산 사업 외에도 공동체 의식을 바탕으로 다양한 마을 공동 행사나 주민조직 활동, 마을 자치 사업을 새마을 시범사업과 연계하여 주민 참여를 확대하는데 중점을 두었다.

③ 자립·확산 단계(5년~) 목표

자립·확산 단계는 마을의 지속적 발전을 위한 기틀을 완성하고, 새마을운동의 광역화를 추구하는 것이 주목적이었다. 이 단계의 주요 목표는 마을 전체의 개발을 통한 취락 구조 개선, 농외소득원 발굴과 유통 구조 개선 등을 통해 안정적인 농가소득을 확보하는데 있었다. 또한, 새마을 시범사업의 경험을 바탕으로 지역사회역량을 강화하고 지속가능한 발전을 준비하며, 주변 마을에 대한 새마을운동 보급을 통해 광역화하는 것도 중요한 목표로 제시되었다. 그리고 자립확산의 3단계에서 소득증대가 더욱 강조되며, 자립적이고 지속가능한 마을 발전을 위해 주민들과 마을조직의 역량 강화가 핵심적인 역할을 하는 것이 필요하게 되었다. 이는 마을이 스스로 지속가능하게 성장할 수 있는 기반을 마련하는 데 중요한 역할을 할 것이다.

표 7-1 부문별 단계별 전략

부문별	정착	발전	자립·확산
추진체제 및 조직구축	- ANADER와 협조 구축 - 기존 조직 활용(또는 새로운 조직 결성) - 새마을교육(ANADER) - ANADER 새마을시범마을 담당 직원 지정	- 차기 마을지도자 발굴 및 육성 - 주민참여 확대 - KOICA 중장기 자문단 컨설턴트 활용	- 새마을 거버넌스 확립 · ANADER 새마을지원 제도화 - 중앙단위 새마을협의회 운영(ANADER의 새마을위원회 확대 개편)
시범사업	- 마을회관 신축 - 기초 환경 개선사업에 중점 - 주민제안사업	- 소득 증대사업 활성화 · 신품종 도입 및 새로운 고부가가치 농작물 경작	- 마을의 특산물 단지 조성 운영 - 두 시범마을 공동사업 개발

역량강화	- 사업계획 수립 및 예산 편성 기술 배양 - 기본회계처리 기술 배양 - 수익금·기금 운영 등에 대한 규약 제정 - 시범사업에 대한 회계 장부 관리(마을) - 회의록과 사업추진일지 작성(마을)	- 마을금고(소액금융)사업 시스템 구축 - 여성조직 활성화	- 자체 마을기금조성을 통한 사업 다양화 추진 - 자조적 마을개발계획 수립 및 시행 - 자체 사업평가 운영

새마을 시범사업에서 중점을 두어야 할 분야는 각 시범마을의 특성에 따라 상이하게 나타나지만 새마을재단이 수행한 기존의 시범사업 분석 결과, 모든 시범마을에서 공통적으로 추진된 사업으로는 마을회관 신·개축, 주민조직 활성화, 주택개량(화장실, 부엌 등), 새마을의식교육, 보건·위생교육, 영유아교육 등이 있었고 이런 공통적인 사업은 씽골리 새마을시범마을조성사업에도 반영되었다. 이외에도 시범농장, 특용작물 재배, 가축은행, 제봉교육 사업 등도 논의를 통해 사업의 내용에 포함되었다. 씽골리마을의 경우, 공통적인 사업으로 마을회관 신축, 주민조직 정비, 새마을교육, 주거환경 개선(화장실, 부엌), 양계·양돈, 공동(시범)농장, 문해 교실 등을 선정하였다. 그러나 씽골리마을 주민들은 저수지 건설과 채소 경작을 우선적으로 원하고 있었다. 다음에서는 주민숙원사업을 넘어 새마을 시범사업의 표준안을 바탕으로 사업의 성격에 따라 기반조성, 기초 생활환경 및 생산인프라 구축, 소득증대, 주민역량개발을 위한 새마을교육을 추진하였다.

사업 추진체계 및 추진전략

1) 새마을 시범마을 사업수행체제와 목표

코트디부아르의 새마을시범마을조성사업은 2016년 새마을초청연수에 참여한 인사들을 중심으로 새마을운동 실천위원회를 결성하고 재단에 새마을운동 전수를 요청하면서 검토되었다. 그리고 같은 해 7월 현지 방문조사를 통해 시범마을을 선정하고 코트디부아르 농촌개발단(ANADER; Agence Nationale d'Appui au Développement Rural)과 협력방안을 협의한 후 10월에는 MOU를 체결하였다. 그 후 2017년 농업전문가 현지 방문조사(1월), 협력관 위촉(2월)을 거쳐 4월부터 사업이 착수되었다. 2018년 2월 협력관의 계약이 만료된 후 10월에는 사무소가 개설되고 소장이 파견되었다. 동년 11월에는 ANADER와의 협약이 파기되었고, 2019년 사업의 추진체계를 재설계하여 사업을 추진하였다.

코트디부아르 씽골리마을 새마을 시범마을 조성 사업의 연도별 사업추진 경과는 아래와 같이 요약될 수 있다.

그림 7-3 **코트디부아르 새마을 시범마을 사업 사업수행체계**

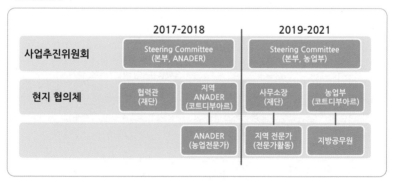

자료: 새마을재단, 2021, p.60

새마을재단과 새마을시범마을조성사업에 참여하는 마을이 5년에
걸쳐 추진하는 과정은 다음의 표와 같이 추진체제 및 조직구축단계로
부터 시범사업과 역량강화부문으로 구분하여 추진된다. 그리고 각 부
문은 정착전략, 발전전략, 자립확산전략으로 각 부문에서 전략이 제시
되어 있다. 아래 표의 부분별 전략과 연도별 사업영역은 이러한 문제
가 해결된다는 것을 전제로 설정된 것이다.

표 7-2 연도별 목표와 사업영역(예시)

연도	단계	목표	주요 사업
1차 년도	기반조성 단계	주민조직화 및 마을지도자 · 주민 역량개발	- 마을조직 결성(또는 정비) - 마을회관 신축 - 마을개발계획 수립 및 사업시행 준비 작업 - 새마을연수(마을지도자 리더십개발 교육, 　주민의식 교육) - 마을개발 규약과 시범사업추진 지침 마련 - ANADER의 새마을교육 역량강화
2차 년도	기초 환경개선, 주민제안 사업 시행	마을인프라 구축 및 가시적 주민 협동사업개발	- 마을진입로 및 마을 안길 개보수 - 물탱크 정비 - 마을의 주거환경개선 사업(부엌, 화장실) - 시범농장(카사바, 채소, 벼 등)
3차 년도	소득증대, 생산 기반 확충	공동협업기반 구축	- 마을공동 농장(양계, 양돈, 채소) 　· 작목반 활성화 - 영농기술 보급(신품종 카사바, 벼 등) - 해(비)가림 비닐하우스 설치 - 가축은행 운영
4차 년도	농외소득원 개발	본격적 소득증대 사업 추진	- 영농기술교육 및 농기계 도입 - 마을금고(소액금융) 시스템 구축
5차 년도	자립추진 및 확산 단계	마을공동체에 기반한 자립역량 구축 및 주변 확대	- 농산물의 가공, 유통구조개선 사업 - 마을의 특화사업의 개발 - 마을자체기금 확대

2) 시범마을 조성 추진단계 및 특성

사업추진 내용을 단계별로 살펴보면 먼저 1단계 새마을 시범사업 추진을 위한 기반 조성의 단계로 새마을 조직체계 구축과 시범사업 운영규정 마련이 포함되었다.

① 새마을 조직체계 구축

새마을 조직 및 사업을 체계적으로 운영하기 위해 시범사업 개시 첫 해에는 추진 주체 및 지원 시스템 구축에 중점을 두도록 하였다. 씽골리 시범마을은 전통적 부족마을로 주민들이 잘 조직화되어 있지 않기 때문에, 마을의 신망을 얻고 있는 인물을 중심으로 마을개발위원회를 구성하여 시범사업을 주도하는 것이 바람직한 것으로 평가되었으며, 기존 씽골리 주민조직의 활용이 어려운 상황이라는 판단으로 새로운 새마을 조직화가 요구되었다. 이와 함께 ANADER의 담당 공무원을 배정하고, 한국에 초청된 새마을 연수 참여자 등 관계자를 사업 추진 기획단으로 활용하는 방안을 마련하였다. 새마을지도자는 남녀 모두 육성하였으며 남자 지도자는 청년회 지도자, 여성 지도자는 부녀회장을 선임하였다. 마을 지도자 그룹을 확보하기 위해 주민들의 신망을 얻고 있는 젊은 인물을 선발하여 사전에 새마을교육에 참여시켜 역량을 강화하는 것이 바람직하다는 의견수렴이 있었다.

② 시범사업 운영규정 제정

시범마을 단위에서 새마을 조직 관리 및 사업추진을 위한 조직 내부의 규약이나 회칙, 사업 운영 지침 등을 제정하도록 하였다. 이를 통해 체계적인 조직 관리 및 사업추진의 기본 지침을 제시하였고 회칙 및 규약에는 다음과 같은 내용이 포함되도록 하였다. 구체적으로 새마을조직과 새마을지도자의 선임과 역할(청년회, 부녀회, 작목반 등에 관한 회칙), 새마을회관의 운영과 관리, 마을금고(소액금융) 및 마을기금 관리와 운영, 가축은행 관리에 관한 규정, 새마을사업비의 집행과 회계 관리, 회의 운영 및 사업 결과 보고 등을 규약에 포함하도록 하였다.

두 번째로 기초 생활환경개선 및 인프라 구축의 일환으로 새마을 회관이 신축되었다.

③ 새마을회관 신축

새마을회관은 마을주민들의 공동체 활동의 중심지로 매우 중요한 공간으로 새마을 조직 관리와 시범사업 추진과정에서 핵심적인 역할을 하였다. 새마을회관은 씽골리 새마을시범마을조성사업 계획단계부터 주민들의 요구가 있었다. 새마을회관은 새마을운동이 진행되고 있다는 상징적 의미를 갖고 있었으며 주민총회, 마을부녀회 등 주민 및 각급 조직의 회의 장소로 마을의 중요한 공간으로 여겨졌고 각종 교육과 홍보의 장으로 활용되기도 하였다. 또한 새마을회관은 부속공간으로 새마을금고나 문고(독서실)를 설치하고 주민들이 공용으로 사용할 수 있도록 하였고 농민들의 협동 재배, 가공, 마케팅 플랫폼의 기능도 하였다. 그리고 농업기술 교육 및 인식 개선 활동 센터이자 여성 교육 및 생산 활동 장소, 이를 위한 탁아시설로도 활용되었다. 시기에 따라 새마을회관은 주민 축제 등의 장소로 활용되어 다양한 용도를 충족시키는 공간이 되었다. 이는 새마을회관 건축과정에 주민들의 요구를 반영했기 때문에 가능한 것이었다.

다양한 기능과 역할을 하는 공간으로 새마을회관이 기능할 수 있었던 것은 새마을회관 신축 전에 전문가들에 의해 새마을회관 건축시 신중히 고려해야 할 사항으로 다음과 같은 점들이 검토되어 가능했던 것이다. 검토사항으로는 주민의 수요, 건축부지 제공, 노동 투입 의지 등을 사전조사를 통해 가능성을 타진하고, 마을 구조를 고려해 최대한 공정한 접근성 확보, 마을별 VDC에 의해 건축 진행, 모니터링, 유지관리 및 보수 체계를 수립하는 것이다. 또한, 특정 이해 집단이나 개인의 시설 독점을 방지하기 위해 VDC에 의한 건물 사용에 대한 주민 합의 및 민주적인 의사결정 및 감독 체계 초기 설정, 건축 수요조사 시 여성 농민들의 요구와 수요가 적극 반영되도록 하였다. 회관 유지보수 활동에도 여성 주민들의 참여를 유도할 수 있도록 계획을 수립하고 시설 이용료 수준, 징수 방법 및 사후 사용 방안은 주민들이 논의해 결정할 문제로 하였다. 사업 관리 기관에서는 코트디부아르 내 인근 지역이나 타 국가에서 시행된 시범사업(마을회관 신축 및 관리) 사례를 수집해 주민들과 공유해야 한다는 사항을 검토사항으로 제시하고 주민들의 소득 수준에 맞는 최적의 방법을 찾기 위한 가이드라인도 함께 제시하도록 하였다.

이러한 단계별 시범사업 추진전략을 기반으로 하여 더욱 세밀하게 연도별로 시범사업을 구성하면 다음 〈표〉와 같이 제시되고 있다. 시범마을사업은 단계별 추진전략에 의해 진행되며 5년을 1주기로 하고 현지 사업성과 등을 고려해서 후속사업을 진행하거나 종료하는 체계로 추진단계와 단계별 특성은 다음의 〈표〉와 같다.

표 7-3 시범마을조성사업 추진단계와 단계별 특성

단계	목표	역점사업	단계별 활동 특성	비고

기반
조성
단계
(1~2년차)
	①
	현지 거버넌스
	구축 및 마을
	사업계획 수립
	
	②
	새마을정신
	점화
	
	③
	기초적
	생활환경 및
	인프라 구축
		• 현지 거버넌스 구축
		 - 주정부 · 시군청 · NGO · 글로벌
		   청년새마을지도자 등 참여
		 - 마을사업 모니터링, 컨설팅,
		   지속방안 마련 등
		• 의식개혁
		 - 마을지도자, 중점조직 발굴
		 - 새마을교육
		 - 보건위생교육
		 - 어린이 및 유치원교육
		• 환경개선
		 - 개별환경개선 중심
		 - 우선 순위 따라 최대 2개
		• 소득증대
		 - 당면 장애 제거 우선
		 - 주변의 작은 일부터 시작
		 - 네트워크 구축
		 - 현지조사결과에 따라 최대 2개
		   시행
		EX) 재활용품 수집, 물자절약 등
			• 글로벌청년새마을지
			  도자 현지적응
			• 주민과의 상호이해
			  증진
			• 새마을운동 이해 제고
			 - 공감대 형성 위한
			   노래, 깃발 등 상징
			   물 활용
			• 현지 존중의 유연한
			  접근
			 - 기존 조직, 문화
			   존중
			• 운동 출범과 새마을
			  정신 점화
			 - 주민참여 협업체제
			   구축
			• 생활환경 개선 우선
			 - 숙원사업
			• 시범사업시 마을기금
			  적립
			 - 수익금 일부 마을
			   기금화로 '종잣돈'
			   마련
				• 강요, 강제 금물
				• 신망, 사명감,
				  인내심 가진
				  지도자 선발
				• 사업선정 · 시행
				 - 마을회의 개최
				 - 우선 순위 결정
				 - 글로벌 청년
				   새마을지도자
				   적극 지원

사업
정착
단계
(3~4년차)
	①
	새마을운동
	대중화
	
	②
	마을환경 개선
	및 생산기반
	확충
	
	③
	소득증대사업
	본격화
		• 의식개혁
		 - 일하는 분위기 조성
		 - 보건 · 위생 관련 교육
		• 환경개선
		 - 주민편의시설 확충 중심
		 - 우선 순위 따라 최대 2개
		• 소득증대
		 - 네트워크 활용
		 - 소득원 창출 위한 시범사업 확대
		 - 협동조합, 마을기업화 유도
		 - 복합영농, 고소득작물, 영농작물
		   (작업장 포함)
			• 소득증대 비중 확대
			 - 생산기반 다지기
			 - 작목 다양화
			 - 업종 다각화
			• 마을환경 개선 중심
			 - 진입로, 교량 등 규
			   모있는 사업 시행
				• 사업선정 · 시행
				 - 글로벌 청년
				   새마을지도
				   자 · 마을공동
				   추진

| 사업
심화
및
확산
단계
(5년차) | ①
지속가능발전
기반 구축

②
주민 주도의
사업 추진

③
인근지역연계
사업 추진 | • 의식개혁
  - 주민역량 강화교육 시행
  - 협동조합, 마을기업, 마을금고
• 환경개선
  - 주민 주도 형태
  - 인근마을연계형 1개 사업시행
  - 취락구조개선, 내고장 가꾸기
• 소득증대
  - 네트워크 역할분담
  - 협동조합, 마을기업 외 특산품
    등 농외소득 사업
  - 유통개선사업 | • 자율, 자립 강화
• 소득기반 완비
• 역할분담 체계 구축
• 인근지역 확산
• 인수인계 | • 사업선정 · 시행
  - 마을 주도
  - 글로벌 청년
    새마을지도자
    모니터링 |

3) 추진단계별 사업유형

  씽골리 새마을시범마을조성사업은 마을의 여건과 주민들의 준비
정도를 세심히 살펴보고 각 사업의 우선순위와 추진단계를 구분하였
다. 그 과정에서 추진단계별 세부사업과 유형을 구분했는데, 그 이유
는 각 사업의 연계적 추진과 효율적인 사업집행을 목적으로 하기 때문
이다. 다음의 표는 세부사업을 사업기반조성, 사업정착, 사업확산단계
로 구분하여 제시하고 있다.

표 7-4 단계별 세부사업 유형

사업명	단계 및 목표	기반조성단계 - 마을계획수립 - 새마을운동 점화 - 기초생활환경개선	사업정착단계 - 새마을 대중화 - 생산기반 확충 - 소득증대 본격화	사업심화·확산단계 - 지속가능발전기반 - 주민 주도 사업 - 인근 지역 연계
환경 개선	마을회관 신축	○		
	마을 안길 정비	○		
	마을청소 및 마을조경	○		
	하수구·배수구 정비	○		
	주택개량(부엌, 화장실, 지붕, 축사 개량)	○	○	
	가축 외양간 건립	○	○	
	식수 및 공동급수 시설	○	○	
	생활기반 확충(전력 확보 등)		○	○
	취락구조개선		○	○
생산 및 소득 사업	가축은행사업	○	○	
	영농 및 축산기술교육	○	○	
	저수지정비 등 농업용수 확보	○	○	
	농지 개간	○	○	
	산림녹화		○	○
	협동농장(영농시범단지)		○	○
	공동이용시설(작업장, 보관창고)		○	○
	농외소득원 개발			○

정신 및 의식 교육	새마을조직 및 활성화	○	○	
	어린이교육	○	○	
	새마을교육	○	○	○
	보건·위생교육	○	○	○
	유치원교육	○	○	○
	마을기금조성 및 저축운동	○	○	○
	조합, 마을기업, 마을금고		○	○
	마을구판장		○	○
	작은 도서실 사업		○	○

4) 단계별 추진전략

코트디부아르 정부의 농촌 지역사회 개발 정책은 우선순위가 높은 과제로, 새마을운동은 이미 농촌개발의 성공 사례로 알려져 있다. UNDP와 OECD 등의 국제기구는 새마을운동을 농촌 개발과 빈곤퇴치의 모범 사례로 지목하고 있다. 이에 따라, 새마을운동의 방법론을 기반으로 한 코트디부아르의 농촌 마을 개발 접근 방법을 통해 시범 마을 조성사업을 추진하기 위한 전략을 수립했다. 재단 현지 사무소와 주민 대표들이 협력하여 5개년 계획을 수립했다. 이 계획은 다음과 같은 3단계 과정으로 설정하여, 단계별 사업 진행이 가능하도록 기획되었다. 1970년대 한국의 새마을 사업은 3단계(기반조성, 자조, 자립단계)로 구분되었으나, 새마을재단의 새마을 시범사업은 아시아 및 아프리카 개발도상국들과의 '새마을운동 경험 공유'에 중점을 두고 한국의 전략을 응용하여 다음과 같은 3단계로 추진할 수 있도록 하였다.

단계별 추진 과정은 3단계로 1단계(1~2년차): 사업 인지도 및 의식 개선 위주(교육, 환경 개선 사업 참여), 2단계(3~4년차): 소득 증대 위주(생산 기반 시설 조성, 협동조합 설립, 영농 교육), 3단계(5년차): 사업 마무리 및 성과 측정단계로 구축하였다. 이상의 단계별 추진 과정에 맞추어 자립 마을 조성을 위한 5개년 계획을 수립하였고, 그에 따라 연도별로 시범 사업을 다음과 같이 추진하도록 하였다. 새마을 시범사업 추진 방법은 1년차에 초청 연수, 주민 의식 교육, 마을 환경 개선, 2년차에 마을 환경 개선, 농업 기반 시설 조성, 농업 기술 교육, 3년차에 소득 증대 활동, 농업 기술 교육, 4년차에 협동조합 조직화, 농업 기술 교육, 마을 공동 기금 조성, 5년차는 출구 전략 마련 및 사업 완성도를 제고하는 것이었다. 이를 구체적인 단계에 따라 살펴보면 다음과 같다.

1단계는 기반 조성 단계(1~2년차)이며, 1단계에서는 새마을 시범사 업을 중장기적으로 추진하기 위한 기반을 조성하는 것이 주된 목표로 이 단계에서는 주로 지역 및 지방정부와 거버넌스 형성, 주민 조직화, 주민 교육이 중심으로 이루어졌다. 이 단계의 목표는 주민들이 사업에 참여하도록 유도하고, 자조자립을 통해 성공적인 마을 발전을 위한 기 반을 조성하고 마을과 주민들이 최우선으로 희망하는 사업을 우선 고 려한 사업 계획 수립하고 주민의 자발적 참여와 공동체 의식 함양을 위한 교육 실시에 두었다. 초기 단계에서 주민들의 소득 및 생활 환경 개선과 정신개혁을 중점적으로 추진하여 사업의 정착을 유도하는데 기본 목표가 있었다. 이 단계에서의 역점 사업은 로컬거버넌스(Local Governance) 형성 및 주민 조직화, 의식 개혁으로 마을 지도자 발굴 및 리더십 향상 교육, 새마을 교육(주민 의식 개선), 새마을운동 이해도 제 고, 보건 및 위생 교육, 환경 개선으로 개별 환경 개선 중심, 소득 증대 를 위한 농업 생산 기반 시설에 대한 기초 조사를 제시하였다.

2단계는 사업 정착 단계(3~4년차)로 2단계에서는 새마을 시범사업 의 대중화를 위해 시범마을의 주거 환경 개선과 농업 생산 기반 시설 확충을 중점적으로 시행하는 것이었다. 2단계의 목표는 1단계 사업 결과에 대한 평가를 통해 자발적인 마을 자치 사업 추진 및 성공 사례

발굴과 새마을 대중화를 위한 교육 및 공유 시스템 강화하고 공공성이 강화된 기반 시설 개선을 위한 하드웨어(Hardware) 투자를 유도하고, 농업 생산성 향상을 위한 기반 시설 확충 강화를 통해 식량 확보 및 소득증대 사업 추진하고 우수 마을에 대한 관리를 강화하며 뒤쳐진 마을에 대한 원인 규명 및 추가 교육과 컨설팅을 제공하여 낙오를 방지하는데 목표를 두었다. 역점 사업은 의식 개혁으로 자력의지 함양, 보건 및 위생 관련 교육, 환경 개선으로 마을 주민 편의 공동 시설 확충 중심, 소득 증대로 소득원 창출을 위한 시범 사업 확대, 복합 영농, 고소득 작물 재배에 두었다.

3단계는 사업 심화 및 확산 단계(5년차)로 3단계에서는 마을별 발전 목표를 설정하고 공공성이 높은 마을 공동사업을 적극 권장하여 본 시범사업의 성과가 모든 주민에게 돌아가도록 유도하고, 이웃 마을로의 확산을 도모하는 것이었다.

사업 분야별 추진전략은 농업 생산 및 기타 소득 창출 기반시설 구축, 생활 기반시설 구축과 주거환경 개선, 주민 교육의 세 가지로 세부 사항을 다음과 같이 포함하고 있었다. 첫째, 농업 생산 및 기타 소득 창출 기반시설 구축이다. 코트디부아르의 새마을 시범 마을은 관개 시설과 물 관리 장치가 미비하여 재정비하거나 새롭게 구축할 필요성이 있었다. 특히, 우기 침수와 건기의 농지 건토화 개선으로 농작물 작부 체계의 다양화를 통해 소득증대가 이루어질 수 있도록 시범사업을 추진해야 했다. 소득증대를 위해서는 벼, 채소 등의 시범 농장을 설치하고 운영하여 농민들이 영농 기술을 직접 체험하고 신기술을 습득할 수 있는 환경을 조성해야 했다. 하지만 실제로는 생육 기간이 짧고 환금성이 높은 채소 경작에 집중하고 있었다. 따라서 버섯, 축산(양계), 농산물 가공업(아체케 방앗간, 음료 가공) 등으로 부업을 실시할 수 있도록 지원 체계를 마련하여 농외 소득 창출 기반 시설을 구축할 필요가 있다. 둘째, 생활 기반시설 구축과 주거환경 개선으로 마을의 생활 기반

시설 구축을 위해 마을 진입로 및 안길을 정비하여 침수로 인한 통행 불편을 방지하고, 기본적인 생활용수를 사용하기 위한 공급선 마련이 필요했다. 또한 열악한 주거환경 개선을 위한 화장실 개량도 필요했다. 마을의 공동 시설인 다목적 마을회관 건립비용의 일부는 주민들이 자체적으로 부담하고(토지 제공) 노동력으로 참여하여 시행되었다. 셋째, 주민 교육이었다. 주민들의 역량 강화를 위해 근면, 자조, 협동을 바탕으로 하는 새마을교육과 현지 및 한국 전문가를 통한 농업기술 교육을 병행하여 실시했다. 이 외에도 문해교육, 회계교육, 보건 및 위생 교육도 수시로 진행되었다. 주민 대표자들을 한국으로 초청하여 의식 개선 교육을 실시하고, 선진 농업기술을 전수하며 발전된 농촌 마을의 모습과 우수한 농산품 등을 직접 확인시킴으로써 농촌개발의 비전을 제시하고자 했다. 또한 시범 마을 주민들을 대상으로 주요 작목별 영농 기술 교육을 실시하여 전문 농업 기술을 전수하고, 현지 전문가 교육 및 찾아가는 연수를 통해 주민들의 의식 개선뿐만 아니라 자립적 마을 개발 역량 강화를 위한 교육·훈련도 병행했다.

3 사업의 이해관계자 및 사업수행 기대효과

새마을 시범마을은 그 추진과정에서 다양한 이해관계자들이 포함되어 있고 이들의 긴밀한 협조와 협력에 의해 사업이 성공적으로 추진될 수 있었다는 평가를 받고 있다. 따라서 다음에서는 새마을 시범마을 조상사업의 이해관계자와 사업의 추진과정상에 나타나는 위험을 분석함으로써 다른 사업에 귀중한 자료로 활용될 수 있도록 제시하고자 한다.

1) 이해관계자 분석

새마을재단, ANADER, 현지 주민 등 다양한 이해관계자들의 요구와 이해관계를 파악하였다. 이해관계자 분석은 사업전략 추진과정에서 개입될 수 있는 다양한 참여자와 영향력이 발휘될 수 있는 이해관계자를 파악하는 것으로 씽골리사업의 이해관계분석은 사업수혜자와 사업관리기관과 사업영향조직들이 포함되었다. 먼저 사업수혜자는 마을주민과 ANADER, 기타기관들이 참여하는 새마을연수원으로 파악되었다. ANADER는 마을 주민들이 자립적으로 발전할 수 있는 기반을 마련하고, 지역사회의 지속 가능한 발전을 도모하는 점에서 사업수혜자로 포함된 것이다.

표 7-5 이해관계자 분석

이해관계자		분석/검토 내용
사업 수혜자	마을주민	- 생활환경 개선, 소득증대 등의 물질적 혜택을 통한 삶의 질 개선 - 자립역량 강화
	ANADER	- 주민교육, 마을별 사업계획 수립검토 및 확정, 사업결과평가 - 농민지도, 농촌개발사업 수행 역량 강화 등
	Bingerville 교육장	- 새마을연수 역량 강화
코트디부아르 현지 코디네이터		- 사업관련 코트디부아르측과 협의 및 현지추진현황점검 보고 - 현지 워크숍 등 현지 행사 진행 지원 등
새마을재단		- 마을별 사업계획 수립 지원, 국내초청연수 및 새마을연수, 농업기술 자문 등 수행
코트디부아르 관련 전문가 (ANADER 직원)		- 현지 정보 및 기술자문 제공, 주민 교육 · 훈련 - 새마을운동 현지화 작업 지원
관련분야 외부전문가		- 현지조사(실시협의, 전문조사 등) 및 사업추진 관련 기술 자문 - 사업평가(중간, 종료 등), 워크숍 참여 등

2) 사업수행상의 위험(Risk) 분석

① 사업예산 변경 가능성

이 사업의 진행은 주민교육, 시범 마을의 인프라 수요, 주민들의 적극성 및 경쟁 원칙의 적용 등에 따라 많은 변수를 가지고 있다. 매년 일정한 재원으로 사업을 추진하기보다는 유연하게 예산을 조정할 수 있는 방안을 마련하는 것이 필요하다. 이는 예산 적용에 있어 불확실성이 크기 때문이다.

② 사업환경 및 추진조건 변경 가능성

코트디부아르에서는 농촌 지역 개발의 필요성이 높고, 빈곤 퇴치가 사회경제적 발전에 밀접한 연관을 가지고 있다. 주민들의 개발 의지도 강한 편이어서 사업환경이나 추진 조건의 변경 가능성은 낮다. 그러나 코트디부아르 공무원 및 ANADER 관계자의 부정부패와 사업수행 경험의 미숙함은 사업비 집행의 투명성을 확보해야 하는 이유가 된다. 또한, 시간이 지나면서 ANADER 관계자들의 매너리즘과 보수증액 등의 위험성이 항상 존재한다.

3) 세부사업계획과 기대효과

씽골리 새마을 시범마을 조성 세부사업 추진 기본 방향과 기대효과는 이미 앞에서 살펴본 사업과정상의 이해관계자와 위험분석을 통해 드러난 문제들을 해결하도록 사업계획 기본방향을 정하고 기대되는 효과를 파악하였다. 새마을 시범 사업 시행을 위한 주민 조직은 기존의 마을 조직을 새마을 시범 사업 추진 조직으로 전환하는 것이 바람직하다. 필요한 경우 새로운 조직을 결성하되, 기존 조직의 활용을 통해 불필요한 갈등을 줄이고, 촌장, 토지장, 청년회장 및 부녀회장,

한국 초청 새마을 연수 참여자를 핵심 요원으로 하여 시범사업을 추진하도록 하였다. 시범 사업 시행과 주민 활동의 중심으로서 다목적 마을회관을 신축하여 주민의 회의와 교육 문화 시설로 활용한다. 회관 신축과 동시에 회관 유지 및 관리에 관한 규약을 확정할 필요가 있다. 이 과정에 이해관계자로서 사업수혜자뿐만 아니라 새마을재단 자문위원, ANADER의 전문가, 코트디부아르 대학교 교수 등의 전문인력을 활용하여 자문단을 구성하고, 현지의 새마을 교육이나 농업 기술 교육에 대응하도록 하였고 ANADER와의 협의가 지속적으로 진행되었다. 그리고 시범 사업의 지속성과 자립 역량을 개발하기 위해 새마을 교육을 지속적으로 실시하여 출구 전략 및 사후 관리를 강화하였다. 새마을 교육 실시와 관련하여 기본적으로 모든 마을 지도자(마을 조직 대표)는 ANADER의 Bingerville 교육장에서 합숙 훈련을 기본으로 하며, 일반 주민도 선발하여 합숙 훈련이 필요하다. 마을 지도자의 경우 순차적 교육도 필요하다(예: 기본 교육 → 심화 교육 → 전문 교육). 이들 중 일부는 새마을운동이 확산될 경우 다른 마을에 대한 새마을 교육에 교관 또는 강사로 활용될 수 있게 하였다.

시범 사업 시행을 위한 사업비 지원은 '우수 마을 우선 지원'이라는 차등 지원 원칙을 고수하여 주민들에게 마을 개발 사업에 대한 적극적 참여 동기를 부여한다. 두 사업 대상지가 근접해 있어 이 원칙을 적용하였다. 씽골리마을은 동일 부족으로 이루어진 마을 공동체라는 마을의 특성을 고려하여 사업 방식의 효율성을 제고하기 위해 다음의 요인을 준수하도록 하였다.

① 예산 배분의 적정성

새마을 시범 사업은 일반적으로 국내 초청 연수, 현지 주민 교육, 전문가 파견, 재원 지원, 시범 사업(영농 지원, 주민 지도, 마을 조직 활성화, 인프라 건설, 기타 훈련 등)으로 구성되기 때문에, 주민들의 모든 욕구를 충족시킬 수 없다는 한계가 있었다. 따라서 농업기술 훈련을 통한 소득증대, 마을 인프라 건설 및 개선을 통한 생활 환경 개선, 주민 교육에 주안점을 두어 사업 착수 후 주민 요청에 대한 시범 사업별 효과성과 효율성을 충분히 분석하여 우선 지원을 정하고, 예산 범위 내에서 지원하도록 하였다. 시범 사업 착수 첫 해인 2017년의 경우 새마을 교육이 사업의 핵심이며, 마을사업의 경우 새마을운동 기반 조성을 의미하여 마을 회관 신축이 우선되어야 한다. 즉, 시범사업 1차년도는 새마을 시범사업 시행을 위한 기반 조성이 핵심이 되도록 하였다.

② 재원 분담 가능성

코트디부아르(또는 시범 마을) 측에서 사업비의 일부를 부담할 수 있는지 여부(인력 지원, 주민 노동력, 토지 등)를 고려하였다.

③ 지원 방식

새마을 시범사업은 효율적이고 체계적인 사업 수행을 위해 농촌개발 분야 전문 기관인 ANADER과 합동 실시하였다.

④ 수행 주체의 적절성

ANADER은 사카수(Sakassou) 지역 시범사업에 매우 높은 관심을 보이고 있으며, 그간 코트디부아르 농촌 개발과 농민 지도 경험이 많아 사업 시행 주체로 적합한 것으로 파악되었다. 그러나 아비장과 사업지 간의 공간적 거리를 고려할 때, ANADER에서 이 지역에 사업소(Project Office)를 개설하고 전담 직원을 상주시키는 것이 최선의 방법이라는 판단으로 이후 씽골리마을에 상주할 수 있는 인력을 배치하였다. 이에 대해 ANADER와 새마을재단과 지속적인 협의가 이루어졌고 수혜자 중심의 지원 방식을 채택하여 주민 제안사업 중심으로 진행하였다.

씽골리 사업의 기대효과는 사업 지역의 빈곤퇴치의 필요성이 매우 긴요하였고 주민 소득증대에 대한 강한 의지를 갖고 있어, 사업추진 시 빈곤 감소 효과가 매우 클 것으로 기대되었다. 씽골리 시범마을 사업 지역은 농업 관련 개발 잠재력이 높고 인근 지역으로의 파급 효과가 크기 때문에, 새마을운동 경험을 공유함으로써 이 모델이 코트디부아르 농촌개발의 성공적 모델로 자리잡게 되면 다른 지역으로 확산될 수 있다고 평가되었다. 그리고 씽골리 새마을사업은 주민들의 소득증대뿐만 아니라 생활환경 개선 및 자립심 향상에도 긍정적인 영향을 미칠 것으로 파악되었다. 경제적 기대효과는 농업 생산성 향상 및 소득증대, 생활환경 개선(주민 보건 증진 등), 주민 역량 강화(주민 의식, 영농 기술, 문해력 등)이다. 사회적 기대효과는 시범 마을에서의 사회적 자본 축적, 생활 환경 개선 능력 향상, 코트디부아르 ANADER 직원들의 역량강화, 젠더문제 해결 기여를 들 수 있다. 그리고 새마을운동의 현지화라는 기대효과를 갖고 있었다.

IV

새마을 마중물로 만든 기적

❝ 제4부는 씽골리 새마을시범마을조성사업의 결과를 소개하고 있다. 씽골리 새마을시범마을조성사업의 실적과 결과물은 사업부문별로 소득증대, 생활환경개선, 자치역량증진의 세 부분으로 나누어 구체적으로 제시하고자 한다. 사업의 부분별로 구체적인 실적을 연도별로 제시하고 추진과정에 참여하는 주민들의 활동을 함께 보여주고 있다. 시범마을 사업의 결과는 8장에서 사업성과 및 산출물을 사업착수때부터 종료시까지 어떤 결과를 가져왔는지 수치로 제시하고 있다. 이런 결과는 새마을시범마을 사업의 성과를 측정해주고 있는 것이자 성과정도를 가늠할 수 있는 지표가 되고 있다. 9~11장은 씽골리 새마을시범마을조성사업의 성과를 씽골리 주민들의 참여활동을 중심으로 그 과정별 결과를 산출물로 보여주고 주민들의 참여과정을 여러 자료와 함께 보여주고자 하였다. **❞**

08

씽골리 새마을 조성사업 요소와 산출물

1 씽골리 새마을조성사업 구성 요소

씽골리 새마을시범마을조성사업 성과는 당초 목표에 따른 실제 추진현황과 결과를 중심으로 제시되고 있다. 새마을재단은 사업의 핵심으로 주민역량강화를 통한 소득증대를 추구하고자 하였다. 씽골리마을 주민들이 새마을시범마을조성사업의 목적으로 소득증대에 가장 관심을 가진 것으로 조사되었고, 새마을재단은 시범마을 사업의 표준유형에 의해 사업을 추진할 수 있는 주민들의 역량을 교육하고 주민들에 의해 추진되는 사업이 지속될 수 있도록 주민들의 자치역량을 길러주는 것이 동시에 추진되도록 하였다. 그래서 시범마을 사업의 목적을 〈그림 8-1〉에서처럼 소득증진과 마을발전 자생력강화의 두 가지로 설정되었다.

씽골리마을의 새마을시범마을조성사업의 추진은 투입요소와 산출, 효과 및 영향으로 구분하여 〈그림 8-1〉로 요약하고 있다. 먼저 씽골리 새마을시범마을조성사업의 투입요소는 새마을재단이 본 사업을 추진할 수 있도록 투입했던 요소들을 말하는 것이다. 새마을재단은 씽골리마을에 새마을 조성사업의 착수 시 전문가를 파견하여 새마을 지도자를 육성하고 주민들에게 새마을사업에 대한 교육 및 필요한 정보를 제공하였다. 또한 주민을 조직하고 현지 협의체를 활성화하는 과정도 지원하였다. 그리고 새마을시범마을 사업을 추진하는 필요한 기자재를 지원하고 인프라를 건설하고 현지 주민가운데 새마을지도자를 한국에 초청하여 새마을 현장의 실제 성과와 결과물을 확인할 수 있는 방문기회를 제공했으며 한국에 초청하여 새마을연수를 제공하였다. 이런 투입요소로 씽골리 새마을지도자들은 한국방문 교육 후 씽골리 주민들에게 한국경험을 전수하는 강사로서 역할을 하고 새마을시범마을 사업이 지속가능하도록 역할을 하였다.

이렇게 추진된 씽골리 새마을시범마을조성사업은 착수때 수립했던 소득증대 목표를 달성하기 위해 농업생산성증대와 협동조합설립 및 운영체제 구축을 요소로 구성하였다. 그리고 자치역량강화, 즉 마을발전 자생력을 강화하기 위한 구성요소는 생활환경개선과 자치역량 강화로 하였다. 이러한 구성요소들이 구체적인 새마을의 산출물로 드러났고 농업생산성 증진은 농업용수, 농로개선, 농산물보관소 설치로 그 성과가 드러났다. 협동조합설립과 운영체제는 생산단체를 조직하고, 시범농장을 운영하며, 양계장을 설치하여 운영하며, 농기계은행을 만들어 주민들이 농사에 농기계를 돌려가며 사용할 수 있도록 하여 소득을 증대시키는 결과를 가져왔다. 또한 종자은행을 두어 다양한 채소재배를 가능하게 하였다. 생활환경개선은 마을회관 신축과 급수시설 설치등 다양한 사업이 주민들에 의해 추진되었고 필요 기자재는 일부 새마을재단의 지원에 의해 이루어졌다. 마을 자치역량강화는 주민조직과 협의체를 구축하고 마을발전기금을 만들고 영농교육을 실시하는 것이 산출물로 드러났다. 결국 이러한 산출물은 당초 수립한 목표를 달성하는 효과를 이루었고 지속적으로 주민들의 소득증대와 마을 자생력강화라는 영향력으로 나타났다.

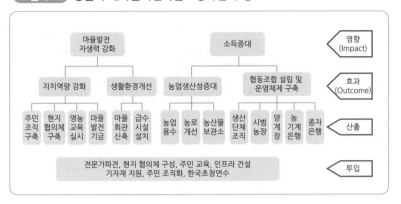

그림 8-1 씽골리 새마을시범마을조성사업 구성요소

위의 그림은 새마을시범마을 구성요소별로 투입과 산출, 그리고 성과를 구체적으로 제시하고 있다.

1) 연도별 사업산출물(output)과 성과

씽골리 새마을시범마을조성사업이 가져온 결과는 산출물과 성과로 다음과 같이 두 개의 표로 요약할 수 있다. 사업의 착수 시기인 2017년부터 종료되었던 2020년까지 실적은 다음의 표와 같이 제시되어 매년 생산량이 늘어나고 있음을 보여주고 있다.

표 8-1 연도별 사업산출물

활동	2017년	2018년	2019년	2020년
새마을위원회 회의	12회/360명	24회/720명	24회/720명	12회/960명
마을총회	2회/180명	2회/180명	2회/180명	4회/360명
새마을교육	4회/40명	2회/40명	4일/80명	5회/80명
농업기술교육	4회/50명	1회/50명	5주/80명	28주/80명

양계장신축	육계 3동/방목장	-	-	육계 3동 추가
양계(방목)	-	1,202,000CFA	1,417,400CFA	-
양계(육계)	-	402,500CFA	311,500CFA	1,719,500CFA
구판장운영	-	-	구판장조성	405,400CFA
아체케생산	-	제분소설치	아체케생산	25,650CFA
마을공동기금조성	-	-	-	2,085,450CFA
마을청소	회/명	회/명	52회/3,640명	52회/3,640명
마을회관 건립	설계	공사시작	완공	-
야외 화장실	-	-	설계/공사시작	완공
마을 안길 확장	-	-	-	완공
어린이 놀이터	-	-	-	완공
협동조합 조직/운영	-	조직	운영	운영
공동농장운영	1ha 재배	10ha 조성	4ha 순환운영	6ha 순환운영
채소판매	300,000CFA	490,000CFA	160,000CFA	1,380,800CFA
농업용수	-	-	관정/급수탱크	-
농기계	-	-	-	3대
창고(농기계/농자재)	-	-	공사시작	완공

　　산출물은 위의 표와 같이 정량적 수치로 제시되고 있으며 주민들의 역량강화 실적은 다음의 표에 제시된 것처럼 주민들이 습득한 역량과 다양한 교육에 참여한 것으로 사업성과를 보여줄 수 있다.

표 8-2 사업 성과(OUTCOME)

성과	내용
최종목표	- 가구 평균 소득증대: 52,000CFA/년 → 500,000CFA/년
주민역량강화를 통한 마을발전 자생력강화	- 마을공동체 의식함양: 마을환경개선 활동 자발적 참여(마을청소, 마을 안길 개선 등) - 건축 관련 기술 습득: 시설물 유지보수 가능(전기, 미장 등) - 부녀자 글 읽기, 간소 회계 가능 - 부녀자 소득사업 기반 마련(주스 및 전통차 가공, 판매, 아체케 생산, 구 판장 운영) - 양계 사육 관련 기술 습득 - 채소 재배기술(친환경) 습득 - 농기계 사용기술 습득 - 청년 고용창출: 농촌이탈예방, 농촌 발전참여 및 기반마련 - 마을기금조성으로 지속가능한 마을발전 가능 - 마을지도자 및 마을주민 의식개선: '할 수 있다'는 자신감 생성
소득증대	- 생산성 향상: 토마토 3,466kg/ha → 8,000kg/ha 　　　　　　가지 4,769.5kg/ha → 10,000kg/ha 　　　　　　오크라 145kg/ha → 1,000kg/ha 　　　　　　땅콩 120kg/ha → 500kg/ha - 판로구축: 상품 라벨화, 도매시장 및 도시 대형 마켓 진출 추진

2 구성 요소별 산출물과 성과

씽골리 새마을 사업의 산출물과 성과는 이전의 표에서 보여주고 있지만 그 산출물과 성과를 분야별 구성요소로 구분하여 제시하여 봄으로써 개별 사업의 목적과 목표에 따른 성과를 가시적으로 보여줄 수 있을 것으로 다음에 제시하고자 한다.

1) 주민조직화 및 교육·훈련

2017년부터 2021년까지 새마을운동과 관련된 주민조직화 및 교육·훈련 활동은 다음의 〈표 8-3〉에 제시된 것과 같이 진행되었다. 새마을위원회 회의는 매년 꾸준히 개최되었으며, 2017년 12회(360명 참여)에서 시작해 2018년과 2019년에는 24회(각 720명 참여), 2020년에는 12회(960명 참여)로 점차 참여 인원이 증가했다. 마을총회는 2017년과 2018년에 각각 2회(80명 및 90명 참여) 열렸고, 2019년과 2020년에도 2회(각 90명 참여), 2021년에는 4회(각 90명 참여)로 확대되어 동일한 인원이 참여했다. 그리고 새마을교육은 연도별로 2017년 4회, 2018년 2회, 2019년 80명을 대상으로 4일간, 2020년 80명을 대상으로 5회, 2021년 90명을 대상으로 5회 실시하였고, 추가적으로 아동 위생 교육을 포함해 100명을 대상으로 2시간 동안 진행하였다. 문해 및 회계교육은 2021년에만 실시되었으며, 70명이 100회에 걸쳐 참여했다. 협동조합 교육 역시 2021년에 70명을 대상으로 5회 진행되었고, 농업기술교육은 2017년 4회, 2018년 1회, 2019년에는 80명을 대상으로 5주 동안, 2020년에는 80명을 대상으로 28주 동안 진행되었으며, 2021년에는 70명을 대상으로 12회 실시되었다. 이처럼 주민들의 조직화와 역량 강화를 위해 다양한 교육과 훈련이 체계적으로 이루어졌다.

표 8-3 연도별 주민역량 강화를 위한 교육, 훈련 현황

	활동	2017년	2018년	2019년	2020년	2021년
주민조직화 및 교육	새마을위원회 회의	360명/12회	720명/24회	720명/24회	960명/12회	
	마을총회	160명/2회	180명/2회	180명/2회	360명/4회	
	새마을교육 (아동 위생 교육)	40명/4회	40명/2회	80명/4일 100명/2시간	80명/5회	90명/5회
	문해·회계교육					70명/100회

협동조합 교육					70명/5회
농업기술교육	50명/4회	50명/1회	80명/5주	80명/28주	70명/12회

　주민조직의 활성화를 위한 교육과 주민들의 역량강화를 위한 교육이 실시되었는데 그 내용은 다음의 〈표〉에 제시된 것과 같다. 구체적인 교육으로 초청연수는 씽골리 주민들 가운데 새마을사업의 리더 그룹을 한국으로 초청하여 새마을연수를 실시하였으며, 연수 결과보고서를 통해 참가자들의 성과를 확인하였다. 이를 통해 연수 참가자들은 시범사업에 적극적으로 참여하게 되었다. 그리고 주민조직화는 마을 내 청년회, 부녀회 등 다양한 주민조직이 구성되고 운영되었고 이를 통해 각종 내부 규정이 마련되었으며, 주민 간 화합이 증진되고 마을개발활동이 활발히 이루어질 수 있었다. 주민교육은 다양한 교육 활동이 진행되었으며 주요 내용은 새마을교육과 농업기술교육(퇴비, 채소 재배, 양계 등), 회계 및 문해교육, 태권도 교육, 협동조합 교육이 제공되었다. 뿐만 아니라 전문가를 파견하고 교재 및 교안을 활용하여 체계적인 학습을 지원하였고 생산자조합이 결성되어 조합원 수 및 활동 결과를 관리하였다. 이를 통해 주민들의 자조적인 개발 의지가 고취되었고 역량이 강화되었다. 이처럼 다양한 교육을 통해 주민들은 자치역량을 기르고 자치활동을 기획·실행할 수 있게 되었다. 그 결과 주민자치조직이 주도한 마을행사, 마을 축제, 총회, 농산물 축제 등 다양한 행사가 열렸고 이를 통해 마을 주민들의 공동체 의식이 강화되었으며, 회의록과 행사계획서를 활용해 체계적인 행사를 운영하였다. 또한 언론 홍보물을 통해 마을 발전을 알렸다. 그리고 마을발전을 위해 사용하기 위한 목적으로 공동기금을 조성하여 기금 적립과 활용 방안을 수립하고, 이를 기반으로 자립적 마을발전 역량을 강화하였고 이를 통해 공동체 의식이 더욱 함양되었다. 그 외 태권도 교육을 통해 주민들의

건전한 여가 선용과 체력을 단련하였으며, 청년회의 활동과 연계하여 참여자 수를 늘렸다. 또한 탁아소를 운영하여 원생들의 돌봄이 이루어졌으며, 이를 통해 부녀회의 경제활동이 활성화되었고 이러한 활동은 여성의 사회적 지위를 높이는 데 기여하였다. 이상과 같이 다양한 활동이 주민들의 자립과 마을 발전을 위한 기반을 마련하고 지속 가능한 발전을 도모하는 데 기여하였다.

표 8-4 주민역량 강화를 위한 교육 프로그램의 세부적인 내용

구분	활동	산출물	성과
초청연수	- 한국 초청 새마을연수	- 연수결과보고서	- 시범사업에 적극 참여
주민조직화	- 각종 마을조직(청년회, 부녀회 등) 구성 및 운영	- 주민조직 - 각종 내부 규정	- 주민 간 화합 - 마을개발활동 활성화
주민교육	- 새마을교육 - 농업기술교육(퇴비, 채소, 양계) - 회계 및 문해교육 - 태권도 교육 - 협동조합교육 - 전문가 파견	- 교재, 교안 - 사업계획서 - 사업결과보고서 - 생산자조합 결성 (조합원 수, 활동결과 등)	- 주민들의 자조적 개발 의지 고취 및 역량강화
마을행사	- 마을 축제 - 마을 총회 - 농산물 축제	- 회의록 및 행사계획 - 언론 홍보물	- 공동체 의식 강화 - 마을 홍보
마을발전 공동기금 조성	- 기금 적립·활용방안 수립	- 기금활용 계획안 - 적립된 기금액	- 공동체의식 함양 - 자립적 마을발전 역량 강화
태권도 교육	- 체력단련	- 교육생 수	- 청년회 활성화
탁아소	- 탁아소 운영	- 원생 수	- 부녀회 경제활동 활성화 - 여성의 사회적 지위 향상

2) 기타 소득 창출 기반시설 구축

기타 소득 창출 기반시설은 다음과 같이 〈표 8-5〉에 제시된 것처럼 구축되었다. 먼저 생산단체 조직은 단위 사업별로 운영조직을 구축하고 세부 계획을 수립하였고 이를 통해 단체 가입자 수를 늘리고 조직 구성원의 역량을 강화하며 농업생산성을 향상시켰다. 농민 생산 단체(채소 재배 조합)는 특용작물인 채소를 재배할 수 있는 공동재배장을 마련하였으며, 채소재배 농가의 증가와 영농기술을 향상시키도록 하였다. 또한 농기자재 보관을 위한 창고를 신축하여 농기자재의 활용도를 높였으며, 삼발이 오토바이를 구입하고 이를 활용한 운송사업을 통해 농산물 판매량이 증가했다. 청년회 양계 사업은 육계와 아프리카 전통 양계를 운영하여 닭의 마리 수를 늘리고 판매 수입을 증대시켜 주민들의 소득향상에 기여하였고, 버섯재배 사업은 느타리버섯을 재배, 가공, 판매하기 위한 버섯재배장을 조성하여 소득증대에 기여했다. 부녀회 활동은 아체케를 생산하고 판매하기 위한 방앗간과 분쇄기를 도입하였고 이를 통해 아체케 생산량을 늘리고 여성의 경제활동과 소득 증대를 가져왔다. 그리고 구판장을 신설하여 시설을 확충하고 생활의 편이성을 개선하고 음료를 직접 가공하고 판매하는 활동을 통해 회원 수를 증가시키고 소득을 증대시키며 부녀회의 활동을 강화했다. 이상의 다양한 기반시설 구축과 조직 활동을 통해 소득증대 및 주민역량 강화를 도모하였다.

표 8-5 기타 소득 창출 기반 시설

구분		활동	산출물	성과
생산단체 조직		- 단위 사업별 운영 조직 구축 및 계획 수립	- 단체 가입자 수	- 조직 구성원 역량강화 - 농업생산성 향상
농민 생산 단체 (채소 재배 조합)	공동재배장	- 특용작물(채소)재배	- 농장 부지	- 채소재배 농가 증대 - 영농기술 향상
	농기자재 보관소	- 농기자재 보관 창고 건립	- 보관 창고	- 농기자재 활용도 향상
	삼발이 오토바이	- 삼발이 오토바이 구입, 운송사업	- 삼발이 오토바이	- 농산물 판매 증대
청년회	양계	- 육계, 아프리카 양계	- 보유 닭 마리 수 - 판매 수입	- 소득증대
	버섯재배	- 느타리버섯 재배, 가공, 판매	- 버섯재배장	- 소득증대
부녀회	아체케 방앗간	- 아체케 생산 및 판매	- 방앗간, 분쇄기 - 아체케 생산량	- 여성 경제활동 증가 - 소득증대
	구판장	- 구판장 신설	- 구판장 시설(규모)	- 생활편이성 향상
	음료가공	- 음료 직접 가공 및 판매	- 회원 수	- 소득증대 - 부녀회 활동 강화

3) 생산단체조직

생산단체조직 활동으로는 2017년부터 양계장을 신축하고 운영하였다. 2017년에는 육계 사육을 위해 3개의 사육 동과 방목장을 신축하였으며, 2020년에는 사육 동 3개를 추가로 건설하여 양계를 하였고 방목 양계의 수익은 2020년 1,202,000 CFA에서 2021년 1,417,400 CFA로 증가하였고 육계 사육의 수익은 2018년 402,500 CFA, 2019년 311,500 CFA, 2021년 1,719,500 CFA로 점차 확대되었으며, 2021년에는 냉동판매 시도도 이루어졌다. 버섯 재배 사업은 2021년에 신규 사업으로 느타리버섯 재배를 시작했고, 2019년에 구판장을 조성하여 405,400 CFA의 수익을 창출하였다. 구판장 운영을 통해 지역 주민들의 생활 편의를 향상시키고 지속 가능한 소득 활동으로 자리 잡았다. 2021년에 신규사업으로 음료 가공 및 판매를 시작하였다. 2020년 제분소 설치를 통해 아체케 생산을 시작하였으며, 2021년에는 포장 개발이 이루어졌고 2020년 아체케 생산으로 25,650 CFA의 수익을 올렸다. 공동생산으로 수익이 생기면서 마을공동기금을 조성할 수 있게 되었고 2021년까지 마을공동기금으로 총 2,085,450 CFA를 조성하였다. 그리고 2019년 1개의 협동조합이 조직되었으며, 이후 지속적으로 운영되고 있고, 공동농장 운영 및 채소 판매를 하였다. 2017년 1헥타르에서 채소를 재배하기 시작하여, 2018년에는 10헥타르로 확장하였고, 2019년부터는 순환 운영 방식을 도입하여 4헥타르(2019년)와 6헥타르(2020년~2021년)에서 재배하였다.

채소판매 수익은 2017년 30만 CFA에서 2021년 1,380,800 CFA로 크게 증가하였다. 이와 같이, 생산단체조직 활동은 다양한 신규 사업과 지속적인 개선을 통해 소득증대와 마을공동체 발전에 기여하였다.

표 8-6 생산단체조직 활동의 연도별 성과

	활동	2017년	2018년	2019년	2020년	2021년
생산단체 조직	양계장 신축	육계 3동, 방목장			육계 3동 추가	
	양계 수익 (방목)		1,202,000 CFA	1,417,400 CFA		
	(육계)		402,500 CFA	311,500 CFA	1,719,500 CFA	냉동판매 시도
	버섯재배					신규 사업

구판장운영			구판장조성	405,400 CFA	
음료 가공					신규 사업
아체케 생산		제분소설치	아체케 생산	25,650 CFA	포장 개발
마을공동기금조성				2,085,450 CFA	
협동조합 조직/운영		1개 조직	운영	운영	
공동농장 운영	규모	1ha 재배	10ha 조성	4ha 순환운영	6ha 순환운영
	채소판매	30만 CFA	49만 CFA	16만 CFA	1,380,800 CFA

자료: 새마을재단, 2021, p.48

4) 마을 기반시설 확보

씽골리 새마을사업은 환경개선과 소득증대를 위해 먼저 마을 기반시설 확보하는 사업을 시행하였다. 가장 먼저 마을회관을 신축하여 주민들이 활용할 수 있는 다목적 공간을 마련하였고 마을회의와 주민조직 활동이 활발해지도록 하였다. 그리고 마을진입로 및 안길 개선사업으로 도로 평탄작업을 통해 마을의 도로를 개선하였으며, 마을 내부와 외부 간 접근성이 향상되었다. 이러한 도로 개선은 생활 편의성을 높이고 영농활동을 보다 수월하게 만들었다. 생활용수 확보는 물탱크와 펌프를 설치하여 안전한 식수를 확보하여 주민들의 위생 수준이 개선되고 수인성 전염병 발생이 감소하였다.

표 8-7 마을 기반시설 확보 내용

구분	활동	산출물	성과
마을회관 건립	- 마을회관 신축	- 다목적 마을회관	- 마을회의 및 주민조직 활동 활성화
마을진입로 및 안길 개선	- 도로 평탄작업	- 개선된 도로	- 마을 내·외부 접근성 향상 - 생활 편이성 향상 - 영농활동 편이성 향상
생활용수 확보	- 물탱크 설치	- 물탱크 및 펌프	- 안전한 식수 확보 - 수인성 전염병 감소
화장실 개선	- 공동화장실 신설	- 신설된 화장실	- 생활환경 개선
마을환경개선	- 쓰레기 하치장 신축	- 신설된 쓰레기 하치장	- 마을환경 개선
어린이 놀이터	- 놀이 기구 설치	- 어린이 놀이터	- 어린이 정서 함양
나무심기	- 마을 입구, 마을회관 주변 나무 심기	- 식수된 나무 수	- 마을 미화
마을청소	- 정기적인 마을 청소	- 참가 주민 수 - 월별 청소 횟수	마을 청결 및 미화

5) 마을기반시설개선

또한 화장실 개선사업으로 공동화장실을 신설하여 주민들의 생활 환경을 개선하고 위생적 생활을 지원하였다. 또한 쓰레기 하치장을 신 축하여 마을의 환경을 정비하고, 보다 깨끗하고 위생적인 생활 공간 을 제공하였고, 어린이 놀이터 조성하고, 놀이기구를 설치하여 어린이 들의 정서 함양과 놀이 환경 개선이 이루어졌다. 마을 입구와 마을회 관 주변에 나무를 심어 마을의 미화를 도모하고 정기적으로 주민들이 참여하는 마을 청소 활동 진행을 통해 마을의 청결과 미화를 유지하였 다. 이상의 활동들은 주민들의 생활 편의를 증진시키고, 위생적이고 환경친화적인 마을로 발전시키는 데 기여하였다.

표 8-8 마을기반시설 개선 주요 내용

활동		2017년	2018년	2019년	2020년	2021년
마을 기반시설 개선	마을청소	-	-	52 회/3,640명	52 회/3,640명	
	마을회관 건립	설계	공사시작	1건물 완공	-	
	야외 공동 화장실			설계/공사 시작	1개소 완공	
	화장실 개선					신규 사업
	마을 안길 확장				3km 완공	
	어린이 놀이터				1곳 완공	
	쓰레기 하치장					4곳 설치
	나무 심기					300수

6) 농업생산 기반시설 구축

농업생산 기반시설 구축부분은 관수시설설치와 농로개선 및 농산물보관시설과 농기계 도입으로 시행되었다. 관정과 관수시설, 물탱크, 급수시설을 설치하여 안정적인 용수 공급을 통해 작물 재배의 효율성을 높이고 농업생산성을 높였다. 또한 농로를 확장하고 평탄화하여 농업용 도로의 접근성을 높여 농자재와 수확물의 운송이 용이해지고, 농업활동의 효율성이 크게 개선되었다. 농산물 보관시설은 수확한 농산물을 보관할 수 있는 창고를 신축하고 수확물 관리와 품질 유지에 대한 의식이 개선되었으며, 농산물의 부가가치를 높일 수 있었다. 창고 공사는 2020년에 시작되어 2021년에 농기계 및 농자재 보관 창고 1개 동이 완공되었다. 농업 생산성을 높이기 위해 관리기와 오토바이 등 농기계를 도입하였다. 2019년에는 오토바이 3대를 구입하였으며,

2021년에는 관리기 2대를 추가로 도입하여 농작업 효율을 증대시켰다.

표 8-9 농업생산 기반시설 사업내용 및 성과

구분	활동	산출물	성과
관수시설	- 관정 및 관수시설설치	- 관정,물탱크, 급수시설	- 생산성 향상
농로개선	- 농로 확장 및 평탄화	- 개선된 농로	- 접근성 향상 - 농자재 및 수확물 운송 용이
농산물 보관 시설	- 수확후, 판매전 농산물 보관	- 신축된 창고	- 수확물에 대한 관리 및 품질 관리 의식 개선 - 농산물 부가가치 향상
농기계	- 관리기 구입을 통한 생산성 향상	- 관리기	- 농업생산성 향상

표 8-10 농업생산 기반시설 확충 연도별 현황

활동		2017년	2018년	2019년	2020년	2021년
농업생산 기반시설	농로 개선					신규 사업
	농업용수			관정/급수탱크	-	
	농기계			-	삼발이 오토바이 3대	관리기 2대
	창고(농기계/농자재)			공사시작	각 1동 완공	

자료: 새마을재단, 2021, p.73

09

소득 증대

1 양계 및 아프리카전통양계

씽골리 새마을 시범마을 소득사업의 주요사업은 농업 생산성 증진을 위한 각종 사업과 활동으로 구성되어 있다. 새마을시범마을조성사업 이전의 씽골리마을의 농업은 생존농업으로 주민들이 주식으로 먹을 수 있는 정도의 경작을 하는 것에서 새마을사업을 착수하면서 생계형에서 상업영농으로 그 방식과 추진체제를 전환하는데 그 목적을 두었다. 소득증대 목적은 양계사업, 채소농사, 농업가공품생산을 주 사업으로 추진하였으며 그 결과는 다음에서 구체적으로 소개한다.

소득증대는 씽골리마을 주민들이 새마을시범마을조성사업에 참여하는데 가장 큰 동기가 되었던 것이다. 아프리카 전통양계는 새마을사업추진 이전에 이미 실행하고 있던 사업이었던 것이다. 그러나 새마을사업의 착수로 양계사업은 전통식 아프리카 양계를 벗어나 생산성을 증진시킬 수 있는 방법으로 전환되었다. 아프리카 전통 양계는 별도의 양계사육시설을 구비하지 않고 밭 가운데 닭이 모일 수 있는 볏짚으로 덮어두는 방식이었다. 그러나 양계가 소득을 증진할 수 있는 방법으로 전환되기 위해 달걀을 낳아서 모을 수 있는 공간과 닭에게 사료를 주는 시설이 별도로 필요하게 된 것이다. 이런 점들을 고려하여 새로 양계사육장이 건립되었다. 양계교육 프로그램 교육 목적은 양계장 관리 및 운영, 양계 소득 창출에 관한 이론 및 실습 교육으로, 교육 기간은 총 2회(각 회차 일주일)로 진행되었다. 양계교육의 참여 인원은 주민 12명이었고, 교육 내용은 양계장 관리 및 운영 방법, 양계 소득 창출 방안을 강의로 진행하였으며 현장에서 전문가의 자문하에 실무 실습 교육이 제공되었다.

　양계교육에 참여한 주민들이 인식한 사업의 결과와 사업진행과정은 주민들의 면담으로 다음과 같이 자료를 확보하였다. 주민 인터뷰 내용을 요약하면 현재 양계 활동(2018. 11. 23 기준)은 육계 양계로 지속적으로 육계를 사육하는 방식이었다. 주민들의 양계사업의 활동은 소득을 위한 15일 간의 공백 후 병아리를 구매, 성체로 성장시켜 판매하는 것이었다. 연말 연시를 겨냥하여 병아리 주문하고 사육하여 성장한 닭을 판매하여 수익을 올리는 것이었다.

아프리카 양계

| 아프리카 양계 | 닭장 | 부화장소 |

　아프리카 전통 양계를 하던 시기에 양계는 방목형으로 채소밭 중간에 집을 지어 130마리 사육하며 중간에 팔기도 하고 직접 소비하기도 하였다. 양계사업에 참여한 주민들이 인식하는 사업의 성과는 다음과 같은 주민의 면담에서 잘 나타나고 있다.

전통적 양계사업 주민 면담(아프리카 양계)-2018. 11. 23. 현재
"양계사업 운영은 병아리를 지속적으로 구매하고 성체로 키워서 판매하며, 중간에 15일간 소독을 위해 비워두는 기간을 제외하고는 계속 운영 중입니다. 연말 연시를 겨냥해 다음 주에 병아리를 주문해 놓았습니다. 전통적 아프리카 양계 운영 방식은 방식은 방목형으로 채소밭 중간에 집을 만들어 모이를 먹으러 오는 방식으로 운영하고 있습니다. 현재 상태 12마리에서 시작하여 현재 130마리가 넘습니다. 중간에 판매 및 소비도 하고 있습니다.

이런 양계방식을 도입하고 난 후 양계사업 수익 현황을 보면 2019년 1,280,000 CFA, 2020년 1,719,500 CFA, 2021년 1,976,300 CFA, 2022년 5,558,000 CFA로 사업을 실시하고 난 후 매년 증가하고 있는 것으로 드러났다. 가축사육은 육계를 포함하여 다른 종류의 가축까지 포함하고 있었으나 양계가 주를 이루었다. 육계는 112m² 양계장 시설에 2,500마리 사육하여 45일 후 판매 가능하게 되어 양계는 약 2개월 사육 사이클로 진행되었다.

그림 9-1 양계농장 연간 수익 성장률(2019-2022)

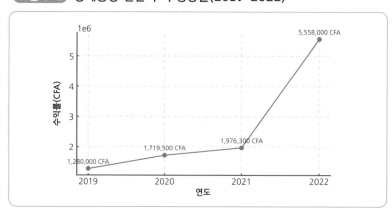

육계 사업

| 양계장 | 양계장 창고 | 양계장 외벽 |

양계는 수익을 올리는 사업 가운데 하나였지만 실제 주민들이 양계를 하면서 백신 비용과 높은 사료비로 인해 수익성이 높지 않은 것이 한계로 지적되면서 주민들과 새마을재단은 함께 고심하게 되었다. 높은 사료비와 저수익에 대한 분석 결과 운송이 없어서 제때 사육된 닭을 적절한 가격으로 시장에 내다 팔 수가 없어 추가 사료비가 발생하고 있음이 파악된 것이다.

이런 문제를 해결하기 위해 결국 새마을재단과 씽골리마을 주민들은 이동수단을 갖추기로 하고 새마을재단은 삼발이 오토바이를 3대를 지원하고 마을주민 가운데 운전가능하도록 청년들의 운전면허증 취득교육비와 교육을 지원하였다. 아프리카 육계는 병아리를 1ha의 땅에 방목하여 키운 후 마리당 7,000원에 판매하였다. 당시 부활절 시장 수요가 있어 판매는 용이하였으나 시설이 열악하였다. 양계장 개선사항은 양계장 시설의 설치와 판매를 위한 이동수단을 구비하게 된 것이다. 양계장 시설은 2020년 양계동 추가 건설(청년회에서 공사)하고 2020년 청년회 멤버들이 추가로 양계 교육을 받았다. 2021년 생닭 판매 외 냉동 등 판로를 다양화하여 수익을 증진시켰다. 기존 방목장 이전 신축 및 시설을 개선하면서 생산성은 높아졌지만, 아프리카 전통방식의 방목닭 판매가가 일반육계보다 수익이 높았다. 이에 따라 기존 방목장 시설을 개선하고 양계 기술 교육을 통해 기술 향상시키기 위한 교육이 실시되었다.

① 채소농사 사업추진을 위한 현황 및 문제점

채소농사는 씽골리주민들에게 거리가 먼 농사로 인식되어 있었다. 그 이유는 채소작물재배에 대한 경험이 적고, 채소농사를 하는데 필요한 씨앗이나 적절한 작물에 대한 지식이 없었기 때문이었다. 채소작물은 가격이 비싸고 상대적으로 수익성이 높아 주민들이 선호하는 사업으로 논의되었다. 또한 새마을시범마을조성사업에 참여하기 전까지 진행되었던 채소농사는 소규모 웅덩이의 물로 재배하고 있으나, 물 부족 및 토사 유입 등의 문제로 어려움을 겪고 있었다. 이에 따라 관정을 통한 우물 설치와 관수 파이프 설치가 필요하다는 요구가 제기되었다. 2019년 1월 관정 작업이 완료되었고, 농장 부지의 경지 정리도 완료되었다.

씽골리 새마을시범마을조성사업에서 채소농사가 소득증대 사업으로 채택된 것은 마을주민들의 몇 차례 회의에 걸쳐 결정된 것이었다. 마을 주민과의 많은 회의를 통해 숙원사업인 채소 재배를 진행하기로 한 것이다. 채소농사사업의 최종 목표는 각 가구마다 1개의 채소 농장을 운영하여 가구 소득을 향상시키는 것으로 설정되었고 공동작업을 통해 마을 발전 기금을 마련하는 것이었다. 이런 상황을 고려하여 채소농사사업은 주민들에게 채소작물 재배를 할 수 있도록 교육이 실시되었다. 채소작물재배교육은 씽골리마을에 농업농부학교를 주거지 인근에 조성하여 그곳에서 실습장을 겸비한 채소작물재배 교육을 실시하였다.

씽골리마을은 "씽골리 조합"을 조직하여 마을 특화 소득 사업으로 채소 재배를 전문화하기 위해 교육에 전념하였다. 79가구의 주민들은 공동 채소장에서 교육을 받으며, 각 채소별 재배법과 해충 퇴치법을 배우고 채소농사를 하게 되었다. 특히 퇴비를 최대한 활용하여 토양을 개선하고 친환경 재배를 도입하기 위해 노력하였다. 질적으로 우수하고 양적으로 안정된 공급을 할 수 있는 기술을 습득하는 것을 목표로 하고, 동시에 조합 교육을 통해 튼튼한 마을 조합 기반을 마련하려는 목표를 세우고 추진하였다. 썽골리 마을주민들이 채소농사를 하는데 제약요인으로 지적된 것은 첫째, 채소재배 공동농장의 농업용수 부족으로 건기 시 채소재배에 제약이 있다는 것이다. 둘째, 채소가 시장에서 고가에 판매되고 있지만 실제 판매까지 연결되기에는 필요한 주민들의 역량이 갖추어지지 않아 교육이 필요하다는 점이다.

채소농장 견학

채소농장 견학

농업교육 현장조사

채소농사를 실시하기 전에 썽골리 주민들은 농민필드학교를 설치하기로 하고 주요 활동 및 교육 내용으로 먼저 인근의 채소재배농장을 견학하여 채소농사사업에 대한 구체적인 계획을 수립하는데 도움이 받고자 하였다. 견학은 야무수쿠루 인근의 채소농장을 방문견학하여 점적관수를 이용한 채소재배 방법(오이, 오크라, 가지, 고추 등)과 시범마을 사업 적용 가능성을 검토하였다. 그리고 당일 오후 농업교육을 위한 주민 회의를 마을공터에서 실시하고 약 100명의 주민들이 참석한 가운데 진행되었다. 주요 내용은 교육 일정 및 내용 안내, 교육 인원 분배, 농기구 전달을 하였다. 이후 채소작물 재배법 교육을 채소농장에서 실시하고 76명이 참석하여 주요 내용은 모를 키워 이식하는 방법 및 씨앗 관리의 중요성 교육하였다. 주요 교육내용은 퇴비 제조 및 활용, 토마토 작물 재배법, 이랑 조성 방법, 병해충 방제법 등이었다.

이러한 교육과 활동은 주민들의 농업기술 향상과 소득증대에 기여하며, 마을의 발전을 도모하는 중요한 기반이 되고 있다.

② FFS(농민 필드 학교)

채소재배를 위한 채소농사 환경정비와 채소재배를 교육하기 위한 농부농장학교를 설치하고 교육을 진행하였다. 채소농장 사업은 씽골리마을 주민들이 농업 작물로 얌과 카사바 등 구황작물 위주로 하던 농업의 형태를 변화시키기 위한 시도로 추진되었다. 채소농사는 씽골리마을의 물부족과 농사를 위한 농수로 및 농업용수 제공이 어려웠던 환경 속에서 재배하기 어려웠다. 그러나 새마을사업을 추진하면서 새마을재단과 씽골리마을의 주민들은 농가 소득을 증진시키기 위해 전통적으로 재배하던 얌과 카사바를 넘어 시장 가격 수익성이 높은 채소농사로 관심을 전환시키고 채소재배가 가능한 농사환경으로 각종 농업시설을 구비하려는 사업을 실시하였다.

먼저 채소재배가 가능하도록 관정 공사를 먼저 추진하였다. 이 과정에 마을의 청년들이 참여하여 노동력을 제공하고 새마을재단은 공사에 필요한 기자재를 제공하였다. 농기계 보관을 위한 창고시설이 주민들의 참여로 건설되었고 새마을재단은 교육용 농기구 및 각종 채소농사에 필요한 도구들을 지원하였다. 주민들의 채소농사는 총 3회 재배하고 채소 재배 기술 교육은 친환경 재배 방식에 대한 교육으로 실시되었다. 그리고 수확한 농산물 관리 및 보관할 수 있는 창고를 건설하여 수확한 농산물을 효율적으로 관리하고 보관할 수 있는 시설이 완공되었다.

농기계창고 공사현장　　　　　교육용 농기구　　　　　교육용 농기구

　　채소농사를 위해 필요한 시설이 갖추어지고 난 후 새마을재단은
전문가를 파견하여 씽골리마을의 여건에 재배가 용이하고 생산성을
증진시킬 수 있는 작물을 선정하고 씨앗을 제공하였다. 채소농장은 농
부들을 위한 농업학교(FFS: Farmers Field School)로 명명하고 마을주민
들의 주거지 인근 마을에서 기부한 토지에 조성하였다.

밭조성　　　　　　　밭조성　　　　　　　밭조성

　　초기에는 채소재배를 위해 씨앗, 소농기계 등의 지원을 받았고, 작
은 저수지 8개를 설치하여 농수 확보를 도모하였다. 참여 주민은 총
28명이며, 이 중 부녀자는 10명이 참여하였다. 주민들은 재배지를 조
성하여 가지, 토마토, 오이, 고추, 오크라, 호박, 배추 등의 채소를 재
배하였다. 이를 통해 단순한 자급자족을 넘어 소득증대의 기회를 마
련하기 위해 노력하였으며, 재배 기술 교육을 통해 생산성을 확대하고
경험을 공유하였다.

채소재배 교육 연수	채소재배 교육 연수	채소재배 교육

　　농민필드학교의 교육 프로그램 및 작물 재배는 실제 씽골리 주민들이 재배할 작물을 대상으로 실시하였다. 씽골리 농업기술 교육 프로그램에서는 FFS(농민 필드 학교) 방식으로 채소재배 교육을 실시하고 있다. 토마토, 가지 등의 작물에 대한 재배 기술 교육이 진행되며, 운전면허 교육도 포함되어 있어 마케팅 및 시장 판매 가능 수익 증대에 기여하고 있다.

농부농장학교

토마토 재배 교육	토마토 재배	채소재배

씽골리 주민들과 새마을재단은 농민필드학교를 만들고 채소작물 재배교육을 통해 채소를 재배하고 생산된 채소를 시장에 팔 수 있도록 판로를 개척하고 마케팅교육을 하면서 이 전과정을 공동생산 공동판매를 통한 수익을 올릴 수 있도록 생산단체 설립하고 운영체계 구축하였다. 이를 위해 씽골리 주민조직으로 설치된 조합 운영 교육을 교육내용에 포함하였다. 조합 운영을 위한 교육이 진행되었으며, 교육생들의 이해를 돕기 위한 다양한 프로그램이 마련되었다. 이러한 교육은 조합의 원활한 운영과 지역 주민의 참여를 유도하기 위한 목적으로 설계되었다. 씽골리 주민협동조합 운영을 통해 생산단체를 설립하고 채소재배농장은 10ha 개간하여 채소재배농장을 갖추었다. 그리고 농장에 72명의 주민이 참여하여 채소재배를 위한 기반을 마련했다. 재배 작물은 토마토: 3,466kg, 가지: 4,769.5kg, 오크라: 145kg, 땅콩: 120kg를 생산하였다.

채소재배 사업

| 양배추 재배 | 오이 재배 | 관개시설(우물) |

씽골리 채소사업은 2019년부터 생산성이 증가되고 주민들이 적극적으로 참여하면서 매년 수익이 증가되었고 2021년에는 신규로 버섯재배가 청년회 회원들을 중심으로 추진되었다. 청년회 회원들이 느타리버섯 재배 기술을 습득하였고, 생산된 버섯을 여러 상품으로 가공 및 판매하는 활동을 진행하였다.

주민 교육사업(영농기술)

선호미 사용법 교육   양배추 재배 교육   토마토 재배 교육

재배 기술 향상은 채소농사를 위해 요구되는 주요 역량으로 교육이 필요한 부분이었다. 채소농사가 처음 기획되었을 때는 주민들에게 작물재배를 교육시키는 것에 역점을 두었으나 이후 씽골리 주민들이 재배한 채소의 판로와 판매방법이 필요하다는 점이 지적되었다. 채소를 수확하고 난 후 자체 소비에서 그치는 것이 아니라, 판매를 통한 수익증진이 채소농사에 참여한 주민들의 요구였기 때문이다. 그러나 여전히 재배 기술이 부족한 상황에서 선진 기술 교육 및 전문가 자문이 필요한 상황이었다. 판매 경험이 부족하다는 점을 고려하여 IFAD와의 협력을 통해 최소 판매 수량 및 선호 작물에 대한 시장 조사가 필수적이라는 것이 인지되었다. 따라서 농민들에게 판매와 마케팅에 대한 교육을 실시하여 채소판매를 농가 수익 증가로 드러나게 되었다. 채소 판매 수익은 2017년: 300,000 CFA, 2018년: 490,000 CFA, 2019년: 160,000 CFA, 2020년: 1,380,000 CFA, 2021년: 1,832,940 CFA, 2022년: 2,869,350 CFA로 매년 증가하였다.

그림 9-2 채소판매 연간 수익 성장률(2017-2022)

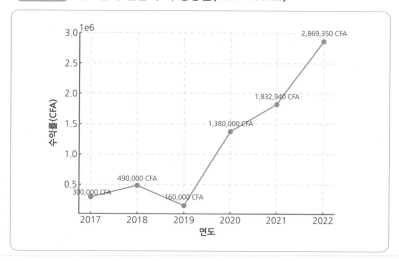

시장 판매를 위한 상품 공동 선별

무게측정　　　　삼발이 오토바이　　　　주민회의

　　채소작물 재배교육은 단지 교육으로 그치지 않고 교육실시 후 강사가 실제 농민들의 채소농사 현장을 방문하여 영농 교육 현장 점검하였다. 영농현장 점검은 생산 증가에 매우 효과적인 방법이었다. 영농교육 강사가 씽골리의 채소농장을 방문하여 현장점검을 실시하고 주민들과의 면담을 통해 나타난 문제점들에 대한 컨설팅 및 시정교육을 실시한 것이다. 씽골리 주민들은 한국에서 파견된 전문가로부터 재배기술 교육을 받았으나, 작물별 재배 기법, 농약 사용법, 병충해 및 재해 발생 시 대처 방안 등 전반적인 교육이 부족하여 여러 가지 미비점이 현장점검에서 확인되었다. 현장점검에서 나타난 문제점은 주민들이 토마토와 가지를 재배한 경험은 있으나, 시장에 판매할 수 있는 품질은 달성하지 못한 상황이라는 것이다. 이를 개선하기 위해 주민들에게 필요한 교육이 제기되었는데 그 주요 내용은 재배 기술 교육, 조직 관리 및 판매 교육, 회계 교육, 문해교육이었다. 주민들은 채소작물 재배기술만이 아니라 시장에 내다팔 수 있을 정도의 품질로 관리하기 위해서는 수확 후 채소 보관방법과 판매하는 기술 및 판매 수익을 관리하기 위한 회계교육과 장사를 하는 물건값 계산 등의 기초적인 문해교육이 추가로 필요하다는 것이다. 마을주민들의 대부분, 특히 여성들의 경우 학교 교육의 경험이 거의 부재한 상황으로 문해교육이 필요한 것으로 나타났다.

현장점검 후 지속가능한 채소농사를 위한 교육은 씽골리 주민 80명이 참석하여 교육이 진행되었다.

채소농사에 대한 주민들의 참여와 성과는 높은 것으로 평가되었다. 주민들의 소득증대에 대한 효과는 다음과 같은 주민들의 인터뷰에서도 잘 나타나고 있다.

새마을농장 주민 인터뷰
텃밭 수준으로 채소 재배
10ha 농장 조성: 마을 내 전 가구가 농사를 지을 수 있어요
농업용수 시설 설치: 1년 365일 농사를 지어요

채소농장

채소재배농사를 하는 주민이 스스로 말하는 성과는 주민들의 인터뷰를 통해 다음과 같이 드러났다.

주민 A:

"채소재배의 운영 방식은 채소를 재배하여 판매하고, 그 수익으로 다시 채소농사를 위한 씨앗과 농약을 구입하며 계속 운영하고 있습니다. 작물로는 5월에 3헥타르의 얌을 재배하고, 1헥타르의 카카오 묘목을 구입해 심었습니다. 얌은 새로운 종자로 맛이 좋고 생산량이 많습니다. 첫 시도가 성공하면 확산할 계획입니다. 그리고 카카오 재배를 하기 위해 카카오 나무를 심고 1년 후 다른 수익 작물과 혼합하여 병농임업(agroforestry)을 통해 비료 사용을 줄이고 카카오 생산을 기다리면서 소득을 얻는 방식을 구상하고 있습니다.

주민 B:

추가 프로젝트: 새마을농장

텃밭 수준의 채소 재배를 하다가 지금은 마을 내 모든 가구가 농사를 지을 수 있도록 10헥타르 농장을 조성하고 있습니다. 이것이 가능하게 된 것은 농업용수 시설을 설치하고 나서 지금은 1년 365일 농사가 가능하도록 준비하고 있습니다.

영농교육전문가:

"한국 및 코트디부아르의 전문가들이 참여하고 있습니다. 이와 같은 다양한 활동들은 농업의 상업화와 지속 가능성을 추구하는 과정에서 중요한 단계입니다. 각 프로젝트의 진행 상황을 주기적으로 점검하고 조정하는 것이 필요할 것 같습니다."

주민 인터뷰 내용

주민들은 채소 재배를 통해 얻은 수익으로 씨앗과 농약을 구입하며 지속적인 재배를 이어가고 있습니다. 5월에는 얌(3헥타르)과 카카오(1헥타르) 재배를 시작했습니다. 얌은 새로운 품종으로 맛이 좋고 생산량이 많은 작물로, 첫 시도가 성공할 경우 확산시킬 계획입니다. 카카오는 병농임업(agroforestry) 시스템을 도입하여 1년 후 다른 수익 작물들과 혼합 재배하는 방식을 모색하고 있습니다.

③ 친환경 비료제작교육과 두덕 만들기 교육

소득증대 사업의 하나로 추진된 채소농사는 생산성 증대를 위한 농부필드학교에서 작물재배교육이 실시되었고, 그 성과는 높은 것으로 나타났다. 씽골리마을의 채소농사는 2017년 1헥타르의 면적에서 6명의 주민과 함께 채소재배를 시작한 이후 2018년에는 면적이 3헥타르로 늘어나 27명이 참여하게 되었으며, 2019년에는 5헥타르로 확장되어 40명이 함께 채소농사를 하면서 참여자의 수는 계속 늘어났다. 그 이유는 채소농사가 시장에 내다 팔면서 가계소득이 증가하고 필요시 지출할 수 있는 현금을 확보하는 것을 경험하면서 증가하게 된 것이다. 2020년에는 10헥타르에 79가구가 참가하였다. 각 가구는 약 1,000~1,500㎡의 채소밭을 경작하였다.

채소농사로 인한 씽골리마을 농가소득은 처음 시작하던 2017년 판매 수익은 약 60만 원에 달했다. 그러나 채소재배 기술과 경험이 부족한 상황에서 추가적인 영농교육이 필요하다는 점이 분명해졌다. 이를 위해 천연퇴비를 조성하고 경험을 축적하는 노력을 하였다. 채소의 생산성 향상을 위해 2019년 청년회 회원들을 중심으로 채소농사를 위한 씽골리 친환경비료제작 교육을 실시하였고 전문가의 파견으로 퇴비제조 및 활용법, 천연 병충해 방제법, 이랑조성법의 세 가지 교육이 실시되었고 거의 모든 가구가 교육에 참여하였다. 퇴비 제조 및 활용법에 대한 교육이 퇴비장에서 실시되었고 76명이 교육에 참여하였다. 교육의 주요 내용은 친환경 유기재배에 있어 퇴비의 중요성을 강조하며, 50㎝ 풀, 계분, 소똥을 층으로 쌓아 2개월 후 사용 가능하게 하는 것이었다. 천연 병충해 방제법에 관한 교육으로 채소농장에서 실시되었고, 독초를 활용한 방제법에 대해 마을 주민 76명이 교육을 받았다. 이랑조성법교육은 채소농장에서 실시되었고 76명이 교육에 참여하였다. 주요 내용은 작물 재배를 위한 이랑 조성 방법, 높이와 거리 조절 등의 실습까지 포함되어 있었다. 2019년 채소농사를 위한 농부필드학교 교육이 성과가 가시적이고 즉각적으로 드러났다.

씽골리 친환경 비료제작 교육   씽골리 친환경 비료제작 교육   씽골리 친환경 비료제작 교육

씽골리 친환경 비료제작 교육   씽골리 친환경 비료제작 교육   씽골리 친환경 비료제작 교육

　청년회 회원들은 더욱 적극적으로 판매가격을 높이 받을 수 있도록 친환경 농산물 생산을 요청하였고 전문가의 파견으로 친환경 비료 제작 교육이 실시되었다. 주요 교육과정은 친환경 비료 제작 기술 교육, 액비 제작법교육, 토질 개선 방안에 관한 교육과 토질 개선 방안으로 구성되었다. 친환경 비료 제작 기술 교육은 채소재배장에서 채소재배 조합원 77명이 참여한 가운데 새마을재단의 지원으로 전문가가 파견되어 교육을 실시한 것이다. 친환경 비료 제작 교육은 단순화된 퇴비 제작 기술, 마을 및 주변에서 쉽게 구할 수 있는 재료 사용법, 여러 종류의 풀, 땅콩 줄기, 계분, 목탄재 사용법을 교육하였다. 그리고 액비 제작법 교육은 밭 주변 풀을 사용하여 7일간 발효 후 사용할 수 있는 액비 제작 방법을 교육하였다.

퇴비교육	천연 살충제 제조	퇴비교육

토질 개선 방안교육은 주변 환경을 활용하여 토질을 개선하는 방법에 대한 교육으로 밭 만드는 법을 교육하였다. 구체적으로 반듯한 두덕을 쉽게 만들기 위한 교육으로 두덕을 매번 다시 만들지 않고, 한번 만들어 지속적으로 유지하며 사용하는 방법을 교육내용으로 실시하였다. 이와 같은 활동은 지역 사회의 농업 기술 향상 및 친환경적인 농업 실천을 촉진하는 데 기여하고, 참여자들의 역량 강화를 위한 중요한 기회를 제공하게 된 것이다.

씽골리 채소재배장	씽골리 두덕 만들기 교육	씽골리 두덕 만들기 교육

씽골리 두덕 만들기 교육	씽골리 두덕 만들기 교육	씽골리 두덕 만들기 교육

채소재배 교육 후 참여 주민들은 연수를 통해 자신이 배운 것과 자신의 소감을 발표하고 농사를 하는 과정에서 겪게 되는 어려움과 문제점을 농민으로서 경험을 공유하는 기회를 따로 만들어 공유하고 있었다. 이런 과정을 통해 농민들은 농사기법에 대해 상호 배우고 가르치는 기회를 만들어 농민들이 상호 가르치는 교육장으로 현장 농사현장을 활용하였다. 바로 이런 방식이 농민농업학교를 작동시키고 처음 시작은 전문가에 의해 교육이 실시되고 이후 수시로 농업전문가의 컨설팅을 받았고 이런 교육과정에 참석한 농민들은 자신의 교육경험을 다른 농민들에게 전수하는 기회를 수시로 가짐으로써 씽골리마을의 채소재배는 더욱 확장되고 참여 농민의 수가 급증하게 된 것이다.

▌채소재배교육과 퇴비제조 및 두덕 만들기 연수참여 후 농민들의 소감발표
새마을교육: 생존농업을 상업영농으로 전환
연수소감 발표 및 주민들과의 공유
일 시: 2019년 5월 23일(목) 09:00~11:00
장 소: 마을공터
참석자: 마을주민 100여명, 자문위원, 사무소장

주요내용

▸ 연수소감
(사진 1: 교육 진행 중 강사의 강의 모습)
이번 교육에서는 전통방식이 아닌 신 재배기술에 대해 배울 수 있었으며, 주민들과 함께 이를 적용해 볼 계획입니다. 특히, 퇴비를 쉽게 제조하는 방법을 알려주셔서 감사하다는 말씀을 드립니다. 이 교육은 매우 유익했으며, 이러한 기회가 자주 있었으면 좋겠습니다. 그러나 교육기간이 짧아 실제로 심고 가꾸는 과정을 함께 경험해 보지 못한 점이 아쉬웠습니다.

▸ 질의응답
(사진 2: 주민들과의 질의응답 시간)
Q. 채소재배 시 이식, 정식 과정을 거치면 재배기간이 길어지는 것이 아닌가요?
A. 재배기간은 길어지지 않지만, 수확량이 많아집니다.
Q. 퇴비를 만들어봤지만, 사용 방법을 배우지 못했습니다.

A. 두덕을 만들기 전에 퇴비를 뿌려 섞어 사용하고, 추비는 작물 사이에 넣어줍니다. 계분은 흙과 섞어서 사용하세요.

Q. 만든 퇴비장이 말라거나 잠겼는데, 이 상태로 괜찮은가요?

A. 그럴 경우 괜찮을 것으로 생각되지만, 잘 숙성되고 있는지 수시로 온도 체크가 필요합니다.

Q. 전통적으로 작물 성장에 따라 두덕을 계속 올렸는데, 그대로 두어도 되는지요?

A. 두덕은 더 이상 올리지 않아도 됩니다.

Q. 마을에서 한국종자 토마토를 심을 수 있는지요?

A. 가능하나, 한국과 기후가 다르기 때문에 잘 자랄지는 불확실합니다. 참고로 탄자니아에서는 실패한 사례도 있습니다.

▸ 건의사항

(사진 3: 교육 중 건의사항을 메모하는 주민들)

교육기간이 짧아 상세하게 배우지 못한 점이 아쉬웠습니다. 한 사이클의 재배를 한국의 전문가와 함께 돌아보는 기회가 필요하다고 생각합니다.

▸ 개인 소감

(사진 4: 참가자들과의 기념사진)

씽골리마을 주민들의 적극적이고 배우고자 하는 의욕이 넘치는 모습이 인상 깊었습니다. 개인적으로 하나라도 더 가르쳐주고 싶은 마음이 커졌습니다. 퇴비용, 재배용 농기구가 잘 갖추어진다면 효과적인 작업이 가능할 것 같습니다. 특히 손작두, 다바 등의 도구가 더 필요하다고 느꼈습니다. 여건이 된다면, 작물 재배 기간 동안 현지에 머물면서 그때그때 재배기술을 전수할 수 있기를 희망합니다.

이 자료는 마을 주민들에게 교육의 효과와 필요성을 강조하며, 향후 농업 기술 향상을 위한 지속적인 협력의 필요성을 나타냅니다. 각 섹션에 적절한 사진 자료를 배치하여 생생한 분위기를 전달할 수 있다.

| 교육종료 기념사진 | 연수소감발표 & 질의응답 | 농업교육 오리엔테이션 |

3 농산물 가공품 사업

씽골리 지역 농업 및 가공 활동 사업은 농산물 생산 증가와 마케팅을 통한 판로개척으로 가능하게 된 것이다. 주민들은 식량을 조달하기 위해 카사바와 얌을 주식으로 재배하던 농사에서 채소작물을 재배하고 이를 시장에 내다 팔면서 가계소득이 증가하는 경험을 하게 되었다. 그리고 농업 수확물을 가공하여 시장에 내다 팔고 수익으로 연계할 수 있는 방법을 제안하게 되었다. 이 과정에서 씽골리 부녀회와 청년회가 함께 논의하고 방법을 제안하였다.

농산물 가공사업은 카사바를 원료로 아체케를 생산하는 것이었다. 아체케는 코트디부아르 국민들의 식사로 주로 사용되는 것으로 카사바를 주재료로 만들어진 가공품이다. 씽골리마을 주민들은 아체케를 브랜드화하자는 제안을 하였다. 이들은 이미 새마을교육을 통해 채소를 재배하여 시장에 내다팔아 현금을 버는 것을 경험하였고, 이때 얻은 경험과 공동작업 공동생산으로 공동판매를 통해 수익을 분배하는 현금수익창출을 익히고 있었던 것이다. 씽골리 주민들은 농산물 가공품 판매에 채소농사 수확물 파는 것과 동일한 방식으로 수익창출을 제안하였다. 카사바를 가공하여 아체케를 생산하고, 아비장까지 판매할 계획을 세우고 이 과정은 부녀회가 공동으로 작업하여 공동판매하는 방식을 추진하고자 하였다. 이 과정에 부녀회 회원들이 한데 모여 함께 작업하고 공동으로 생산해낼 수 있는 공동작업장이 필요하게 되었고 공동작업장 운영에 관한 체제도 함께 논의되었다.

씽골리 지역의 공동작업장 운영 결과는 2020년 수익: 405,400 CFA, 2021년 수익: 645,075 CFA, 2022년 수익: 830,000 CFA로 농산물 가공품 사업을 시작한 2020년부터 급격히 증가하는 추세였다. 부

녀회에 의한 아체케 판매 실적은 2020년 판매 수익: 25,650 CFA, 2021
년 판매 수익: 174,900 CFA, 2022년 판매 수익: 484,000 CFA로 증가
하였다.

　아체케 생산 과정을 보면 아체케는 카사바를 가공하여 만든 음식
으로, 지역주민들이 스스로 방앗간을 운영하며 기계를 사용하여 공동
가공장을 설치하고 생산에 참여하였다. 아체케 가공품이 생산된 초기
에는 가구별로 생산하였으나, 현재는 협동으로 공동 생산하고 있다.
생산 과정은 먼저 공동으로 카사바를 재배하고 수확된 카사바로 아체
케 생산하여 시장에 내다파는 것이었다. 이 과정에서 씽골리의 아체케
는 지역 내에서 맛집으로 알려지고 6시간 정도 거리에 있는 경제수도
아비장까지의 판매되고 있다.

　아체케의 공동생산 공동판매는 부녀회 주요 소득사업이 된 것이었
다. 씽골리 부녀회는 45명으로 구성되어 있으며, 카사바 가공품을 수
작업으로 가공하여 자가소비하고 남은 잉여생산물을 시장에 판매하여
양호한 판매 수익을 올리고 있는 것이다. 새마을사업의 일환으로 가
공 작업장(카사바 방앗간)을 건립하고, 분쇄기계를 구입하여 대량생산
이 가능해졌다. 가공장 건립에는 마을주민 30명이 참여하였으며, 주
변 환경 정리 작업도 스스로 진행하였다. 전기 및 수도 시설 등의 설치
가 남아있지만, 본격적으로 가동되면서 소득증대에 기여하였다. 분쇄
기의 용량이 커서 인근 마을주민에게 개방할 경우, 이용료 수입도 발생
할 것으로 예상이 된다. 이러한 교육 및 가공 활동들은 씽골리 주민들
의 농업 기술 향상 및 경제적 자립을 위해 매우 중요한 기반이 되었다.

카사바 가공 작업장(아체케)

카사바 방앗간

카사바 분쇄기

아체케 건조장

아체케 공동작업

아체케 건조

카사바 껍질 제거

아체케 농산품 브랜드화는 부녀회의 주요 소득사업이 되었다. 부녀회 소득사업으로 아체케를 만드는 것은 부녀회가 공동으로 생산하고 공동으로 판매하고 공동수익을 분배하는 형식으로 추진되는 것이었기 때문에 아체케 생산을 위한 공동작업장이 우선 만들어져야 했다. 공동작업장을 만들기 위한 예산은 총 720만 원으로 추산되었으며 새마을재단과 씽골리마을이 함께 기여하기로 하였다. 마을이 360만 원을 투입하고 새마을재단이 360만 원을 지원하였다. 공동작업장이 완성된 후 사업 내용은 제품으로 카사바 가공품을 만들고 참여 인원은 부녀회 45명이 수작업으로 가공하여 생산하였다. 아체케의 판매를 통해 수익이 발생하였다. 시장 반응은 맛이 좋다는 소문으로 시장 판매 시 수익이 양호하였다.

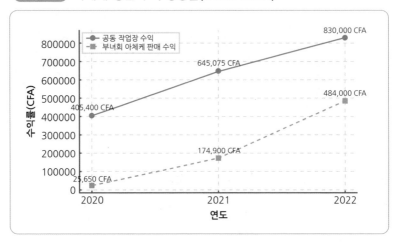

그림 9-3 아체케 생산 수익 성장률(2020-2022)

10

마을(생활)환경 개선

마을환경개선 사업은 마을환경정화 및 생활환경개선이라는 사업
목표를 동시에 포함하고 있는 것으로 마을환경개선사업으로 일원화하
고 있다. 마을환경개선 사업은 다양한 사업을 포함한 것으로 마을회관
건립, 마을 안길 정비, 현대식 화장실 건축 및 화장실 정비, 물수로 정
비, 마을진입로 정비, 놀이터 조성 등의 세부사업이 추진되었다.

1 마을회관 건립

마을회관 건립은 주민들의 숙원사업이었을 뿐 아니라 지방정부의
숙원사업으로 추진되게 되었다. 새마을시범마을조성사업에 대한 씽
골리마을 주민들의 니즈와 전문가에 의한 수요조사에서 마을회관 건
립을 환경개선 및 정비사업 중 최우선 순위 사업으로 추진하였다.

① 마을회관 건립 추진방안

마을회관 건립은 마을과 주민들의 다양한 니즈를 복합적으로 충족
시키게 된다는 점에서 주목받았다. 마을회관의 준공으로 주민들이 모
일 수 있는 공간이 생기고 자연스럽게 주민들의 의견이 모아지고 마을
회의를 할 수 있었다. 마을회관은 주민들의 의견과 의지를 모을 수 있

는 공간으로 중요한 의미를 갖는 장소가 된 것이다. 또한 마을회관의 완공으로 단지 건축물의 설치만이 아니라 마을회관을 사용하는데 부수적으로 정비되어야 할 마을 환경개선이 요구되었다. 마을회관이 준공됨에 따라 진입로 정비와 마을 안길 정비 등 환경개선이 필요하게 되었다. 그리고 회관의 활용도를 높이기 위한 추가 시설이 필요하게 되었다. 회관 주변 및 마을 길의 환경 미화 작업이 필요하고 주민 참여를 유도하여 공동체 의식을 강화하고, 마을환경을 쾌적하게 유지할 수 있는 방안을 마련하도록 했다. 이상의 제반사항들을 해결하기 위해 주민들은 몇 가지 제안을 했고 그 사항은 세 가지로 요약될 수 있다. 첫째, 재정 계획으로 마을회관 공사에 소요되는 예산을 확보할 수 있는 방안을 마련하고 새마을재단의 지원과 정부 보조금, 기부 등의 재원확보 방안을 수립하였다. 둘째, 주민 참여 활동추진으로 마을회관 건설 과정에 주민들이 직접 노동력을 제공하고 건축의 전과정에 주민들이 참여함으로써 인건비를 지출하지 않아도 되는 사업비의 절감효과를 가져오기 위함이었다. 그리고 마을회관에 부수적으로 필요한 마을환경 개선을 위한 노동에 직접 주민들이 함께 참여할 수 있는 환경 정화 활동 및 가공품 생산 워크숍을 개최하였다. 셋째, 지속 가능한 관리 방안을 마련할 필요성이다. 마을회관의 건립이 시설의 확보가 아닌 주민들에 의해 다양한 목적을 충족할 수 있는 시설로 활용되기 위해 정기적인 시설 점검 및 유지 관리 계획 수립을 포함하는 것이었다. 이러한 방안들을 통해 부녀회와 청년회 등에서 추진하고 있는 농업생산품 판매사업과 채소농사사업 등 소득사업의 지속 가능성을 높이고, 마을 환경을 개선하여 주민들의 생활의 질을 향상시킬 수 있을 것으로 기대되었다.

② 마을회관 건립 추진체제

마을회관 건립사업의 추진체제를 살펴보면 다음과 같다. 마을회관의 위치는 주민의 이용 편의성을 높이기 위해 접근이 용이한 마을 중심가에 부지를 정하여 건립하였고, 완공된 후 마을에서 새마을회관을 지속적으로 활용하고 관리할 수 있도록 마을 주민대표 등과 협약을 체결하였다. 이는 주민 참여를 통해 회관 건립사업을 추진하여 주인의식을 고취하도록 하기 위함이었다. 마을회관건립 사업의 추진 체계는 먼저 회관 부지를 확보하고 관련 기관인 시청과 협의를 거쳐 시청의 승인을 받은 후, 설계작업에 들어가고 설계 후 주민 설명회를 개최하고 시공업체를 선정하여 공사에 착공하였다.

그리고 주민들의 참여는 주민공동체에 의해 건축 시행 방법을 결정하고 2개 이상의 업체로부터 설계 및 공사비 견적을 받아 시공사를 선정하도록 하고 일반 인력은 마을주민을 대상으로 새마을사업 추진협의회에서 결정하도록 하였다. 그리고 건축과정에 소요되는 자재는 가능한 한 현지 자재를 사용하도록 하였다. 이러한 주민들의 참여와 함께 새마을재단의 지원 및 지역 정부는 마을회관 설계 및 건축 지원, 건축 인허가 및 부지 제공, 단순 노동력 제공 및 회관 운영 및 활용, 지속 가능 관리 방안을 지원하였다. 모든 과정에 주민들로 구성된 새마을 위원회를 중심으로 마을 공동자금을 조성하여 회관 운영 및 활용을 지속적으로 관리하도록 하였다.

③ 주민들의 공동노동과 참여

마을회관의 건립사업 목표는 주민공동체 공간 조성하는 의미를 갖고 있다. 마을회관의 완공을 통해 주민들이 함께 모여 활동할 수 있는 공간을 마련하고, 이를 잘 활용할 수 있도록 주변 환경을 조성하고자 하였다. 뿐만 아니라 마을회관은 다양한 용도의 회의 공간도 마련하였다. 마을회관 주변은 주민총회 및 직능별 조직의 회의장소로 활용되며, 외부 임차도 가능하여 마을 발전상을 보여주는 공동체 공간으로 조성하는 것이다. 따라서 마을회관은 마을 주민모두를 위한 공간으로 부녀자들과 아이들이 마을 공동체 사업 및 활동에 적극 참여할 수 있는 공간을 마련하여 공동체 의식을 배양하는 기능을 갖고 있다.

주민들이 직접 공사현장에서 건설과정에 노동력을 제공하여 마을회관이 건립된 것으로 주민들의 공동체 의식을 함양하고, 다양한 마을활동에 활용하였다. 처음 마을회관건립 사업은 당초 2개년 사업으로 계획되었으나, 2018년 4월부터 9월까지 반년 기간 동안 관리 부재로 공사가 중단되어 80%의 공정률에 머물렀다. 이로 인해 당초 계획한 2년 기간에 마을회관 건설이 완성되지 않고 사업이 중단되었고 이후 기자재를 확보한 후 공사가 재개되는 과정을 거쳤다. 그러나 그동안의 작업은 주민 참여를 통해 협동정신과 소속감을 제고하는 데 기여한 것으로 평가되고 있다. 아래의 사진은 건설현장에 참여한 주민들의 작업하는 모습과 마을회관 건설과정을 기록한 것으로 향후 주민의 참여와 공동체 의식을 강조하는 자료로 활용될 수 있을 것이다.

마을회관 건립

| 물 공급 | 콘크리트 타설 작업 | 자재 운반 |

청년들은 마을회관 공사과정에 기초 콘크리트 양생 작업을 담당하고 일자별로 공사 참여 일지를 만들어 참여 인원을 체크하면서 청년들의 참여를 서로 독려하였다. 또한 청년회는 철근 골조 용접을 담당하기로 하고 기술을 갖추지 않았던 씽골리마을 청년회는 마을 청년들이 건축 기술자로부터 용접 기술을 배우도록 하였다. 부녀회는 여성들이 공사에 직접 참여하기 어려워 그들의 상황에 맞는 노동력을 제공하는

방식으로 콘크리트 작업에 필요한 물을 공급하는 역할을 담당하였다. 부녀자들이 참여하여 물탱크에 물을 이어 나르며 공급하였다. 회관 건설에 필요한 벽돌도 주민들이 직접 생산하였다. 주민들은 건축용 벽돌을 직접 생산하는데 참여하였다. 이러한 사업추진과 주민참여는 마을공동체의 결속력을 높이고, 지속 가능한 발전을 위한 기초를 마련하는데 큰 기여를 하였던 것으로 평가되었다. 주민참여 내역과 작업 구분은 다음의 〈표 10-1〉에 요약되어 있다.

표 10-1 마을회관 건설 주민참여 내역

작업 구분	주민 참여 내용	비고
기초 콘크리트 양생작업	청년 참여	일자별 공사 참여 일지를 만들어 참여 인원 체크함
물탱크 물 공급	부녀자들 참여	
철근 골조 용접	마을 청년들이 건축 기술자로부터 용접 기술을 배울 수 있는 기회를 제공 받음	
건축용 벽돌	주민들이 직접 벽돌 생산에 참여함	

④ 마을회관 건설 현황

마을회관 건설과정과 현황을 다음과 같이 요약할 수 있다. 먼저 마을회관 건립이 결정되고 주민들은 회관건설을 위한 업체를 선정하고 공사 개시하였다. 건설업체는 3개 업체의 비교 견적을 통해 선정 후, 2년의 사업기간으로 2017년 11월에 공사를 시작했다. 공사진행은 2018년 3월 기준으로 공정률은 55%이며, 면적은 720㎡로 대회의실과 12개 회의실, 작업장, 외부 주민 체육시설, 화장실 등을 포함하였다. 특히 건설과정에 필요한 전문기술을 갖춘 전문인력이 필요하였으나 공사비용으로 지불하기보다 청년회에서 직접 필요한 각종 기술을 익히도록 청년 직업 교육을 제공하고 교육훈련 후 마을회관 건설에 직접 투입되었다. 청년회는 마을 청년 4명을 선정하여 용접, 벽돌 생산 등의 직업 교육을 실시하며, 이를 통해 마을 주민의 노동력을 활용하였다.

마을회관 건설과정에 참여하는 주민은 4개 그룹으로 각 그룹당 10명이 번갈아 가며 공사를 지원하였고, 작업 내용은 시멘트 배합, 벽돌 제조, 콘크리트 타설, 지반 다지기, 물 깃기 등이었다. 주민들이 공동노동으로 참여하여 마을회관 건설은 주 6일 작업으로 진행되고 청년 10명이 건축기술교육 수강하여 기술을 습득하고 공사에 참여하였다. 주민들의 참여노동력을 환산한 금액은 일일 10명씩 참여하고 주 6일기간에 걸쳐 16주 기간동안 참여하였고 인건비는 일당 4,000원으로 총 주민참여 노동력은 384만 원으로 전체 예산의 약 3%를 차지하였다. 씽골리마을은 주민들의 노동력뿐만 아니라 마을회관 부지를 제공하였고 1600만원 상당의 토지구입비용을 기여한 것이다. 토지제공과 노동력 제공이 2천만 원으로 씽골리마을이 마을회관 건설에 2천만 원을 제공한 것으로 계산된 것이다. 그리고 전기 및 수도료는 마을 주민 부담으로 협의하였다. 공사진행의 모든 상황은 마을회관 공사일지에 모든 것이 기록되어 주민들 가운데 노동력 제공자가 몇 명이고 참여한 날짜와 제공 노동력을 기록하고 있었다.

마을회관 건설 예산은 새마을재단이 예산 총액의 86%를 지원하고 씽골리마을이 14%를 지원하였다. 마을회관 건설 예산 총액은 약 1억 5천만 원으로 이 가운데 씽골리마을이 약 2천만 원을 지출하고 나머지는 새마을재단이 지원하였다. 사업기간은 2018년과 2019년에 걸쳐 진행되었으며 총 면적은 720㎡이다.

마을회관 건립

마을회관(건설중)

마을회관 완공

완공 마을회관 현재 전경

마을회관 건설 프로젝트는 물리적으로 마을회관이라는 가시적인 건물의 완공보다 주민공동체를 형성하려는데 더 큰 목적을 두었다. 주민들이 함께 모여 소통하고 협력할 수 있는 기반이 되는 시설을 구축하고 주민들이 마을공동체 활동이 가능하게 만들기 위한 것이었다. 마을총회, 직능별 조직 등 주민 회의 장소로 활용하고 교육 및 정보를 제공하는 교육의 장소이자 주민들이 상호 필요한 의견을 교환하고 일상생활의 지식과 정보가 교환될 수 있는 공공장소의 개념도 강했던 것이다. 마을회관은 아동, 보건, 건강, 기술, 생활, 문화 등 다양한 주제에 대한 교육과 정보 제공을 위한 장소로 활용되었다. 이런 목적을 구현하기 위해 마을회관은 대형 회의실, 부녀회와 청년회 등 주민활동그룹의 조직 사무실, 탁아소, 구판장, 태권도 교육장, 문해교실 등을 구비하고 농업 생산품 저장이 가능한 복합 시설로 활용될 수 있도록 하였다. 마을회관은 2019년 11월에 완공되었다.

마을회관 부대시설 설치

마을 구판장

문해 교실

2 마을 안길 정비 및 쓰레기 하치장 설치

마을 안길 정비사업은 썽골리마을 진입로를 정비하는 사업으로 마을로 들어가는 진입로를 고르고 다지며, 안전한 접근성을 확보하려는 목적의 사업이다. 진입로 정비는 중장비를 사용하여 마을진입로를 넓히고 고르며, 다지는 작업을 진행하였다. 이렇게 정비된 마을길은 마을의 진입로뿐만 아니라 마을 안길까지 정비하고 관리하는 활동까지 포함하는 것이었다. 마을길은 주민들이 관리하는 사업으로 마을 주민들이 주기적으로 도로를 관리하도록 하여 지속적인 관리체계를 마련한 것이다.

또한 마을 안길 정비사업은 단순히 도로 상태를 정비하고 길을 고르고 다지는 것만이 아니라 도로주변에 나무심기를 하였다. 마을환경 정비 사업으로 나무 심기는 마을 도로 주변에 나무를 심어 환경을 미화하고, 기후 변화에 대한 인식을 높이는 목적도 있었다. 나무 심기사업을 추진하기 위해 묘목을 구입하고 식수를 위한 묘목을 구매하여 환경 조성에 기여하고자 하였다. 나무심기사업은 식수를 통해 마을 도로와 회관 주변에 나무를 심어 환경을 미화하게 되었다. 나무심기는 특히 마을 행사 개최와 긴밀하게 진행되어 4월 22일 새마을의 날을 기념하여 마을주민들이 1가구당 1 그루씩 식수 활동을 진행하고, 1년 후 가장 잘 관리한 가구에 상품을 수여하는 것으로 진행하였다.

쓰레기 하치장 설치 사업은 마을환경개선 사업으로 추진되면서 사업 목적은 마을 내 4개의 쓰레기 하치장을 설치하는 것이었다. 사업 기간은 2021년 4월부터 12월로 9개월에 걸친 사업이 추진되었다. 사업참여대상은 마을 주민 전체로 총사업비는 8,000 USD 소요되었고 사업 내용은 쓰레기 하치장 설치 및 운영을 내용으로 하였다. 마을 안

쪽 길에 쓰레기 하치장을 설치할 때 퇴비장도 함께 설치하여 퇴비 제작과 작물 재배에 활용할 수 있도록 하였고 마을 발전위원회에서 각 쓰레기 하치장에 책임자와 관리 그룹을 지정하여 관리하였다.

마을 안길 정비와 쓰레기 하치장 설치는 주민들의 청결한 생활환경을 조성하려는 노력이다. 관련된 주민조직과 공동체의 활동은 주민들이 자율적으로 마을청소를 하기로 정하고 마을 청소는 매주 1회 수요일에 이루어지고 있다. 쓰레기 하치장이 설치된 초기에는 여전히 주민들이 마을 숲의 구덩이에 모든 쓰레기를 버리는 상황이 발생하고 있어 쓰레기 분리수거 및 재활용이 전혀 이루어지지 않는 어려움이 있었다. 그러나 이때 주민조직이 적극적으로 나서 마을청결과 쓰레기 하치장 사용에 대한 계몽과 마을청소에 참여하도록 함으로써 쓰레기를 마을 구석구석에 버리는 관행은 줄어들었고, 친환경 재배기술 교육을 통해 주민들은 환경 보호 및 재활용(퇴비 제작)의 중요성을 깨닫게 되었다.

3 물관정 및 관수시설 설치

씽골리마을이 농업을 하면서 어려움을 겪었던 것은 물을 지속적으로 농사에 사용할 수 없었기 때문이다. 물을 제공하는 것, 물을 필요시에 사용할 수 있는 것은 씽골리마을 주민들의 숙원 사업 중의 하나였다. 인근 시장에서 채소가 고가에 판매되고 있으나, 공동농장의 농업용수 부족으로 건기 시 재배에 제약이 있었다. 당시 씽골리 주민들은 농업용수를 사용하기 위해 소규모 웅덩이를 파고 웅덩이 물로 채소를 재배하고 있으나 물 부족 및 토사 유입 등으로 문제가 발생하여 관정을 통한 우물 설치 및 관수 파이프로 농수를 공급함으로써 연중 생산이 가능하였다. 채소농사 등 농업에 관정 설치 및 관수로를 설치함으로써 고소득 작물 발굴 및 재배법 교육을 통해 주민 소득을 올릴 수 있도록 유도하였다. 관수시설 설치가 가능한 농장을 조성한다는 목표를 수립하고 추진되었다. 이 사업을 통해 씽골리마을 공동농장에 설치된 관수시설은 지역 주민들에게 안정적인 농업용수를 공급하며, 생산성을 높이는 데 기여하였다.

주민들의 일상생활에 물을 공급하는 것은 일차적으로 물저장탱크를 설치하는 것이었다. 물저장탱크는 마을의 중앙에 물탱크 관정을 설치하고 농장으로 물을 공급하는 관수시설을 설치하는 2차적 사업까지 포함하여 추진되었다. 관정 및 관수시설 설치 사업내용은 2018년부터 시작하여 2019년까지 계속되었다. 사업 대상지는 씽골리마을 공동농장으로 관정 1개소, 물탱크 및 급수시설 설치하고 적용 범위는 10ha에 이른다. 사업추진 비용은 새마을재단이 관정, 물탱크 설치, 관수시설 설치비용을 지원하고 지역정부 및 마을은 건축 인허가, 부지 제공, 단순 노동력 제공 및 관수시설 운영과 활용을 지원하였다.

사업의 추진 전략은 첫째, 관수시설을 설치하고 둘째, 생산단체와 협약을 체결하고 셋째, 주민참여 전략을 수립하였다. 관수시설을 주민들이 직접 이용할 수 있는 농지에 설치하여 실질적인 도움이 되도록 하였다. 그리고 생산단체와 협약하여 완공 후 생산단체가 시설을 지속적으로 활용하고 관리할 수 있도록 하여 책임감을 증진시켰다. 그리고 주민들이 직접 관수시설의 설치 과정에 참여하여 주인의식을 고취하고, 프로젝트에 대한 긍정적인 태도가 확립되었다.

사업의 추진 절차로는 먼저 사업을 위해 관정을 설치할 위치를 선정하고 설계 후 주민 설명회를 개최, 시공업체 선정, 착공, 준공의 단계로 진행되었다. 관리비는 주민 단체와 협의하여 부담하도록 하였다. 그리고 건축 시행은 두 개 이상의 공사 업체로부터 설계 및 공사비 견적을 받아 최적의 시공사를 선정하였다. 그리고 공사 인력은 생산단체를 대상으로 새마을사업 추진 협의회에서 결정하였고 자재는 가능한 현지 자재를 사용하여 지역 경제에 기여하려는 의도를 갖고 진행하였다. 추진된 사업의 관리는 생산단체의 책임 아래 관수시설의 운영 및 유지보수를 수행하면서 지속가능하도록 하였다.

또한, 물관정 및 물수로 설치를 하면서 물과 관련된 주민들의 가정 생활환경 분야의 문제를 파악하고 대안으로 상수도 설치 사업을 추진하였다. 상수도 시설이 부족하여 먼 거리에 물을 길어다 먹던 상황에서 상수도 설치는 정부 차원의 인프라 보급이 필요한 분야였다. 그러나 정부에 의한 상수도 보급은 개별 가정이 상수도 설치 비용을 지불하여야 해서 실제 참여하기가 어려운 처지였다. 열악한 환경으로 인한 건강 위험은 식수 문화 및 가구 형태 변화가 요구되어 새마을시범마을 사업으로 추진된 것이다.

관수탑

4 화장실 개선

화장실 개선사업은 마을주민의 위생 개선을 목적으로 추진되었다. 사업 기간은 2021년 4월부터 11월까지 8개월에 걸쳐 이루어졌다. 마을주민 전체가 사업 대상으로 총사업비는 4,000 USD가 소요되었다. 화장실 개선사업을 추진되게 된 배경은 마을 내에서 위생적인 화장실을 갖춘 가정이 극소수에 불과하여 주민들의 위생청결이 문제로 제기되고 주민들에 의해 오랫동안 요구되어온 사업이기 때문이다. 따라서, 화장실 개선사업은 주민들의 위생적 환경을 개선하는 데 중요한 역할을 했다.

① 화장실 개선사업

화장실 개선사업은 마을회관 건립과 같은 방식으로 주민들의 참여와 노동력 제공으로 추진된 사업이다. 주민들은 화장실 공사를 위해 전문가에게 공사 방법을 배우고, 1개 모델을 시공한 후 주민들이 나머지를 자체적으로 공사할 수 있도록 지원되었다. 새마을재단은 마을회관 건설 때 처럼 공사 방법 습득을 위해 필요한 기본 자재와 전문가의 자문을 제공하였다. 화장실 정비사업은 화장실 공사를 하는 것과 실제 화장실 사용 및 유지관리에 대한 교육을 포함하고 있다. 각 가정에서 화장실을 관리하도록 하며, 초기에는 사용법에 대한 교육을 실시 하였다. 이 두 사업은 마을 주민의 생활 환경을 개선하고, 위생 및 재활용 문화를 확산하는 데 기여하였다.

2021년 화장실개선 사업이 착수되기 전에 마을 주민들을 위해 공동 화장실을 설치하였다. 주민들, 특히 부녀자와 아동들이 덤불숲을 화장실로 이용하면서 뱀에 물리는 등 위험에 노출되어 있어 공중화장실의 설치가 긴요한 상황이었다. 따라서 화장실을 개별 가정에 공사하는 사업 전에 공중화장실을 설치한 것이다. 마을회관 주변에 공동 화장실을 설치하여 주민들과 아이들이 공동체 활동 시 편리하게 사용할 수 있도록 하였다. 공동 화장실 위치 선정은 마을 중앙에 위치한 마을회관 인근에 공동 화장실을 만들어 주민들이 쉽게 접근할 수 있도록 하고 관리가능한 시스템을 만들었다. 주민들이 돌아가며 화장실 관리를 하도록 하여 마을 연대 의식을 높이고, 공공시설 사용에 대한 책임감을 배울 수 있도록 하였다.

화장실공사는 마을주민들의 자발적인 노동력 제공과 새마을재단의 자재를 지원하는 방식으로 추진되었다.

화장실 건설 지원 자재

화장실 건설 전   정화조 설치 중   화장실 건설 작업

② 2차 화장실 사업

화장실 사업은 공용화장실 사업으로 진행되었으나 이후 씽골리 주민조직에 의해 화장실 추가설치에 대한 지원요청이 있었다. 그래서 새마을재단의 검토가 이루어지고 화장실 설치를 추가 지원하기로 하여 2023년 화장실 사업이 2차로 추진되었다. 화장실 사업은 공중화장실 사업으로 시작하여 7개동 개별 가정에 가정 화장실 공사를 지원하였다. 그러나 사업 종료 후 주민조직은 화장실 사업의 지속적인 추진을 요청하여 2차에 걸쳐 추진하게 된 사업이다. 새마을 시범마을조성사업이 종료된 2022년 이후 씽골리마을주민들로부터 화장실 30개동 건설 및 운동장 조성 지원을 요청받았다. 새마을재단은 주민들의 요구를 검토한 결과 개별 가정 화장실 모든 가정에 필요성과 타당성이 인정되어 화장실 30개동을 지원하기로 결정하였다.

씽골리마을 전체에 정화조가 있는 화장실은 7개에 불과하여 거동이 불편한 노약자 및 여성들은 화장실 사용에 불편함을 겪고 있으며 제한적인 화장실의 수로 인해 많은 노상배변이 발생하여, 그동안 주민들에 의해 추진되어온 마을 안길 정비 및 길거리 청소 등 청결유지관리에 어려움이 발생하고 있다는 점이 지적되었다. 노상배변으로 인한 마을 위생 저하를 방지하고 그에 따른 수인성 질환 감소 기대 및 마을 주민들의 화장실 이용 편의성 증진을 목적으로 새마을재단은 2차 화장실 사업을 지원하게 되었다.

2차 화장실 사업은 2023. 11월과 12월 약 2개월에 걸쳐 완공되도록 계획되었고 새마을재단은 화장실 건설 자재를 지원하고 주민들이 공사에 노동력을 제공하였다. 2차 화장실 정비사업의 추진경과는 먼저 주민들의 화장실 정비사업이 추가 가정에 설치될 수 있도록 주민들의 요청서가 접수되었고, 새마을재단의 검토 결과 건설자재를 지원하기로 결정하여 화장실사업예산 8,944,990 CFA를 지원하였다. 재정지원을 받아 씽골리마을 2차화장실 사업 추진팀은 화장실 자재를 공급 계약을 하고 주민들은 화장실 자재를 수령하여 주민들의 공동참여로 공사를 진행하였다. 2차 사업은 30개 동을 요구받았으나, 예산의 제한으로 20개동을 건설하기로 하였다. 씽골리에서 필요한 30개동 화장실 중 20개동 분량의 자재를 지원하였으며 마을 주민들의 자발적 참여로 마을 공동 화장실 20개동 설치 공사가 추진되었다. 추후 당초 목표인 30개동 완공을 위해 주민 자부담을 통해 10개의 추가 공사를 진행 예정이었으나, 20204년 새마을재단에 의해 남은 10개동의 자재가 지원되기로 정해졌다. 새마을재단이 추가 10개동의 화장실 건설자재를 지원하게 된 것은 평가에 의해 주민들의 자발적, 적극적인 사업 참여를 통해 씽골리마을에 성공적인 새마을 정신이 정착되어 작용하는 것을 확인하였고 주민들의 새마을정신이 착근되었다는 평가에 따른 것이다.

화장실 건립

5 야외 놀이터 및 운동장 조성과 태권도 교육사업

씽골리마을의 새마을시범마을조성사업을 추진하는 과정에 아이들이 안전하게 놀 수 있는 공간 마련에 대한 필요성이 제기되었다. 새마을시범마을조성사업에 참여는 마을의 전 주민을 대상으로 하고 있으며, 여성들의 참여가 소득증대사업에 핵심적인 요소가 되고 있지만 실제 부녀자들의 참여는 전통적인 부녀자들의 역할 등 여러 가지 요건으로 제약되었다. 그러나 부녀자들은 아동을 양육하고 가사일을 전담하는 등의 전통적인 역할을 넘어서 공동작업장에서 아체케 농산품을 만들어 판매함으로써 소득을 확보하기 위한 노동력을 제공하게 되는 공동작업에 참여하였다. 이 경우 아이들의 보살핌에 대한 부녀자들의 필요와 아동들의 돌봄에 대한 니즈로서 마을에 야외놀이터 사업을 추진하게 하였다. 마을의 야외놀이터는 마을의 중심자리에 위치한 마을회관 앞에 그리고 부녀자들이 공동작업을 하는 공동작업장 앞에 위치를 선정하여 공동사업으로 추진되었다. 놀이터 조성 및 야외 운동장조성은 부녀자들이 공동작업에 참여할 수 있도록하고 마을 회의 등에도 참여할 수 있도록 하기 위한 목적도 있었다.

놀이터 조성과 놀이터 시설 설치는 마을회관 앞마당에 놀이터를 마련하여 어린이들이 안전하게 놀 수 있는 공간을 제공하고자 한 것이다. 놀이터 관리는 부녀회에서 맡기로 하였다. 부녀회는 이미 탁아소를 운영하고 있어, 놀이터 관리 역시 함께 맡는 것이 효율적이라는 의견에 따라 결정되었다. 새마을시범마을조성사업을 지원하는 새마을재단은 씽골리마을 사업을 시작하던 초기에 소득사업과 아동들의 안전과 복지에 지대한 관심을 두고 착수하였다. 이런 초기 사업의 비전으로 씽골리마을의 야외 놀이터와 운동장 조성은 미래의 희망을 모은 놀이터 조성이자, 개별가정의 아동들을 개별 육아에서 공동 육아로 전환하며, 온마을이 아이를 키운다는 생각이 자리 잡도록 하였다.

놀이터

야외 놀이터 조성은 2020년 7월에 착수하여 진행되었고 마을주민과 새마을재단 직원들의 참여로 씽골리마을회관 앞 공터에 조성하였다. 씽골리마을회관 앞 공터에 미끄럼틀, 그네, 시소 등 다양한 놀이시설을 설치하고 이를 통해 지역 아동들이 안전하게 놀이를 즐길 수 있는 공간을 마련한 것이다. 수혜 인원은 마을의 아동 총 50명으로 현재 놀이터를 이용하는 아동의 숫자로 추정되었다.

　　태권도 교육은 어린이 놀이터를 설치하면서 아동들의 교육을 위한 마을주민들의 관심과 이에 대한 새마을재단의 아동들의 신체단련과 체력증진을 위한 방안으로 실시되었다. 태권도 교육은 놀이터 설치 사업과 같은 시기로 2020년 3월부터 시작되었다. 태권도 교육은 현재까지 주 2회 실시되며 현지인 태권도 사범 2명이 교육을 진행하고 있다. 교육장소는 씽골리마을회관 내에서 마을 아동을 대상으로 태권도 교육을 실시하였다. 2023년까지 총 72회의 태권도 교육이 진행되었으며, 수혜 인원은 45명이었다. 태권도 교육을 통해 아동들의 한국 문화에 대한 관심을 높였고, 예절 교육과 체력 향상, 건전한 여가 활동을 할 수 있는 기회를 제공하였다. 또한, 현지 주민 50여 명도 함께 참여하여 지역주민들의 체력단련은 물론 주민들 간의 화합을 도모하는 역할을 하였다.

마을회관 태권도 교육

마을 내 놀이터 설치와 태권도 교육을 통해 지역 내 어린이들의 놀이시설 부재 문제를 해결하였으며, 부모들이 새마을사업에 적극 참여하는 등 긍정적인 반응을 보이고 있다. 또한 지역 내 우호적인 분위기를 조성하고 있으며, 아동들의 신체적, 정서적 발달에 크게 기여하고 있는 것으로 평가하고 있다.

2023년 주민들은 2023년 11월과 12월 두 달에 걸쳐 마을운동장 정비사업을 진행하였다. 새마을재단은 운동장 정비사업에 사업예산 2,095,000 CFA를 지원하였다. 기존 마을 아동들이 운동장으로 사용하는 부지가 있지만 땅이 고르지 못하고 비가 오게 되면 웅덩이가 생기게 되어 재사용에 많은 시간이 소요됨으로 이를 정비해 주민 복리증진에 기여할 것으로 판단하였다. 새마을재단의 장비 지원을 통한 마을 운동장 부지 평탄화 작업이 진행되었으며 주민참여를 통해 운동장 주변 환경 정돈 작업이 완료되었다.

표 10-2 사업 수행 일시와 세부 내용

일시	내용	세부 내용
2023.11.27.(월)	주민 요청 접수	주민 요청서 수령
2023.12.06.(수)	화장실 자재 계약	씽골리 화장실 건설 자재 공급 계약
2023.12.14.(목)	운동장 정비 계약	씽골리마을 운동장 정비 계약
2023.12.13.(수)	화장실 자재 수령	씽골리 화장실 건설 자재 수령
2023.12.23.(토)	운동장 정비 완료	씽골리마을 운동장 정비 완료

6 역량개발센터 (연수원) 건설

씽골리마을 환경개선 사업으로 마을입구에 연수센터를 건립하여 마을주민은 물론 다양한 조직과 공무원들 교육을 위한 장소로 활용되도록 하였다. 역량개발센터는 국제기구 사업추진 시 교육장소에 대한 니즈가 있어 주민들의 노동력으로 건설이 착수되었다.

역량개발센터의 목적은 코트디부아르 농민의 역량을 개발하기 위한 새마을 및 농업기술 교육장을 연중 운영하는데 있다. 따라서 역량개발센터의 위치는 씽골리 새마을 시범마을 진입로에 대로변에 위치하였다. 역량개발센터의 규모는 총 면적 1,000㎡이며 2층 건물로, 교육장 및 숙소 등 시설은 500㎡이고, 실습을 위한 농업실습장 시험포: 500㎡로 설치되었다. 역량개발센터 건설 예산은 약 6억 원이었고 씽골리마을의 부담은 부지 제공 및 공사 인력 지원이었다.

연수원 건설

| 주민들 기초공사참여 | 역량개발센터 설계도면 | 역량개발센터 공사현장 |

새마을재단의 지원과 주민의 참여로 조성된 새마을 역량개발센터는 씽골리 주민조직에 의해 관리되고 있고, 운영은 새마을재단이 하고 있다. 역량개발센터는 시설은 씽골리 시범마을 주민을 고용하여 농외 소득 증대를 하는데 기여하게 되었고 코트디부아르의 역량 개발 교육장으로 활용되고 있다. 역량개발센터의 기대 효과는 코트디부아르 농

민의 역량 강화를 위한 목적이 일차적이었고 시범마을조성사업과의 시너지 효과를 낼 수 있도록 하였다.

역량개발센터 건설공사

역량개발센터가 완공된 후 연수원 운영에 필요한 각종 시설설비를 갖추기 위해 교육장, 식당, 교육생 숙소 설비 구입 계획을 수립했다. 그런데 팬더믹으로 아비장에서 구입을 계획한 시설들을 구입하지 못하고 역량개발센터를 운영은 지연되었다. 코로나19로 인해 아비장 봉쇄 및 모든 상업 시설 폐쇄로 지연되었다. 시험포 설치는 전문가들과 논의하여 설치되었다. 또한 역량개발센터 운영 계획을 수립하여 교육을 실시하였다. 코로나19 상황으로 인해 팬더믹 기간동안 집체 교육이 불가하여, 역량개발센터는 불가피하게 교육을 하지 못하고 팬더믹 종료 후 교육장이 운영 착수하였다. 새마을 의식 교육, 협동조합 교육 등 포함 IFAD 교육이 실시되었다. 역량개발센터는 코트디부아르 농민 역량 개발을 위한 교육 시설 조성 사업에 대한 전반적인 정보를 담고 있으며, 향후 계획을 통해 사업의 지속 가능성과 효과성을 높이기 위한 전략을 제시하고 있다.

운동장 공사현장	운동장 조성 중	역량개발센터 강의장

　연수원 역량개발센터 완공은 다양한 조직들의 연수시설로 활용되고 지방정부의 공무원 연수시설로 기능을 하였다. 연수원은 역량개발센터로 씽골리 주민조직에 의해 관리되어 지속가능한 시설의 유지 관리가 가능한 것이었다. 또한 역량개발센터는 씽골리 주민은 물론 다른 지역의 주민들과 새마을지도자들을 대상으로 새마을교육을 실시하는 교육장과 실습장으로도 활용되고 있다. 숙박시설이 잘 완비된 역량개발센터는 숙식을 제공하는 연수시설로 연교육참여자들의 농업실습과 체력단련이 가능하도록 농업실습장을 설치하고 정비된 운동장 시설을 갖추고 있다.

운동장 정비 전	운동장 정비 중	운동장 정비 후

11

주민자치역량증대:
사업성과의 지속가능성

씽골리 새마을 시범마을조성사업의 성공적 추진과 지속가능성을 위해 중요하게 다루어진 것은 바로 주민들의 자치역량을 증대시키는 것이었다. 성공적인 새마을시범마을조성사업이 추진되었던 것은 부녀회, 청년회와 새마을회 등 다양한 주민조직 활동과 주민회 및 주민총회와 주민들의 자치역량과 영농역량증진을 위한 교육이 중요한 요인으로 드러났다. 주민교육은 주민의식교육과 사업실무교육, 문해교육, 영농교육과 전문가 방문교육 등 체계적인 교육이 추진되었다.

주민의식 교육은 주민의식 개선을 위한 프로그램을 개발하여 진행되었고 사업 실무 교육은 회계, 사업 운영 등의 실무 교육을 통해 주민들이 사업을 보다 효과적으로 관리할 수 있도록 하였다. 문해 교육은 주민들의 기본적인 읽기와 쓰기 능력을 향상시키고 영농 교육은 농업 관련 교육을 통해 주민들이 자립할 수 있는 기반을 마련하였다. 이에 영농교육은 전문가 방문 교육까지 함께 진행되면서 효과가 배가되었다. 전문가 방문교육은 한국의 전문가를 초청하여 현장 교육을 실시하고 지역 거버넌스를 활용한 체계적인 교육을 실시하여 주민들의 역량을 강화하였다. 이 사업은 주민 자치 역량을 개발하고 마을 주민들의 기본 교육을 촉진하기 위한 다양한 프로그램과 활동을 포함하고 있었고 각 교육 프로그램 및 주민들의 요구를 교육내용으로 구성하였다. 주요 내용은 문해교육, 회계교육, 주민자치 역량 교육, 리터러시 교육, 씽골리마을 새마을 및 사업 운영 교육이다.

주민 역량 강화를 위한 교육 프로그램은 주민 의식 교육과 사업실무교육 명사를 초청한 강연과 IFAD 사업과 연계한 교육을 통해 주민의식을 높이는 데 초점을 맞추고, 사업 실무 교육은 사업추진에 필요한 회계 및 사업 운영 등의 실무 교육을 위해 재단 자문위원들이 전문가로 참여하고 있다. 영농 교육은 현지 교육기관과 계약을 통해 지속적인 영농 교육을 실시하고 부문 조직 활성화는 마을 공동체 활성화를 위해 복지 시설을 마련하고, 마을 주민 모두가 혜택을 볼 수 있는 소규모 사업들을 추진하고 이를 통해 주민들이 서로 협력하고 상부상조할 수 있는 시스템을 구축하여 사업의 지속성과 공동체 의식을 강화시키는데 기여하고 있다.

1 주민역량 교육

① 농업역량교육

소득증대와 환경개선 사업이 지속적으로 유지관리되기 위해서는 주민들의 참여와 교육이 있어야 가능하다. 새마을시범마을조성사업은 주민들이 전 과정에 참여하여 자치조직에 의해 추진되었을 때 사업이 성공적으로 안착된다. 이를 위해 주민들의 자치역량 증진을 위한 다양한 교육이 실시되었고, 새마을재단과 주민조직의 협력으로 추진되었다. 주민들이 주도적으로 참여한 활동은 주민회의, 마을총회 등의 주민조직 활동이며, 영농교육, 새마을교육, 태권도 교육, 문해교육 등 마을주민대상 교육에도 참여하였다.

주민자치역량 증진 사업의 추진 배경은 새마을운동 및 시범마을조성사업을 효과적으로 추진하기 위한 필요성과 시범마을 주민의 역량 강화를 위한 다양한 방법을 모색하는 과정에서 추진되었다. 사업의 목적은 마을 주민, 지도자, 사무소 간의 정보 및 시범사업 진행 과정을 공유하여 상호 협력 강화하여 새마을 사업의 효과성과 영향력을 확보하는데 있다. 사례로 2019년 1월부터 12월까지 일 년 동안 주민자치 역량을 증진시키기 위한 주민조직활동과 주민역량교육은 구체적으로 다음과 같이 실행하였다. 마을주민회의, 주민총회 및 주민들이 조직한 부녀회와 청년회의 활동이 활발히 추진되었다. 마을주민회의는 매월 2회 이상의 회의 개최를 목표로 하고 최소 30명 이상의 주민들이 참여하도록 하였다. 즉 마을가구의 1/3 이상인 30명 이상의 마을주민이 참여하는 마을주민회의를 2주마다 개최하면서 새마을사업에 대한 정보를 공유하고 사업추진을 위한 견고한 네트워크를 구축하려는 목적으로 이장과 새마을위원회를 포함한 마을주민들의 참여로 진행되었다. 마을 총회는 이장과 사업코디네이터를 포함한 마을 전체 주민이 참여하도록 독려하면서 시범마을 사업추진 경과를 알리고 이후 추진할 활동과 정보를 공유하는데 목적을 두고 진행되었다. 주민들은 새마을사업을 추진하기 위해 소그룹으로 주민회를 조직하고 있는데 부녀회와 청년회가 가장 활발한 활동을 하고 있다. 부녀회와 청년회의 경우 양계를 통한 소득창출 사업을 부녀회에서 공동으로 추진하면서 일정수익을 목표로 설정하고 병아리 사육부터 양계장 관리 등에 대한 정보를 공유하고 네트워크를 강화하는 방식으로 진행되었다.

현장실습

② 조합운영교육

주민들의 영농역량은 농업에 필요한 기술과 역량을 익히는 것 뿐만 아니라, 생산된 농산품을 공동으로 판매할 수 있는 역량을 갖추는 것으로 배양된다. 씽골리마을의 농산품을 공동생산·공동판매할 수 있는 체제를 갖추기 위해 먼저 주민들이 조합을 구성하고 조직된 조합에 주민들이 참여하며 활동할 수 있도록 조합운영교육을 실시하였다. 씽골리 조합 운영 교육은 마을주민을 대상으로 1일 8시간의 교육으로 마을회관에서 강의와 농업실습장에서 직접 체험하는 방식으로 교육을 진행하였다. 주민들은 마을회관이 건립됨으로써 마을회의 장소이지만 마을주민들이 모이는 모든 형태의 교육과 회합의 장소로 활용되었다고 평가하였다. 이는 마을주민들의 평가이자 부아케시 농업국장의 평가이기도 하다. 마을주민들이 모일 수 있는 마을회관 시설의 건립이 새마을시범마을조성사업을 추진하는데 주요 성과가 되는 이유이다. 다음은 2020년 8월 5일에 실시한 조합운영교육의 사례로 소개한다.

씽골리 조합운영 교육

씽골리 채소재배장

▌2020년 8월 5일에 실시한 조합운영교육의 내용

교육시간: 09:00~18:00
장 소: 마을회관
참석자: 채소재배 조합원 77명, 소장, 전문가 2명, 지역 전문가

주요 내용
① 조합 조직에 대한 기본 이해
조합 운영 조직: 이사회, 조합장, 감사 등 각 운영 조직의 역할과 기능에 대한 이해
조합 가입비 및 자본금: 조합의 재정 운영 방식을 이해하고, 조합원의 책임 강조
조합원 권리와 의무: 조합원으로서의 의무, 권리 및 협동 정신을 정립
마을 개발위원회와의 관계: 조합과 마을 개발위원회 간의 관계를 재정립하여 상호
협력 체계를 강화

② 씽골리 조합의 현황
주 소득원으로서의 인식: 채소재배를 조합원들이 주요 소득원으로 인식하도록 하
고, 내부 규정을 통해 의무, 권리, 징계 및 포상 조항을 상세히 규정할 필요가 있음
지속적인 조합 교육: 조합 교육을 지속적으로 실시하되, 사업 운영, 회계 교육 및 문
해 교육도 병행하여 진행
친환경 재배 기술: 친환경 재배 기술에 대한 교육, 특히 토양 개선을 위한 퇴비 및
다른 친환경 비료 제작 교육의 필요. 현재 채소재배장의 토양이 매우 척박하므로,
이에 대한 대책 마련이 시급

③ 교육 효과 및 향후 방향
이번 교육은 조합원들이 자신의 역할과 책임을 인식하고, 조합 운영의 기본 원칙을
이해하는 데 중요한 계기가 되었다. 앞으로도 정기적인 교육을 통해 조합원들의 역
량을 강화하고, 지역사회의 발전을 위한 다양한 프로그램을 개발해야 한다. 주민자
치회 및 주민 총회와의 연계를 통해 보다 효과적인 주민 참여를 이끌어낼 수 있도
록 노력해야 한다.
이러한 접근 방식은 공동작업장과의 연계성을 높이고, 주민들의 참여와 협력을 통
해 지역 사회의 발전을 도모할 수 있을 것이다.

③ 자치역량교육

주민자치역량교육사업으로 새마을교육, 영농교육 및 태권도교육
이 추진되었다. 새마을교육은 새마을정신과 새마을추진에 요구되는
주민역량강화를 위한 교육으로 마을주민과 사업담당자등을 대상으로

실시되었다. 많은 주민들이 모일 수 있는 마을회관을 교육장으로 사용하여 의식변화교육과 사업운영교육, 회계교육을 실시하였다.

마을 공동체 활동과 자치역량 교육은 주민들의 참여와 역량 강화를 목표로 다양하게 진행되었다. 먼저, 마을 주민회의는 매월 두 차례 이상 마을 공터에서 열리며, 한 번에 약 30명이 참여했고, 이장, 새마을위원회, 코디네이터 등이 모여 새마을사업 정보를 공유하고 네트워크를 강화하는 자리로 운영되었다. 새마을교육은 주민들의 의식 변화와 역량 강화를 목표로 마을회관과 사업 현장에서 마을주민과 사업담당자를 대상으로 의식변화, 사업운영, 회계 관리 등 실질적인 교육이 이루어졌다. 마을 총회는 연 2회 마을 공터에서 열리며, 마을 주민, 이장, 코디네이터 등이 참석하여 새마을사업에 대한 주요 정보를 공유하고 주민 간 네트워크를 강화하였다. 영농교육은 사업 현장에서 진행되며, 주민들이 채소 재배 기술을 습득할 수 있도록 실질적인 교육이 제공되었고 주민들의 농업 생산성을 높였다. 주민조직활동에서는 부녀회와 청년회가 중심이 되어 양계장에서 닭 3,000마리를 판매하는 목표를 설정히고 이러한 활동은 주민 간 협력을 강화하고 소득 증대에 기여하고자 한 것이다. 태권도 교육은 마을 회관에서 주민들을 대상으로 진행되며, 기초 체력 단련과 품새 훈련을 통해 건전한 여가 활용과 주민 건강 증진을 도모했다. 이와 같은 다양한 활동들은 주민들의 자치역량을 높이고 마을 발전을 위한 공동체 기반을 강화하는 데 큰 역할을 하였다.

표 11-1 2019.1-2019.12월 주민활동 및 자치역량교육

공동체 활동	내용	자치역량 교육	내용
마을주민 회의	목표: 매월 2회 이상(1회 30명) 장소: 마을공터 대상: 이장, 새마을위원회, 코디네이터 등 내용: 새마을 사업 정보 공유, 네트워크 강화 등	새마을 교육	목표: 주민 역량 강화 장소: 마을 회관, 사업 현장 등 대상: 마을주민, 사업 담당자 등 내용: 의식변화 교육, 사업운영 교육, 회계 교육
마을 총회	목표: 연 2회 장소: 마을공터 대상: 마을주민, 이장, 코디네이터 등 내용: 새마을 사업 정보 공유, 네트워크 강화 등	영농교육	목표: 주민 역량 강화 장소: 사업 현장 등 대상: 마을주민, 사업 담당자 등 내용: 채소재배 교육
주민조직 활동 (부녀회 청년회)	목표: 3,000마리 판매 장소: 양계장 대상: 부녀회, 청년회 등 내용: 새마을 사업 정보 공유, 네트워크 강화 등	태권도 교육	목표: 건전한 여가 선용 장소: 마을 회관 대상: 마을주민 내용: 기초 체력단련, 품새

주민들의 역량을 증진시키기 위해 마을주민역량 기초교육으로 실시되었으며 내용은 문해교육, 회계교육, 리터러시 교육 등이 실시되었다.

표 11-2 기초교육 내용

문해교육	리터러시교육
교육 강사: 새마을위원회 위원장(법학 석사) 교육 내용: 프랑스어 기초 읽기 및 쓰기 숫자 읽기 및 쓰기, 기본 산수(계산) 교육 기간: 주 2회, 총 48회 참여 인원: 매회 30명 요청 사항: 교육 자료 참여 주민 기록 자료	주제: 장부 기록 및 저축 가능성 목표: 주민회의를 통한 합의 도출 및 추진력 강화 상황: 마을 회관에서 매주 3회 문해 교육 진행, 점점 더 많은 주민들이 관심을 보임

회계교육	주민 자치역량교육
교육 강사: 아나데르 기본 회계교육 프로그램 강의 교육 내용: 입출금 장부 작성, 영수증 확인 및 작성, 은행 장부 기록, 지출 결의 교육 기간: 총 2회(1회당 일주일) 참여 인원: 새마을위원회 10명, 마을 고문 2명 요청 사항: 교육 자료 참여 주민 기록 자료	주제: 의식 교육, 사업 운영 교육, 마을 회의 및 교육 참가 평가 건의 등 목표: 새마을 사업 운영 교육을 통한 마을 회의 및 조직 활성화 부녀회, 청년회 등 제목 고민: "새마을 사업 운영 교육으로 마을회의와 마을조직 활성화"

위의 표에 요약되어있는 것처럼 문해교육(리터러시 교육)을 실시하였고 많은 수의 주민들이 참여하였다. 씽골리 주민들 가운데 고령자와 여성들은 무학이거나 매우 적은 학교경험으로 비문해자 비중이 높았다. 문해교육은 법학 석사취득자인 새마을위원회 위원장이 강사로 마을주민들을 위해 미을회관에 문해교실을 열고 수업을 진행하였다. 교육 내용은 프랑스어 기초 읽기와 쓰기, 숫자 읽기와 쓰기, 기본 산수(계산) 교육으로 교육 기간은 주 2회씩 진행하며 총 48회로 진행되었다. 참여 인원은 매회 30명 이상으로 주민들의 니즈가 높은 교육이었다. 회계교육도 새마을사업을 추진하고 소득증대를 위한 공동사업 공동분배를 추진하고 각자 수익을 배분받아 가정경제를 꾸리고 저축하도록 하기 위한 필수적인 교육으로 인식되었다. 회계교육은 장부 기록과 저축 가능성에 대한 실질적인 활용 방안을 가르치기 위해 마을 회관에서 매주 3회 교육이 진행되고 있으며, 점점 더 많은 주민들이 관심을 보이고 참여하였다. 회계교육 내용은 입출금 장부 작성, 영수증 확인 및 작성, 은행 장부 기록 방법, 지출 결의 방법으로 교육 기간은 총 2회, 1회당 일주일씩 교육하고 참여 인원은 새마을위원회 위원 10명, 마을 고문 2명이었다. 이상의 문해교육과 회계교육을 통해 주민들

의 자치역량을 강화하고, 마을회의 및 조직 활성화를 목표로 체계적으로 진행되었다.

교육장(마을회관)   강의

주민회의 1: 씽골리마을 주민 교육 및 의견 청취
• 일시: 2019년 11월 12일(화) ~ 11월 15일(금)
• 참석자: 씽골리마을 주민 80명
• 강사진: 재단 사무소장 및 현지 전문가 3명
• 주요내용: 이번이번 주민회의는 씽골리마을 주민들과의 대화를 통해 교육의 필요성을 조사하고 의견을 청취하기 위해 개최되었다. 주민들은 다양한 교육을 통해 얻고자 하는 내용을 제시했다. 농업에 대한 지식이 부족한 주민들은 특히 재배 기술에 대한 교육을 희망하며, 토마토와 쌀, 농약 종류 및 사용법, 모종 심기, 병충해 방지 및 퇴치법 등에 대한 교육을 요청했다. 또한 양계에 대한 전문적인 교육과 논농사에 필요한 농수로 공사에 대한 관심도 보였다. 주민들은 농산물 수확 후 판로 개척에 어려움이 많다고 하며, 환경 위생 교육과 의식 개혁 교육도 요구했다. 마지막으로, 마을에 포상 제도의 도입을 원한다는 점을 제시했다.
□ 주요 활동 및 교육 내용
  새마을 이론 교육 및 사업 운영 방법 교육
  새마을운동 동영상 시청
  새마을운동의 이해
  새마을 사업 추진 방법
  협동조합의 이해 및 사례 발표
□ 부문 조직별 현황 발표
- 아프리카 양계(방목)
운영: 수탉 5마리와 암탉 50마리 구입 후 방사하여 자연 번식

회원수: 9명으로 구성되어 있으며, 3명씩 일일 관리

애로점: 뱀과 매 등의 피해, 높은 치사율

극복 방안: 새로운 야외 계사 건축, 질병 예방 및 치료 교육

- 육계(양계장)

운영: 병아리 구입 후 45일간 양계장에서 사육하여 판매

회원수: 11명으로 운영하며, 공동 관리

실적: 판매 6회, 가격은 마리당 2,300~2,500 CFA

애로점: 전기 계량기 공동 사용, 계사 보수 필요

극복 방안: 별도의 전기 계량기 설치 및 사업 운영 교육

관정/관수 관리위원회

운영: 8명의 회원으로 각 수도장의 열쇠를 여성이 관리

애로점: 유지보수 교육 필요

- 채소농장

운영: 61명이 참여, 친환경 재배 시도

애로점: 해충 피해, 좋은 종자 구하기 어려움

극복 방안: 전문 재배 기술 교육 및 좋은 종자 구매

- 아체케

운영: 17명의 회원으로 구성

애로점: 기존의 재래식 생산 방법, 카사바 운반 어려움

극복 방안: 생산 기술 현대화 및 판로 개척

□ 분임토의

1조: 생산량 증가를 위한 조직 구성 및 조합 규정 마련

2조: 판매 관리 및 재배 상황 홍보

3조: 마을 사업 관리 및 태양열판 설치

4조: 공동 기금 관리 및 회계 선정

5조: 대외 홍보 전략 및 주민 독려 방안

연수 평가 주민들은 교육 기간이 짧다고 느꼈지만, 매우 유익한 교육이었다고 평가했다. 이들은 교육을 통해 배운 내용을 바탕으로 사업 운영을 잘하여 씽골리가 코트디부아르의 새마을 사업 모델이 되고자 하며, 이를 위해 필요한 교육을 자주 받고 싶다는 의사를 밝혔다.

분임토의   강의평가결과

강의평가결과   단체사진

　다음은 교육에 참여한 후 한 주민이 밝히는 강의 소감으로, 상기와
같은 활동에 힘입어 마을위원회를 중심으로 마을의 자립 및 소득증대
를 위한 부문조직들이 구성되어, 실질적인 소득증대 등 마을자립역량
이 크게 향상되었다는 점을 언급하였다. 다른 주민은 실제 교육관련한
제안점을 제시하였다.

주민들의 강의참석 후 강의소감 및 강의 평가 내용은 다음과 같았다.
가. 강의에 참석하기 위해 멀리서 와주신 분들께 깊은 감사의 인사를 전합니다. 이
　　자리를 마련해 주신 모든 분들에게 감사드립니다.
나. 한국 전문가들이 주신 다양한 조언에 대해 진심으로 감사드립니다. 그들의 경험
　　과 지식은 매우 유익하고 소중한 시간이었습니다.
다. 그러나 통역 문제로 인해 교육 내용을 완벽하게 이해하지 못한 부분이 있었습니

다. 소통의 장벽이 교육의 흐름에 영향을 미쳤던 것 같습니다.

라. 특히 양계 교육 중 통역 없이 한국어로 제작된 동영상을 보여주셨는데, 이로 인해 내용 이해에 어려움이 있었습니다. 앞으로는 프랑스어 자막이나 통역을 제공하는 것이 필요하다고 생각합니다.

마. 마지막으로, 실습에 참여한 인원이 많아 혼란스러운 상황이 발생했습니다. 효율적인 교육을 위해 인원 조절이나 그룹 나누기가 필요할 것 같습니다.

강의 1

강의 2

강의 3

강의 4

2 주민공동체 활동과 자치회의

① 마을기금조성

마을공동기금은 새마을사업의 지속가능성과 마을의 자립을 위해 사업 초기부터 주민들을 대상으로 교육을 하였으며, 각 사업별로 수익의 10%를 적립하도록 새마을위원회에서 규약을 정하였다.

마을공동기금은 마을축제, 회관 유지보수, 도로보수 등 마을 공동사업에 사용되며 출금을 위해서는 족장, 새마을위원장, 회계담당자 3명의 서명이 있어야 한다.

② 협동조합을 운영: 공동생산 공동판매

상골리 새마을시범마을 조성 사업추진을 위한 현황 및 문제점을 검토하는 과정에서 기존에 코트디부아르 정부에서 실시하였던 각종 사업과 노력들이 성공을 거두기 어려웠던 원인에 대한 진단도 동시에 이루어졌다. 코트디부아르 정부 시책에 따른 농민조합의 현황을 분석한 결과, 코트디부아르 정부는 농민조합의 결성을 장려하고 있으며, 이러한 조합들은 정부의 정책을 통해 형성되어 있었다. 그러나 이들 농민조합은 자생력을 갖추지 못하고 있어, 지속적인 운영과 발전이 어려웠음을 파악했다. 그 원인을 분석한 결과 농민조합들은 정부의 재정적 지원에 크게 의존하고 있으며, 이는 장기적으로 조합의 독립성과 자립적인 발전을 저해하고 있기 때문에 주민들이 자체적으로 독립적인 의사결정과 참여에 의해 사업이 이루어져한다는 점에 방점을 두고 사업을 실시하였다.

먼저 주민들의 자체적인 사업 지속가능성을 위한 생산단체 설립 필요성이 제기되었다. 사업의 지속가능성을 확보하기 위해서는 생산단체를 설립하고 체계적인 운영체제를 구축하는 것이 필수적이다. 생산단체는 농민들이 자발적으로 참여하여 공동으로 생산, 가공, 유통을 진행할 수 있는 구조를 만들어야 하며, 이를 통해 시장에서의 경쟁력을 강화하고 수익성을 높일 수 있다. 또한, 이러한 단체는 농민들에게 교육과 지원을 제공하여 자생력을 키울 수 있는 기반을 마련해야 한다. 이를 위해 마을의 다양한 조직이 재구축되어야 하고 전반적 지원이 필요하게 되었다. 따라서 농민조합의 조직 재구축과 사업 계획 수립, 운영 체계 구축을 위해 전반적인 지원과 지도가 필요하고 이를 위해 다음과 같은 과정을 염두에 두고 생산단체로 협동조합이 설립 운영되었다.

먼저 농민 생산단체 조직을 협동조합으로 재구축하였다. 농민들의 협동조합 내의 역할 분담과 의사결정 과정을 명확히 하고, 조합원 간의 협력을 촉진하기 위한 구조를 마련하였다. 그리고 협동조합 구성원들의 참여로 사업 계획을 수립하였다. 지역의 특성과 시장의 수요를 반영한 구체적인 사업 계획을 수립하도록 하였다. 이를 위해 농민들과 전문가가 함께 참여하여 실질적인 방안을 모색하도록 각종 교육이 실시되었다. 뿐만 아니라 농민들의 사업 운영을 지원하였다. 지속적인 교육과 컨설팅을 통해 농민들이 사업 운영에 필요한 기술과 지식을 습득할 수 있도록 지원하였다. 또한, 재정 관리 및 마케팅 전략 등 다양한 분야에서의 전문적인 지원이 필요하다는 점을 인식하고 교육을 지속적으로 실시하였다. 이와 같은 전반적인 지원을 통해 농민조합의 자생력을 높이고, 지속 가능한 발전을 도모할 수 있었던 것이다.

농민들의 생산단체로 협동조합을 구성하고 운영하는 과정에서 농민들의 수익을 증진시키기 위해 공동생산·공동판매하는 실질적인 조합이 되도록 종합적 조합 운영 계획이 수립될 필요가 제기되었다. 첫째, 조합 운영의 실질적인 성공을 위해 철저한 종합적 계획을 수립하였다. 이는 조합원들이 공동의 목표를 이해하고, 각자의 역할을 명확히 인식할 수 있도록 돕는 기초가 된다. 이러한 계획은 조합의 운영 방식을 투명하게 하고, 조합원 간의 신뢰를 구축하는 데 중요한 요소이기 때문이다. 그리고 단위 사업별 운영 조직을 구축하고 계획을 수립하도록 하였다. 둘째, 각 단위 사업에 대한 명확한 운영 조직이 필요하고 이를 통해 각 사업의 특성을 고려한 맞춤형 관리가 가능해지고, 사업별로 필요한 인력과 자원을 효과적으로 배분할 수 있도록 하였다. 이러한 구조적 접근은 사업의 지속가능성을 높이고, 실질적인 성과를 이끌어 내도록 하였다. 셋째, 수익 구조 및 판로를 확보하도록 하였다. 수익 구조를 명확히 하고, 안정적인 판로를 확보하는 것이 필수적이다. 이를 위해 시장 분석과 소비자 요구 파악이 필요하며, 다양한 유통 채널을 개발함으로써 안정적인 수익 창출을 도모해야 한다. 또한, 이를 통해 농민들이 안정적으로 소득을 올릴 수 있는 기반을 마련할 수 있다.

이러한 협동조합의 운영을 위한 과업이 협동조합으로 구축되고 실행되면서 성과를 나타내게 되었다. 협동조합에서 수립한 사업의 목표 및 내용은 구체적으로 자생적 역량을 갖춘 농민 생산단체 육성, 농민들이 자립적으로 운영할 수 있는 조직 구축, 단위 사업별 생산성 및 수익 향상, 각 사업의 생산성과 수익성을 개선하여 지속 가능한 운영이 가능하도록 하였다. 협동조합 사업은 농업 생산성 증진을 통한 수익증대뿐만 아니라 농민 권익 향상 및 지역사회 공헌을 목표로 하여 농민의 권익을 보호하고, 지역 사회에 긍정적인 영향을 미치는 사업을 추진하도록 하였다. 이런 사업목표를 수립하고 협동조합에서 실행한 사업 내용을 보면 구체적으로 조합원들에 의해 채소농장 1개소 10ha 조성하였으며 다양한 작물들을 재배하였다.

협동조합 사업의 추진 체제와 사업의 추진 전략은 생산 단체 조직이 자립할 수 있도록 지도하고 조합원들이 자립적으로 운영할 수 있도록 지속적인 교육과 지원을 제공하며, 사업별 조직 운영 및 관리는 각 사업의 목표에 맞게 조직을 관리하고 운영하도록 지원하였다. 이런 사업목표에 따라 수립된 사업들은 전 주민들이 한 개 이상의 생산 단체에 가입하도록 유도하고 주민들의 참여를 독려하여 공동체의 결속력을 강화하였다.

사업의 추진 체계는 첫째, 생산단체 조직을 구성하고 세부 활동으로 정관 제정, 단체 등록을 하고 조합원들을 교육하였다. 그리고 조합의 지속 가능성을 위해 사업 운영에 관한 철저한 지도와 수익 창출을 도모하도록 하였다. 이런 조합운영의 결과 주민들의 농업생산성이 증진되어 마을 주민 소득 증대에 기여하고 작물 재배 역량 및 판매 능력이 제고되었으며 마을 발전을 기금 조성으로 지역 발전을 유도하였다.

시범 사업의 지속 가능성을 위해 생산 단체 설립과 운영 체계 구축이 필요하며, 마을 주민들의 인식 부족에 대한 교육이 필수이다. 새마을 시범마을조성사업단은 이를 통해 조직 구축, 사업 계획 수립 및 사업 운영에 대한 전반적인 지원과 지도를 하였다. 따라서 생산단체 설립 목적은 자생적 역량을 갖춘 농민 생산 단체를 육성하고, 생산성 및 소득을 향상시켜 농민의 권익을 보호하고 지역 사회에 기여하는 것이었고, 이런 목적이 달성된 것이다.

표 11-3 생산단체별 사업추진현황

생산단체활동	추진 사업의 세부 내용
조합교육	목표: 사업 지속가능성 확보와 주민들의 생산역량 증진
	2019.01. - 2019.12.
	장소: 마을회관, 공동농장
	대상: 작물재배 조합
	내용: 조합운영 관리교육, 고소득 작물재배 교육 및 채소작물 판매

채소재배농장	목표: 고소득 채소작물 재배를 통한 교육 및 소득증대	채소 재배 농장
		면적: 10ha
	기간: 2019.01. - 2019.12.	참여 가구: 79가구
		분양 면적: 가구당 1,000㎡
	장소: 공동농장	재배 작물: 토마토, 고추, 파프리카, 양
	대상: 작물재배 조합	배추, 호박, 오이, 카사바, 얌, 카카오 등
	내용: 종자 및 비료 대여	실적: 2회 재배
농기계 보관소 신축	이 사업은 지역 사회의 농업 생산성을 높이고, 주민들의 소득 증대를 목표로 하여 다양한 프로그램과 지원을 통해 지속 가능한 발전을 도모하는 방향으로 추진	

▎협동조합 설립:

• 씽골리 협동조합이 2017년 4월에 설립되었으며, 현재 조합원 수는 79명입니다. 주요 사업으로는 농자재 구매 및 판매, 농축산물 판매, 농기계 및 종자은행 운영이 있습니다. 그러나 이동 수단의 부재와 홍보 부족으로 농산물 수합 판매에 어려움이 있는 상황입니다.

• 2019년 사업 점검: 사업은 전반적으로 순조롭게 진행되고 있으며, 마을 주민들의 참여가 증가하고 있습니다. 또한, 도시로 떠난 청년들도 다시 돌아오는 추세입니다. 채소 재배에 100% 친환경을 시도했으나 실패하였고, 계속할 계획입니다. 이 과정에서 주민들은 자부심을 느끼고 있으며, 마을에 대한 긍정적인 인식을 형성하고 있습니다.

③ 주민자치회 운영과 주민회의 활동

주민자치회는 지역 주민들이 자발적으로 조직되어 지역 사회의 발전과 문제 해결을 위해 활동하는 단체로서 씽골리 새마을 시범마을조성사업의 성공적 추진을 위한 주요 요인 중의 하나였다. 주민들은 주민자치회를 통해 지역의 주요 사안에 대한 의견을 제시하고, 의사결정과정에 참여할 수 있도록 하였다. 이를 통해 주민의 권리를 신장하고, 지역사회에 대한 책임과 참여를 강화할 수 있기 때문이다. 주민자치회의 주민활동은 주민 총회와 주민회의로 요약된다.

부녀회와 청년회 등 주민조직들이 회의를 개최하는 것과 주민들이 지역의 사안에 대해 회의를 진행하는 경우가 많았다. 대부분 주민회의는 새마을시범마을조성사업과 관련한 주민들의 의견수렴과 참여를 독려하고 주민들의 동기부여를 위한 우리 의식을 갖고 할 수 있다는 새마을정신을 함양하는 목적이 크다. 다음은 주민회의와 주민총회가 개최된 사례를 구체적으로 제시하면서 그 효과와 성과를 보여주고 있다.

▌주민회의 1 - 주민역량강화 사업 정보 공유

주민역량강화 사업은 마을 공동체 의식을 높이고, 주민들의 자발적 참여를 촉진하기 위해 다양한 프로그램과 교육을 통해 마을의 지속 가능한 발전을 도모하는 것을 목표로 하고 있다. 이를 위해 다음과 같은 활동들이 진행되고 있다.

- 마을공동체 의식 함양: 주민들이 자발적으로 마을 활동에 참여하도록 유도한다. 예를 들어, 마을 청소, 마을 안길 개선 등의 활동을 통해 마을 환경을 개선하고, "잘사는 마을"에 대한 의식을 높이고 있다.
- 교육 프로그램: 문해 교육과 간소 회계 교육을 통해 특히 부녀자들의 역량을 강화하고, 건축 관련 기술(목수, 미장, 전기)과 양계 및 친환경 채소 재배 기술 습득을 지원하여 시설물 유지보수 및 자급자족이 가능하도록 한다. 농기계 사용 기술 교육도 제공하여 농업 생산성을 높이고, 부녀자 소득 사업 기반을 마련하기 위한 다양한 프로그램이 운영되고 있다. 이에는 쥬스 및 전통차 가공, 아체케 생산과 판매, 구판장 운영 등이 포함되고 있다.
- 청년 고용 창출:농촌 이탈을 예방하고, 청년들이 농촌 발전에 참여하도록 유도한다. 이를 통해 청년 농촌 기업가 정신을 함양하고, 마을 기금을 조성하여 지속가능한 마을 발전을 이루고자 하는 것이다.
- 마을 지도자 및 주민 의식 개선:주민들 사이에 '할 수 있다'는 자신감을 고취시키기 위해 다양한 교육과 프로그램을 운영하였다.
- 주민의 목소리: 씽골리 새마을 부녀회장은 "새마을 사업을 통해 부녀자들이 서로 협동하고, 경제적인 자립심을 갖게 되었다. 삶에 대한 희망이 생기고, 우리도 마을 발전에 기여하는 일원으로 자부심도 생겼다."고 진술했다.

주민 총회는 주민들이 모여 지역 사회의 문제를 논의하고 의사결정을 하는 중요한 행사이다. 총회는 주민들이 서로 소통하고 의견을 나누는 기회를 제공하며, 지역 발전을 위한 구체적인 방안을 모색할 수 있는 장이 되었다. 주민 총회를 통해 주민들은 지역 내 문제를 인식하고, 해결 방안을 논의하며, 공동체 의식을 함양할 수 있게 되었다.

▌**주민회의 2 - 2020년도 사업 방향 및 진행 상황 공유**

1. 사업 방향

- 마을조직 강화: 마을의 조직을 강화하여 새마을사업 간의 시너지를 창출하고, 지속 가능한 마을 발전의 기반을 마련할 계획입니다.
- 장부 기록 철저화: 각 새마을사업별로 장부 기록을 더욱 철저히 하여 운영 방향을 점검하고, 각 사업이 향후 조합 활동(작목반)으로 발전할 수 있도록 하겠습니다.
- 씽골리 조합 조직: 우선 채소 재배를 시작으로 씽골리 조합을 조직할 예정입니다.
- 집중 교육 수요: 마을 조직화, 사업 운영, 양계 및 채소 재배에 대한 집중 교육을 받고자 합니다.

2. 주요 내용 및 일정

- 일시: 2021년 5월 24일(월)
- 장소: 마을회관
- 참석자: 마을 주민 약 80명, 소장, 지역 전문가
- 주요 내용:채소 재배장 관수시설 개보수 공사가 5월 17일부터 시작되어 6월 중순 완료 예정입니다.
- 2021년부터 모든 작물을 최대한 친환경으로 재배할 계획이며, 친환경 재배기술 전문가와 함께 6월 4일부터 토마토, 아프리카 가지, 고추 묘판을 시작합니다. 버섯 재배 청년 그룹 7명은 6월 첫째 주까지 각자 3㎡의 시험용 버섯 재배장을 직접 구축하기로 하였습니다. 이들은 5월 17-18일 교육을 통해 방법을 익혔으며, 교육에 계속 참여하여 버섯 재배 기술을 익히게 됩니다. 쥬스 가공 사업은 6월 중 전문적인 가공 기술 교육을 받고, 판매장을 마을회관에 마련할 예정입니다.
- 아체케 방앗간은 인근 마을에서 카사바, 벼, 옥수수 등의 1차 가공 서비스 수요가 있어, 마을 아체케 생산에서 서비스를 확대할 계획입니다. 이를 위해 방앗간 시설의 일부 업그레이드가 필요합니다. 양계 사업은 이제 정규적인 판로가 개척되었으며, 더 전문적인 사업 관리를 위해 추가 교육이 필요할 경우 요청하겠습니다.
- 2021년도에는 아프리카 양계 사업을 시작하여, 전문 아프리카 양계장으로 키울 계획입니다. 필요한 지원이 있을 경우 요청할 예정입니다.

3. 수행 사업별 진행 상황

• 육계 사업: 지난 2년간 7회 순회하며, 재단 지원으로 양계장을 건축하고 초기 병아리, 사료, 백신 등을 지원받았습니다. 이후 판매금으로 운영하고 있습니다.

　육계를 관리하는 그룹(11명)은 판매금의 10%를 마을 기금에, 나머지는 차기 투자금을 남기고 은행에 저축하고 있습니다. 아직 수익금을 나누지 않았습니다.

　지속적인 수요를 고려하여 큰 행사나 축제를 겨냥해 판매를 준비하고 있습니다. 향후 일정 수량을 지속적으로 생산 및 판매할 계획이며, 추가로 20명에게 양계 교육이 필요합니다. 양계 교육 후 양계장을 추가로 건설할 예정입니다.

• 아프리카 양계 사업: 2018년 55마리(수탉 5마리, 암탉 50마리)로 시작하여 2019년 1차 160여 마리를 판매했습니다. 2019년 가을 다시 55마리로 시작하였으며, 현재 수탉 9마리, 암탉 50마리, 병아리 57마리를 키우고 있습니다. 내년 1월 200마리 판매 목표(항상 55마리는 남기고 판매)입니다. 재단에서 2018년도 55마리 구입비를 지원받았으며, 나머지 울타리, 오두막, 사료 등은 자체적으로 해결하고 있습니다. 아프리카 양계는 판매 시 육계보다 수익이 크지만, 사료를 직접 마련해야 해 참여자가 3명밖에 없습니다. 현재 각자가 소수로 운영 중인 것을 아프리카 양계 사업으로 통합하여 공동 판매를 목표로 할지, 개인으로 운영할지를 고민 중입니다. 이와 같은 방향으로 사업을 추진하여 마을 발전과 주민 소득 증대에 기여하겠습니다.

마을총회는 새마을시범마을조성사업의 전체적인 추진 과정과 진행상황에 대한 점검의 목적을 갖고 있으며 원활한 사업 추진을 위해 시범마을 조성의 세부사업에 대한 구체적인 정보와 내용을 공유하도록 하고 있다. 다음의 회의록에 보여주듯이 마을 총회는 채소재배, 양계 등의 영농사업과 아체케 가공 생산과 판매 및 구판장 운영, 태권도 교육, 문해교육 등 씽골리마을의 사업에 대한 보고와 검토가 이루어지고 정보를 공유하는 회의로 역할을 하고 있다.

▌마을총회 1: 회의록

1. 일 시: 2021년 2월 18일(목) 10:00~16:00
2. 장 소: 마을회관
3. 참석자: 마을 주민 70여명
4. 주요 내용: 각 사업별 2020년도 평가 및 2021년도 수요 논의

가. 채소재배

- 2020년도 성과: 재배기술 집중 교육을 통해 기본 기술을 착실히 습득하고, 자신감을 얻음.
- 2021년도 계획: 친환경 채소재배 교육을 집중적으로 받고자 하며, 채소재배 외에 추가로 논농사를 하고자 함. 이를 위해 교육과 적절한 시설이 필요.
- 시설 개선 요청: 채소재배장에 관정 및 관수 시설의 개보수가 필요하며, 태양열에 100% 의존이 어려워 배터리 설치 필요.

나. 양계

- 2020년도 성과: 코로나19로 인해 2 싸이클만 운영, 식당과 상점 폐쇄, 이동 금지로 판매가 쉽지 않았으나 적자는 아니었음.
- 2021년도 계획: 두 번째 양계장을 운영할 예정이며, 부활절을 겨냥해 현재 1,000마리 사육 중.

다. 아체케 방앗간

- 2020년도 성과: 분쇄기가 자주 고장 나서 수리 필요.
- 2021년도 계획: 부녀회에서 공동으로 카사바를 수확하고 아체케와 쁠라깔리를 만들어 판매할 예정. 아체케 생산을 더 전문화하고자 하며, 회계 관리가 어려운 부녀회 멤버들을 위해 채소재배조합의 도움 요청.

라. 구판장

- 현재 상황: 구판장이 주민들에게 많은 편의를 제공하나 부녀회 전원이 활동에 참여하지 않아 재활력화 방안이 필요.
- 추진 방안: 족장님이 부녀회와 논의하여 활성화 방안을 마련할 예정.

마. 문해교육

- 운영 현황: 주 2회 운영하는 초보반과 중간반에 부녀자 참여도가 높음.
- 2021년도 계획: 계속 운영 예정.

바. 태권도

- 운영 현황: 주 2회(금, 일) 아이들 포함 100여명이 참여하며, 높은 호응을 얻고 있음.
- 2021년도 계획: 어른들에게도 일과 후 도움이 되고, 마을 아이들의 취미활동으로 긍정적인 반응.

사. 마을환경 개선

- 청소 활동: 매주 수요일에 마을 전체 청소 진행.
- 2021년도 계획: 마을회관 미화(사진, 액자 걸기), 쓰레기 하치장 마련 및 각 가정 화장실 설치 추진.

아. 기타
- 2020년도 미추진 행사: 코로나19 상황으로 진행하지 못한 부활절 행사들을 2021년에는 상황이 된다면 추진할 예정.

주민총회는 전체 주민의 참여로 이루어지고 그 논의내용과 성과는 다음의 사례를 통해 볼 수 있다. 주민총회는 분기별로 총 4회 개최되며, 필요 시 임시 총회도 개최된다. 주민회의는 매월 1회, 총 12회 진행되며, 필요 시 수시로 회의가 열릴 수 있다.

┃주민총회 2: 회의록

일시: 2021년 4월 26일(월요일)
장소: 마을회관
참석자: 주민 약 100명, 소장, 지역 전문가
주요 내용:
① 2021년은 재단 사업 추진의 마지막 해로, 마을 주민들과 진행 중인 사업들을 기반으로 더욱 단단히 하여 주민들의 역량을 강화하고 지속 가능성을 보장할 계획이다.
② 씽골리마을은 기업가 정신을 가지고 각 소득사업 운영을 통해 지속 가능한 발전을 추진하고자 한다.
③ 씽골리의 발전 과정을 영상으로 제작하여, 코트 및 아프리카 농촌 개발의 모델로 소개할 예정이다.(홍보 다큐멘터리 제작 및 신문기사 게재)
④ 재단의 지원으로 마을 발전이 눈부시게 이루어지고 주민 생활이 향상되어, 마을 주민들은 재단에 감사의 뜻을 표했다.
⑤ 향후 계획:
 - 2021년에는 재단과 함께 배운 것들을 열심히 관리하고 배워 재단의 기대에 부응할 계획이다.
 - 채소재배 조합은 운영 및 관리 교육 외에 친환경 재배 기술 교육을 집중적으로 받을 것을 희망한다.
 - 청년회와 부녀회는 지난해 배운 버섯 재배와 주스 가공 기술을 더 익혀 소득사업으로 추진할 예정이다.
 - 아체케 생산, 구판장, 삼발이 운영 등 각 소득사업에 대해 역량 강화 교육을 실시하여, 향후 마을 경제에 지속적으로 기여할 수 있도록 할 계획이다.
 - 올해 우기가 늦어지면서 채소 조합은 재배를 계속하고 있으나, 나머지 작물은 아직 씨앗을 심지 못한 상황이다. 이에 따라 채소 재배장의 관수 시설 보수공사

가 빨리 진행되기를 바란다.
- 올해부터는 채소 재배를 100% 친환경으로 전환하고자 하며, 이에 대한 친환
  경 재배 기술 교육을 집중적으로 받을 것을 희망한다.

⑥ 마을 회관 및 시설 현황:
- 마을회관: 공사는 완료되었으며, 구판장, 탁아소 및 각 사무실(부녀회, 청년회,
  조합, 마을발전위원회, 재단 출장소)을 구비하여 운영할 수 있도록 해야 한다.
- 농기계 창고: 바닥 마무리와 외벽 칠이 남았다.
  카사바 가공(아체케 생산 판매): 방앗간은 준비 완료되었으며, 위생을 위해 주
  변 정리가 필요하다. 기존에는 단순 방앗간 역할만 생각했으나, 이 사업을 발전
  시켜 방앗간 옆에 건조장과 가열장을 마련할 예정이다.
- 공동 채소 재배장: 2020년도에 전문적인 재배 교육을 통해 조합을 만들고 운
  영 계획을 세워 씽골리를 채소 재배 전문 마을로 만들고자 한다. 수박, 토마토,
  오크라, 가지를 재배했으나 수박은 토양에 적합하지 않아 실패하였고, 나머지
  채소에 집중할 예정이다.

기타:
⑦ 태권도: 90명(어린이 및 성인 포함)이 3개월째 고정적으로 부아케에서 오는 사
  범(4단)에게 주 2회씩 태권도 교육을 받고 있으며, 주민들이 매우 적극적이다.
  복장 통일을 위해 사범이 도복 또는 체육복 착용을 추천하였다.

⑧ 향후 계획:
- 조합 교육 실시(조직, OHADA 규정, 운영, 작목반, 회계 등)
- 부녀자 소득 활동 조직화(구판장, 탁아소, 아체케 생산을 연계하여 각 단위 사
  업이 서로 후원하고, 부녀회 소득도 증가할 수 있도록 교육)
- 채소 재배 교육
- 양계 관리 및 운영과 조직 강화 교육
- 퇴비 및 농가 메탄가스 생산 교육(가스는 아체케 익히는 데 사용)

이 회의는 지속적인 상시 점검을 위한 중요한 기회로, 마을의 발전과 주민들의 참여
를 촉진하는 데 기여하고자 한다.

마을총회에서 주민들이 논의했던 주민회의내용 가운데 다큐멘터
리 제작으로 씽골리 새마을시범마을에 대한 소개가 이루어졌다. 씽골
리마을의 발전사를 다큐멘터리 형식으로 제작하였고 다큐멘터리는 불
어와 영문 자막이 포함되어 있으며, 재단의 사업을 효과적으로 홍보하
는 데 기여하였다. 아프리카 농촌에서 새마을 정신을 바탕으로 주민들
이 중심이 되는 농촌 발전 모델을 제시하는 내용을 담고 있다. 다큐멘

터리는 2021년 상반기에 제작되었으며, 하반기 세미나에서도 활용되었다. 또한, 코트디부아르 정부 및 국제기구들에게도 홍보 자료로 활용되어, 해당 프로젝트의 중요성을 널리 알리는 데 도움을 주고 있다.

RTI 1 (방송 2022.12.27.) 방송(RTI1) https://youtu.be/Gnwd_7Nnj6g (18분부터 시작)	L'inter (신문)2022.12.24 신문(L'inter)
• 한국의 새마을운동 및 연수소개, 새마을시범마을조성사업 소개	• 새마을시범마을조성사업 소개 및 새마을운동의 이해 연수사실 보도

주민총회와 주민회의는 씽골리 마을 지역내 거버넌스를 구축하여 원활한 사업을 추진하고 새마을 시범마을조성사업의 지역 확산 중심부로서의 역량 강화 및 발전시키는데 기여하였다. 주민활동과 주민회의의 실적은 2021년 한 해 동안 마을주민 회의 24회 개최, 마을총회를 1회 개최하였다. 주민들의 부문조직 활동은 청년회와 부녀회 활동으로 그 실적은 다음과 같다.

표 11-4 세부 사업활동별 실적 현황

세부 사업활동	실적
양계	4,000마리 판매, 순이익 1,000,000 CFA
방목계	80마리 판매, 순이익 280,000 CFA
새마을교육	4일, 1일 80명 참여
영농교육	채소재배: 5주, 1일 80명 참여 자문위원: 3주, 현지강사: 2주
찾아가는 연수	2일, 1일 80명 참여
태권도교육	주 2회, 5주 진행, 1회당 90명 참여

마을회의와 주민총회의 회의록에는 새마을운동을 통해 마을 주민의 역량을 강화하고, 공동체의 발전을 도모하기 위한 구체적인 계획과 실적이 정리되어 있다.

농업기술교육

찾아가는 연수

찾아가는 연수

썽골리 새마을시범마을조성사업의 성과를 세부사업별로 당초 목표와 실적 및 실제 수혜 주민 수를 다음의 표에서 제시하고 있다. 수익증대와 생산증대는 영농생산성 증가 및 협동조합 참여자 수로 제시되고 있으며, 이와 함께 지역사회 역량강화는 주민자치활동을 통한 참여주민의 수와 수혜자의 수로 제시되고 있다.

표 11-5 주민활동과 주민자치활동의 성과

지표 명	목표	실적	목표대비 실적
1. 지역사회 역량강화	1,520명	4,700명	
- 주민총회 참여자 수	1회/200명	1회/250명	230%
- 교육 수혜자 수	1,000명	4,180명	
- 개선된 지역사회 기반시설 수혜자 수	전주민 320명	320명	100%
2. 소득증대	320명	320명	100%
- 농업생산성 관련 사업 수혜자 수	320명	320명	100%
- 협동조합 수혜자 수	320명	320명	100%
- 개선된 농업생산기반시설 수혜자 수	320명	320명	100%

3 마을조직운영(부녀회, 청년회) 및 마을공동체 활동

　　마을 주민조직은 부녀회와 청년회 및 새마을조직이 대표적이다. 이런 마을 주민조직은 지역거버넌스를 구축하고 추진하는데 핵심적인 역할을 하고 있다. 주민조직은 지역 정부와 정기적으로 회의를 개최하여 주민들과의 소통을 강화하고, 지역의 문제를 함께 해결할 수 있는 방안을 모색하고 마을자치역량을 강화하는 성과를 내고 있다. 주민들은 마을공동체로 씽골리 새마을시범마을조성사업을 추진하는 과정에 세부사업의 참여자이면서 동시에 다양한 마을의 이벤트를 추진하고 그 성과를 주민들과 공유하는 활동을 기획 추진하였다. 마을공동체 활동은 마을주민들의 참여로 이루어지는 각종 마을 이벤트로 마을축제, 주민체육활동, 사생대회, 마을대청소 등이 이에 해당된다.

① 새마을 주민회 조직

씽골리의 새마을 조직은 2017년 4월에 마을개발위원회와 별도로 조직되었으며, 2019년 11월에는 마을개발위원회와 통합되었다. 이러한 조직의 변화는 주민 자치역량을 강화하고 공동체의 의견을 반영하는 데 중요한 기초가 되었다. 이러한 내용을 바탕으로 주민의식 개선과 마을자치 역량 강화를 위한 실질적이고 지속 가능한 프로그램을 추진하고 있다.

그림 11-1 씽골리 새마을 주민회 조직 구성도

마을조직은 위의 그림과 같이 구성되어 있다. 부족장(명예위원장)은 마을의 상징적 지도자이자 명예직으로서 공동체의 중심 역할을 맡고 있고, 토지장은 마을 내 토지 관련 업무를 관리하며, 주요 토지 사용과 관련된 의사결정을 지원한다. 고문은 마을의 발전과 주요 의사결정에 대한 자문 역할을 수행한다. 새마을위원장은 새마을운동의 운영을 총괄하며, 마을 개발 활동을 주도하며 감사는 마을의 재정과 활동을 점

검하고 투명성을 유지하는 역할을 한다. 부위원장은 위원장을 보조하며, 필요한 경우 새마을운동의 다양한 활동을 대신 주도한다. 부녀회장은 여성 주민들을 대표하여 부녀회의 활동을 이끌고, 마을 내 여성의 역할을 강화한다. 사무총장은 행정 업무와 마을의 기록 관리, 조직 운영을 책임지고 있다. 청년회장은 마을 청년들의 활동을 조직하고 이끌며, 청년회의 대표로서 역할을 수행하고 회계는 마을의 재정을 관리하며, 예산 집행 및 회계 관리를 담당한다.

② 부녀회

부녀회는 아체케라는 전통 음식을 공동으로 생산하고 판매하는데 집중하고 있다. 아체케는 지역 주민들에게 중요한 식량 자원으로, 그 수요가 높다. 그러나 2020년에는 분쇄기의 잦은 고장으로 많은 어려움이 있었다. 이에 따라 시설 개선의 필요성이 대두되었으며, 특히 씽골리 아체케의 특화된 포장 개발이 필요하다는 의견이 있었다.

부녀회 회원들은 구판장을 순환식으로 운영하며, 지역 주민들에게 다양한 상품을 제공하고 있다. 그러나 회원들의 문맹률이 높은 탓에 2020년에는 운영이 미숙했던 상황이 있었다. 이를 개선하기 위해 부녀회는 문해 및 회계 교육을 병행하고 있으며, 점차 운영 능력이 향상되고 있다. 이러한 교육은 회원들이 자신감을 갖고 사업을 운영할 수 있는 기반을 마련해주고 있다.

부녀회에서는 마을 주민들이 건립한 아체케 생산장에서 아체케를 생산 및 판매하며, 수익금을 탁아소 운영 및 부녀회 활동에 사용한다. 아체케의 원료인 카사바는 마을 원로가 무상으로 증여한 1ha에서 재배하며, 주민들도 소규모로 추가 재배하고 있다. 씽골리 아체케는 지역 내에서 품질이 우수하다는 평가를 받아 시장에서 인기가 많으며, 마을의 오토바이 수레(삼륜차)를 통해 대량으로 판매되고 있다. 부녀회는 탁아소를 운영하고 있으며 마을회관에 탁아소를 설치하고, 교구를 구입하여 아이돌봄 사업을 진행하고 있다. 부녀회 회원들이 돌아가면서 당번을 맡아 운영하며, 마을 부녀자들이 아이들을 맡기고 일을 볼 수 있도록 돕고 있다. 운영 비용은 아체케 판매 수익금과 구판장 수익금 일부로 충당하고 있다. 또한 마을회관에 구판장을 운영하여 주민들이 필요한 물품을 사전 주문받아 공동구매 및 판매하고 있다. 그리고 구판장에서는 학용품, 생필품 등 다양한 물품을 제공하며, 이윤은 탁아소 운영비에 기여하고 있다.

2020년, 부녀회 회원 2명은 PADFA 새마을 부트캠프에 참석하여 음료 가공 기술을 배웠다. 그들은 마을에서 직접 가공한 음료가 청량음료보다 더 큰 호응을 얻었다는 사실을 확인했다. 이는 지역 주민들에게 새로운 소득 사업의 기회를 제공할 수 있는 가능성을 시사한다. 부녀회는 이 기회를 활용하여 추가적인 기술 교육을 받아 본격적인 소득 사업으로 추진하고자 한다.

이러한 부녀회의 노력은 단순한 경제적 자립을 넘어, 여성의 권리를 강화하고, 지역 사회에서의 역할을 확립하는 데 기여하고 있다. 아낙네들의 목소리가 커지면서, 그들은 이제 지역 사회에서 중요한 의사결정에 참여하고, 서로의 힘을 모아 더 나은 미래를 향해 나아가고 있다. 부녀회는 여권신장에 중대한 기여를 하고 아낙네들의 목소리, 아내의 소리를 내게 하였다. 최근 몇 년간 소득이 늘어나면서 아낙네들은 더 이상 남편에게 의존하지 않고, 스스로 경제적인 자립을 이뤄가고 있다. 이 변화는 지역 사회에서의 여성의 목소리와 역할을 더욱 부각시키고 있으며, 그 중심에는 부녀회 활동이 있다.

부녀회는 주민의식 개선을 위한 문제를 파악하고 대안을 제시하고 실행하였다. 많은 주민들이 자신의 말과 행동이 일치하지 않는 경우가 빈번히 발생하고 이는 공동체 내에서의 신뢰 구축과 협력에 부정적인 영향을 미치고 있어, 부녀회와 새마을조직은 주민들의 의식개혁을 위한 활동을 하였다. 이들은 새마을조성사업을 추진하면서 주민들의 참여와 관심사에 기반을 두고 사업을 추진하고, 주민들이 공통적으로 느끼는 문제점과 관심사를 고려하여 사업을 추진하고, 주민들의 자발적인 참여를 유도함으로써 주민의식이 스스로 개선될 수 있도록 하였다. 이를 위해 기존의 마을 조직과 네트워크를 활용하여 교육을 진행하고 이를 통해 보다 효율적으로 교육이 전달될 수 있으며, 주민들의 참여를 높일 수 있었다. 이런 활동은 새마을시범마을조성사업의 단위사업 추진 시 기존 조직과 새마을위원회 등을 통해 코트디부아르 고유의 새마을운동이 정착될 수 있도록 현지화하는데 큰 기여를 하였다는 평가를 받고 있다.

특히 씽골리마을 주민들의 시범마을 사업의 성과에 대한 평가 결과, 응답자 전원이 씽골리 새마을시범마을조성사업에 여성들이 적극적으로 참여하고 있다고 응답하였으며, 새마을사업이 여성친화적이었다고 응답한 것으로 보아 부녀회 활동이 성공적이었다고 할 수 있다.

③ 청년회

청년회는 육계 및 아프리카 양계사업에 주력하였다. 기존의 육계와 아프리카 양계 사업을 전문화하여 수익 창출을 확대할 계획이다. 현재 수익금의 10%를 마을 기금으로 적립하고 있으며, 나머지는 저축 중이다. 향후 수익금이 늘어나면 소규모 마을 발전 사업을 추진하여 마을 전체를 위해 활용할 것이다. 이러한 계획들을 통해 씽골리마을은 주민 역량을 강화하고, 공동체 의식을 높이며, 지속 가능한 발전을 이루어 나갈 것이다.

④ 공동체 활동 이벤트

마을개발위원회는 마을청소, 월간회의, 주민총회 등 주민자치 활동을 지원하여 주민들이 공동체 활동에 적극적으로 참여하도록 유도하고 각종 교육을 실시하여 마을공동체 활동을 주도적으로 추진해 나갔다. 2017년 4월 이후 정기적인 회의 개최, 마을 청소, 마을 총회 등의 활동을 지속적으로 수행하였다. 2019년, 마을개발위원회와 새마을위원회를 통합하여 통합적인 마을 개발 위원회를 설립하고 이원화된 조직 구조로 인한 혼란을 방지하고, 효율적인 추진체계를 마련하였다. 주민들은 교육 이수 후 사업계획 수립 및 각종 부문 조직별 활동을 추진하고 있다. 부분 조직의 활성회를 통해 주민의 새마을 사업 참여도가 향상하고 공동체 의식 강화 및 경쟁력을 향상시키며 지역 관공서 인력 활용하여 주민 요청 교육 진행 및 수준을 향상시키고, 정부 관계자, 현지 전문가, 마을 주민들과의 네트워크 형성하는 성과를 가져왔다. 마을 공동체 활동은 마을 청소, 월간 회의, 주민 총회 등 주민 자치 활동 지원과 주민 역량 강화를 위한 주민 의식 교육, 사업 실무 교육(회계, 사업 운영 등), 문해 교육, 영농 교육, 한국 전문가 방문 교육 실시, 지역 거버넌스를 활용한 체계적인 교육을 실시하였다. 부문 조직 활성화로 부녀회는 아체케 생산, 구판장 운영, 탁아소 운영을 하였으며 청년회는 육계, 아프리카 양계를 하였다.

마을개발위원회는 마을 행사 개최하여 전통 마을 축제와 연계한 새마을 주간 설정하고 마을 주민 및 지역 정부가 참여하는 체육 대회, 마을 대청소, 사생 대회 등의 행사를 개최하고 있다. 마을주민들은 주민 총회를 개최하여 세부계획을 수립하고 행사를 추진하였다. 마을 축제와 이벤트에 마을 주민 및 지역 정부가 참여하여 사업 성과를 공유하고 주민 참여를 유도하고 있다. 마을 축제로 부활절 축제를 기획하여 주민의 참여를 촉진하고, 공동체의식을 강화하는 프로그램을 진행하였다. 바울레족 최대 축제 활동은 2020년도에는 코로나19로 인해 축제가 개최되지 못했고 2021년도에도 일정은 잡혀 있지만, 개최 가능 여부는 불투명한 상황이었다. 마을 농산물 축제는 11월 초에 개최될 예정이다. 대로변에 재래식 장터를 꾸며 주민들이 생산한 농산물을 소개하고 판매할 계획이다.

V

Thanks, 새마을!

❝ 5부는 씽골리 주민들의 목소리를 빌려 그들이 체감하는 씽골리 시범마을의 성과를 소개하고 주민들의 긍정적 평가를 가져온 원인을 사업의 추진과정에서 요인을 분석하고 씽골리 사례에 관심을 갖고 현장에서 사업을 하려는 경우 어떻게 활용할 것인가에 대한 것을 소개하고자 하였다. 새마을사업에 대한 씽골리마을의 결과는 다음의 씽골리마을 족장의 말을 인용하는 것으로 대신할 수 있을 것이다. **❞**

씽골리마을 족장 인사말 인용

"Thanks 새마을! 우리 마을에 새마을운동을 계속하게 해달라. 지금 우리 마을은 매우 매우 행복 very happy 하다. 새마을이 해 온 것을 유지하며 더 많은 양계와 벼농사 교육을 원한다. 씽골리마을이 모델이 되고 있으니 지속되게 해달라. 새마을을 위해서 언제든 우리 땅을 주겠다. 새마을 시범마을 사업으로 인해 씽골리마을은 172개 마을 가운데서 1등을 했다. 우리가 사카수 현의 대표 마을로 모델로 선정되었다. 씽골리의 원어민 뜻은 "우리가 먹고 살 수 있을까?" 라는 뜻으로 전통적으로 자연 채집과 수렵으로 굶어 죽지 않기 위해 도로가로 나와서 시범마을 사업을 하면서 우리가 이렇게 잘 살고 있다. 감사하다. 다시 한번 Thanks 새마을!"

12

새마을 시범마을의 성공경험

씽골리 새마을시범마을조성사업에 대한 주민들은 평가는 매우 성공적인 결과를 보여주었다. 새마을사업의 성과는 주민들의 생활개선과 가정소득 증진 및 마을 환경개선 등의 물리적, 재정적 측면에서의 성공은 물론이고 주민들의 사회적 자본 형성이라는 비가시적인 성과가 특징적으로 드러났다. 주민들은 새마을시범마을조성사업이 시작하기 전인 2016년 당시의 씽골리마을은 '우리가 먹고 살 수 있을까'라는 걱정과 염려로 일상생활 유지조차 어려운 상황이었다. 반면 새마을사업을 통해 자신들의 삶의 질 변화를 스스로 인식하고 씽골리마을주민으로서의 자부심이 생겨나게 되었다고 말하고 있다. 이렇게 씽골리마을 주민들이 공동체로서 연대의식을 형성하고 씽골리마을이 다른마을에 우수 사례로 소개되는 경험을 하면서, 새마을시범마을조성사업은 주민활동으로 조직화 되고 주민들에 의해 지속가능성이 모색되게 되었다. 다음은 이런 예로서 주민들이 씽골리 새마을 티셔츠 제작과 로고제작, 씽골리 새마을사업 모자 제작 등의 상징물을 자체 재원으로 제작하고 공유하면서 사업의 성공에 대한 자부심과 사업의 지속을 위한 주민들 간의 단결의식을 형성하게 하는 과정을 소개한다. 주민들이 외치는 "씽골리여 일어나라"라는 구호는 씽골리마을이 코트디부아르 내 농촌 발전 모델 마을로 변모하는 과정을 보여주는 것이다. 사업 과정에서 주민들은 작은 성공을 경험하면서 자신감을 얻었고, 이러한 성공 경험은 지속적인 참여와 노력으로 이어졌다. 성공 경험을 통해 주민들은 더 큰 목표를 향해 나아갈 수 있는 동기를 부여받았다.

1 씽골리마을 주민의 자부심과 무보수 사업 참여

씽골리마을의 새마을시범마을조성사업은 지역 주민의 자발적인 참여와 기술 교육을 통해 마을의 발전을 이끌어낸 모범적인 사례이다. 마을회관 건립을 위한 공사에는 40명의 주민이 10명씩 4개 조로 나뉘어 참여하였으며, 이들은 16주 동안 무보수로 시공에 참여하여 현장 작업을 하였다. 작업 내용으로는 시멘트 배합, 벽돌 제조, 콘크리트 타설, 지반 다지기, 물긋기 등이 포함되었다. 특히, 이 과정에서 시공업자의 협조를 통해 10명의 마을 청년들이 건축 기술을 배우는 기회를 얻고 건설 관련 전문교육을 받았으며 이들이 투입되어 마을회관 건설이 주민들에 의해 추진될 수 있었다. 이들은 이후 이웃 마을의 건축 현장에서 활동하며 고소득의 건축 기술자로 자리 잡았다. 이와 같은 주민 기술 교육과 인프라 구축사업의 연계는 마을 주민의 소득 증대에 기여하며, 주민 참여의 중요성을 부각시키는 실례가 된 것이다.

현실적으로 씽골리마을 새마을시범마을조성사업으로 마을회관 건립을 추진시 난관에 봉착한 것은 시공업체를 외부로부터 계약하고 추진하더라도 납기일을 맞추기 위한 인력 수급 문제 때문이다. 시공업체들은 납기를 지연하는 것에 대한 우려로 인해 숙련된 도시 출신 건축 기술자를 선호하는 경향이 있다. 씽골리마을의 마을회관건설을 성공적으로 창출하기 위해서는 시공업자 선정 과정에서 적절한 수준의 주민 기술 교육을 조건으로 제시하는 것이 필수적이었다. 이는 마을 인프라 구축 사업이 단순한 시설물 건립을 넘어, 지역 주민의 역량 강화를 통해 지속 가능한 발전을 이루는 데 기여할 수 있음을 보여주는 것이다.

주민들의 새마을 시범마을 사업의 성공사례는 지방정부 차원에서 뿐만 아니라 코트디부아르 국가적 차원에서도 우수성공사례로 회자되었다. 씽골리마을 사례는 전국 단위의 교육에 활용되었고 이로 인해 자연스럽게 씽골리 새마을지도자들은 교육강사로 참여하게 되었다. 또한 마을 주민들이 타 지역 주민들의 마을 방문을 받아들여 마을의 새마을사업을 소개하는 등으로 마을 자부심이 고조되었다. 더욱이 씽골리마을이 전국 단위의 사업경진대회에서 76개 사례 가운데 1등을 차지하는 영광은 주민들이 씽골리의 성공을 기반으로 사업을 지속가능하도록 참여하는 기반동력으로 작용하였다. 주민들은 외부로부터 씽골리 새마을사업에 대한 성공인정과 경진대회 수상을 통해 자신들이 할 수 있다는 당초 가졌던 사업에 대한 회의와 의구심을 말끔히 배제하고 서로 의지하고 격려하며 협력하는 씽골리 주민으로 거듭나게 된 것이다. 외부의 인정은 씽골리마을 주민들을 씽골리라는 당초의 의구심을 씽골리 자부심으로 변모시키는 동인이 되었다. 그것을 입증하는 증거는 씽골리마을을 떠났던 젊은 세대들이 다시 씽골리마을로 귀향하여 정착한 수가 증가하였다는 점이다. 씽골리 새마을시범마을조성사업이 착수되고 2017년 이후 10가구 이상이 씽골리로 귀향하여 씽골리 인구와 가구 수는 20% 이상 증가하게 되었다.

2017년 시범마을조성사업이 착수된 이후 새마을사업을 통해 씽골리마을은 여러 가지 긍정적인 변화를 경험하였다. 씽골리마을의 새마을사업은 2017년 착수하여 중간평가, 종료평가(2022년)를 마치고 사후평가를 거쳐 새마을재단 지원의 사업은 철수될 예정이다. 씽골리마을은 바울레 언어를 사용하는 단일 부족으로 구성되었고, 마을의 부족장이 모든 토지의 소유권을 갖고 개인에게 사용권을 분할 하사하기 때문에 사업지 방문시 족장과 토지장(땅을 관장)을 먼저 방문하여 인사교류 후 사업을 진행해야 한다.

자연채집과 수렵 방식으로 생활하던 가난하던 마을을 새마을 시범마을 사업을 통해 관리농업을 하도록 체계적으로 유도하는데 두었다. 따라서 시범농장 교육을 통해 주력작물인 카사바로부터 토마토, 고추 등 다양한 채소 작물을 재배하고 작물 생산성 증가를 위한 기술을 전수하고자 하였다. 이런 결과 최종적으로 생산 농작물의 가공산업으로 소득을 증대했다. 빈부격차 해소를 위한 새마을정신 교육으로 '할 수 있다 정신(I can do it)'과 근면, 자조, 협동의 새마을정신을 갖고 새마을 사업에 참여하도록 하는데 역점을 두었다.

구체적으로 주민들은 기록물 남기는 교육을 하여 생산성 및 수입과 지출을 기록하여 수익과 생산성을 파악하도록 하였다. 또한 주민들은 환경개선을 위해 청소 활동에 참여하고, 공동작업을 통해 의식 개선을 이루었다. 이를 통해 주민들은 일하는 방법을 배우고, 애향심이 생기며 시간을 효율적으로 사용하는 방법을 익혔다. 이렇게 씽골리마을은 외부에 알려져 견학 오는 마을로 발전하였으며, 부녀회는 농사일(땅콩, 카사바, 콩), 계모임, 아체케 판매 및 기금 관리 등 다양한 활동을 통해 주민들의 삶의 질을 향상시키고 있다. 또한, 11가구가 양계 사업의 혜택을 받고 있어, 지역 경제에 긍정적인 영향을 미치고 있다. 족장은 "재단 사업으로 주민들이 긍정적으로 변했음"이라고 강조하였다.

씽골리 새마을 시범마을조성사업은 전반적으로 매우 성공적이었다. 주민들의 자립 역량을 강화하고 지역사회의 지속 가능한 발전을 도모하는 데 기여한 이 사업은 경제적, 사회적, 환경적 측면에서 긍정적인 변화를 가져왔다. 인터뷰 분석을 통해 드러난 키워드들은 주민들이 새마을 사업의 긍정적인 인식을 가지고 있음을 보여주며, 앞으로도 지속적인 발전이 이루어질 것으로 기대하고 있었다. 이와 같은 성과들은 씽골리마을의 자립적이고 지속 가능한 발전의 기틀을 마련하는 데 중요한 역할을 하였다.

2 씽골리마을의 지역사회 운영원리 존중과 주민참여 방식 적용

씽골리 새마을이 성공할 수 있었던 것은 코트디부아르 여건을 반영한 농촌지역사회 운영원리 존중, 주민참여 방식, 시범마을 전담제를 실시하였던 점이 구체적으로 제시되고 있다. 코트디부아르의 새마을운동은 농촌 지역사회의 특성과 주민들의 참여를 중시하는 방향으로 설계되고 운영되고 있으며 다음은 기본전제를 요약한 것이다.

코트디부아르 새마을운동의 기본전제는 첫째, 농촌 마을 지역사회의 운영원리 존중으로 공동체 중심성에 대한 고려이다. 코트디부아르의 농촌 마을은 강한 공동체성을 지니고 있으며, 마을의 발전을 위해 촌장과 토지장의 영향력이 매우 크고 이들은 정책 방향 결정에 절대적인 역할을 하기 때문에 이런 점들은 면밀히 이해되어야 한다. 또한 자체적 발전 노력으로 농촌 마을은 공공시설을 자체적으로 건설하고 운영하는 전통이 있어 마을 주민들은 자원과 예산을 모아 초등학교, 마을회관, 도로, 교량 등을 건축하고 관리한다. 이러한 자율적인 노력은 새마을운동과 결합되어야 하고 필요한 경우, 마을 운영 원리에 변화가 필요할 수 있다는 점이 사전에 충분히 논의되고 이해를 바탕으로 씽골리 시범마을조성사업이 추진되어 성공적인 결과를 가져올 수 있었던 것이다. ANADER는 코트디부아르 농촌 마을에 직원들을 파견하여 주민들과 직접 소통하는 유일한 기관이지만, 주민들의 신뢰는 여전히 낮은 상황이여서 새마을시범마을조성사업의 착수는 이런 점들을 파악하고 ANADER의 사업담당부서와 충분한 정보와 의견 교환이 이루어지고 거버넌스 체제를 구축한 것이다.

둘째, 주민참여 방식의 적용이다. 씽골리마을의 주민들은 이미 집단적 마을 개발을 경험하고 있으며, 스스로 문제를 찾아 해결해 온 경험이 있어 시범마을 사업의 추진과정에 주민들의 참여가 절대적이라는 점을 이해하고 있었다. 또한 주민의 자율성과 집단적 강제참여의 분위기마저 수용되고 있었던 점은 주민들이 자율적으로 문제를 해결했는지, 아니면 집단적 강제에 의한 것인지는 판단하기 어렵지만 주민참여 방식에 의한 마을 개발사업 수행 능력은 충분하다고 평가되었다. 이런 마을 분위기에서 사업 선정 원칙은 새마을 시범사업의 선정이 주민의 개발수요를 바탕으로 하되, 정부의 지역개발계획과의 적합성, 마을의 입지적 조건, 자원 보유 현황 등을 고려하여 우선순위를 정하고 실행계획을 수립하도록 한 점이다. 이 과정은 주민대표, ANADER 및 새마을재단 전문가의 협의로 이루어지고 사업 집행은 ANADER의 지원 아래 마을개발위원회가 주도하여 실행되도록 하여 주민들과 지방정부의 소통과 협력을 강화하도록 하였다.

셋째, 시범마을 전담제를 실시하여 전담 직원을 배치하고 지원체제를 갖춘 점이다. 전담직원의 배치는 시범마을의 연차별 사업 계획 및 집행을 지원하기 위해 새마을사업 담당 직원을 ANADER의 Zone 차원에서 선발하여 배치하고 이 직원은 새마을 시범사업 지원 업무를 전담하게 하였다. ANADER는 이 담당자에게 업무 수행에 필요한 여비와 수당을 월 단위로 지급할 수 있으며, 새마을재단은 ANADER와의 협력을 위해 코트디부아르 현지에 사업 조정관을 임명함으로써 지원체제를 마련하였다. 이상의 요건들이 코트디부아르의 농촌 마을 개발을 효과적으로 추진하기 위한 필수 요소로 작용하며, 주민의 참여와 자율성을 중시하는 방향으로 추진되었다.

3 거버넌스체제 구축 및 운영

씽골리시범마을 사업의 성공적 추진을 위한 노력은 코트디부아르와 새마을재단의 협력지원 및 코트디부아르 지방정부와 해당부서의 적극적인 거버넌스체제가 주요 요인 가운데 하나였다. 씽골리마을의 새마을시범마을조성사업의 거버넌스 구축은 새마을재단과 코트디부아르 정부와 사카수현 지방정부까지 협력하여 실시되었다. 씽골리마을이 국가적 차원의 성공사례로 언급된 것은 코트디부아르 농업부 장관에 의해 인지되었고 지방정부에 씽골리사례를 확산하도록 한 것이다. 농업부 장관은 새마을운동을 인식하고 부아케 시의 농림국장이 보고하도록 하여 씽골리마을 사례를 통해 국가 농업정책에 반영하도록 하였다.

▌인터뷰 인용

(2022년 Patrick Achi 총리)는 코트디부아르 농촌마을 발전을 위한 새마을재단의 활동에 감사를 표하고 새마을시범마을조성 사업에 큰 관심이 있으며 새마을시범마을 개발모델을 코트디부아르 30개 주 전역에 확산시키기를 희망한다고 말함. "그동안 코트디부아르 농촌마을 발전을 위한 프로젝트를 수행해 왔으나 이렇다할 성과를 내지 못한것이 사실이며 이는 마을주민들의 역량개발과 인식개선이 사전 담보되지 못한 것이라고 생각하며 새마을재단과 새마을사업이 좋은 대안이 될 수 있을 것이라고 언급함. 이를 위해 우선 아드조페 지역에서 시범마을 프로젝트를 시범적으로 수행하고 3년후 성과분석을 통해 명확한 사업성과가 있을 경우 이를 코트디부아르 전역(30개주에 각 1개 시범마을)으로 확산시킬 것이라고 말함"

새마을재단은 "향후, 코트디부아르와 새마을재단 간 협력방안에 대해 심도있게 논의 될 수 있기를 희망한다고 언급함. 또한, 코트디부아르 내 새마을시범마을의 수행과 관련하여 코트디부아르 정부 차원의 관심과 행정적 지원이 필요하다고 설명하며, 향후 효율적인 프로젝트 수행을 위해서는 준외교관에 해당하는 사무소 지위를 허가해 줄 것을 요청함."

(Patrick Achi 총리)는 향후 MOU를 통해 외교관에 준하는 혜택을 코트디부아르 새마을재단 사무소에 부여할 것임을 약속하고 가급적 빠른 시일내에 아드조페 지역에 새마을시범마을사업을 추진할 것을 요청함.

농림부장관은 씽골리마을 앞 도로를 지나다가 마을의 모습이 다른 지역과 달리 매우 깨끗한 것을 보고 어떤 마을인지 파악토록 하여 새마을운동으로 인함을 알게 되었고, 그 과정과 기여요인을 검토하여 농업정책에 반영하도록 하였다. 일반적인 마을의 모습은 도로 주변 및 마을 어느 곳이든 쓰레기가 널부러져 있고 심한 곳은 쓰레기 하치장 같은 곳도 있는데 씽골리마을의 경우 여타 마을과 달리 깨끗한 마을이었다. 씽골리마을의 사례에 대한 지방정부 공무원들의 인식은 당초 외국의 많은 제안 사업 중의 하나로 간주하고 관심을 두지 않고 일상적인 업무로 취급하였으나, 변화된 씽골리마을의 모습을 보고 마을 입구 길가에 주민들이 세워둔 표지판(사업지 싸인 간판)을 보고 새마을재단의 사업에 관심을 갖게 되었으며 씽골리마을주민 2명이 공무원들에게 새마을사업의 효과가 크다고 설명하면서 새마을사업에 관심을 확대하는 계기가 되었다. 씽골리마을이 깨끗해지고 좋은 이득을 창출하고 있어 새마을재단과 긴밀한 거버넌스를 유지하고 있다. 씽골리마을의 새마을사업의 효과는 마을도로 개선, 물문제 해결, 화장실 현대화, 마을회관 건립, 주민정신교육이라는 점을 마을주민들이 지방정부 공무원들에게 설명하였고 이후 씽골리마을 대표(족장)와 지방정부 공무원은 긴밀한 소통을 하면서 사업을 추진하는 거버넌스를 구축하였다. 결국 주민 자체로 다른 마을에 파급효과를 기대하고 씽골리마을의 사례가 다른 마을로 보급될 수 있도록 하였다. 농업부 장관은 ANADER 프로젝트(2개년)와 새마을프로젝트가 동일한 목적을 갖고 있어 농림부에서 사업방향을 만들 때 새마을 파트너로 지방정부와 농림부에서 직접하도록 하였다. 이렇게 씽골리마을의 사례 파급효과와 지속가능성은 예컨대 인근 마을에서 씽골리마을을 부러워하며 "우리도 끼어들게 해달라"라는 요청을 하고 있고 장관이 국가농림부 차원으로 확산할 계획을 추진하고 있는 것이 그 예가 되고 있다.

▎거버넌스 사례: 새마을재단과 부아케시의 거버넌스

부아케 시청 회의 내용 및 사업 추진 성과 보고

1. 부아케 시청 회의 개요

일시: 2021년 5월 26일(수요일)

장소: 부아케 시청

참석자: 시청 측 6명, 소장

2. 주요 회의 내용

부아케 시청에서는 재단과의 협력을 통해 EU 자금을 지원받아 추진하는 "부아케, 지속 가능한 도시" 사업에 대해 논의하였다. 이 사업은 아프리카 대륙의 11개 도시를 선정하여 에코 프렌들리와 그린 경제를 기반으로 한 지속 가능한 도시로 전환하는 것을 목표로 하며, 4개년 동안 진행하고 주요 논의사항은 다음과 같다.

① 조직화 및 기술교육: 부아케 시청은 재단이 그린 경제 분야에서 도시 농부 육성, 청년 농촌 사업가 양성, 50개 동 조직화 등을 통해 역량 강화에 기여하기를 요청했다. 이를 위해 한국의 새마을 정신을 전수받기를 희망.

② 도시 농부 육성: 부아케의 50개 동에 도시 농부 조직을 육성하고 친환경 재배 기술과 조직 운영 역량을 강화하는 방안이 제안

③ 청년 농촌 사업가 육성: 재단에서 지난해 실시한 청년 부트캠프의 성과를 바탕으로, 3년간 600명의 청년을 대상으로 기업가 정신과 친환경 농업에 대한 교육을 제공 계획

④ 조직화와 정신 교육: 50개 동의 조직화를 위해 협동심과 단결을 강조하는 정신 교육을 실시하겠다는 의지가 전달

⑤ 위탁 교육 희망: 부아케 시청은 재단에 해당 사업의 위탁 교육을 요청하며, 재단의 조건을 문의함

3. 현재까지의 사업 추진 성과

① 연수원 운영: 아프리카 새마을 교육의 중심으로서 기능하고 연수원은 '배워가는 마을'로 변모하며 다음과 같은 새마을 교육 프로그램을 운영하고 있다.

- 사업 운영 교육: 부분조직 활동을 통한 마을 공동 기금 조성 및 활용, 새마을의식 교육.

- 보건 및 위생 교육: 코로나19 대응 협력 활동. 참여 인원: 90명, 각 3일, 총 5회.

- 농업 기술 교육: 내용: 작물별 재배 방법. 참여 인원: 70명, 각 6일, 총 12회.

- 태권도 교육: 내용: 기본 품새 및 체력 단련 등. 참여 인원: 70명, 각 2시간, 총 92회.

- 문해 및 회계 교육: 내용: 프랑스어 읽기/쓰기, 회계 장부 작성법. 참여 인원: 70명, 각 2시간, 총 4개 반, 총 100회.

- 협동조합 교육: 내용: 조직 운영, 작목반 운영, 회원 서비스(농기계 대여, 종자 대여, 재배 교육 등). 참여 인원: 70명, 각 3일, 총 5회.

이러한 교육 프로그램들은 지역 주민들의 역량을 강화하고, 지속 가능한 발전을 위한 기반을 마련하는 데 큰 역할을 하고 있다. 부아케 시청과 재단의 협력이 성공적으로 이루어져 지역 사회에 긍정적인 변화가 이루어지기를 기대한다.

이런 계기로 새마을사업은 중앙정부와 지방정부 간의 거버넌스가 자연스럽게 구축되었고 지방정부는 씽골리마을의 새마을시범마을조성사업을 추진하는 과정에서 새마을재단과 거버넌스를 구축한 것이다. 이렇게 중앙정부와 지방정부 그리고 새마을재단의 거버넌스체제를 형성하고 새마을재단은 씽골리주민들과 현장에서 새마을시범마을 조성사업을 함께 추진하면서 거버넌스를 운영하게 된 것이다. 지방정부는 중앙정부에 의해 새마을사업이 코트디부아르 전역으로 확산될 수 있도록 새마을재단과 중앙정부의 원활한 소통을 지원했다. 그 이유는 많은 NGO들이 코트디부아르를 찾아오나 새마을재단처럼 직접 그 프로젝트를 알리고 인지하도록 한 것이 씽골리마을의 성공을 만든 요인으로 파악하고 있었다. 따라서 새마을재단은 중앙정부 농림장관을 직접 만나 프로젝트를 소개하고 논의하여 코트디부아르 정부와 함께 공동목표를 세워 국가 발전 프로젝트로 발전할 수 있는 거버넌스 구축을 제안하였다. 이를 위해 농업부 장관을 한국으로 초청하여 한국 새마을사업의 현실을 가시적으로 확인하고 효과를 체감할 수 있는 교육기회를 갖도록 제안하였다. 새마을 사업은 코트디부아르 정부의 ANADER, 지방정부와 해당 마을과 이미 새마을파트너십을 형성하고 있어 거버넌스는 원활히 구축되어 있었다. 또한 지방정부의 국장은 새마을시범마을을 모델링하여 ANADER 프로그램과 함께 새마을사업을 코트디부아르 전국에 확산할 방안을 연구하고 있다고 하였다.

이상은 코트디부아르에서의 농촌 개발 및 재단과 농업 및 농촌개발부 간의 협력과 관련된 회의록으로 여러 핵심 요소를 포함하고 있으며 주요 내용을 요약하면

회의 일시: 2019년 9월 12일(수) 10:00~11:00

장소: 농업 및 농촌개발부 차관 집무실

목적: 신임 장관 예방, 재단과 농업 및 농촌개발부 간 MOU 체결, PADFA 사업관련 협의

참석자: 농업 및 농촌개발부 장관, 차관, 사무소장, 자문관

주요 논의 내용

① 차관의 발언: 재단의 역할이 코트디부아르 농촌 개발에 큰 기여를 할 것이라는 점 강조. 국제기구와의 협업은 재단의 신뢰도를 증대시킴.

② 재단 사업 소개: 씽골리 새마을 시범 마을 조성 사업

③ IFAD PADFA 사업
MOU 체결: 농업 및 농촌개발부의 제안에 따라 전략적 파트너로서 MOU를 체결하기로 합의. 재단이 초안을 작성하기로 함.
PADFA 사업 지원: 농업 및 농촌개발부가 PADFA 사업을 적극 지원하고, 장관이 현장을 방문할 경우 재단의 기여를 정부 차원에서 홍보하겠다고 약속.

④ 씽골리마을회관 완공식: 장관이 행사에 참여할 의사를 보였으나, 11월이나 12월 중 일정 조정이 필요함.

⑤ 농촌 발전 모델 지속 가능성: 새마을운동은 인간개발 관점에서 접근해야 하며, 사회적 자본 형성에 대한 평가의 한계가 존재.

⑥ 주민 교육 사업 효과: 각 마을의 10명 주민을 대상으로 2주 간의 한국 초청 연수 및 다양한 교육 실시. 씽골리마을은 공동체 의식과 개발 의지가 뛰어난 것으로 평가됨.

 새마을정신교육과 주민역량증진교육의 효과

씽골리 새마을 시범마을조성사업을 성공적으로 이끄는 핵심적인 요소 가운데 하나는 바로 새마을교육이다. 씽골리시범마을조성사업의 착수부터 진행동안 전 과정에 걸쳐 새마을교육이 핵심적인 기여를 한 것이다. 새마을교육은 사업착수 전 주민들을 대상으로 하는 새마을

정신교육을 실시하여 주민들 모두가 사업에 참여하고 서로 협력하여 자조능력을 갖추는 것을 목적으로 한다. 그리고 사업이 진행되는 동안 다양한 사업에 필요한 역량으로 농업기술교육부터 마케팅에 이르기까지 전문기술교육도 동반 실시되었다. 교육방식은 씽골리 농지현장실습교육으로부터 한국초청연수에 이르기까지 다양한 방식으로 실시되었다. 씽골리 새마을시범마을조성사업의 주요 이해관계자들은 한국에 초청연수를 받았다. 이는 한국의 농촌 개발 경험을 씽골리 새마을시범마을조성사업에 전수하기 위한 목적으로 코트디부아르 사업 관련 공무원, ANADER 직원 및 지역 주민 대표를 대상으로 실시하였다. 이들은 현지로 귀국하여 씽골리 현지에서 주민 교육을 실시하기 위한 교관 요원으로 활동하였고 이를 위한 교관 보수 교육이 실시되었다. 또한 현지 주민 교육은 주민 의식 개선 및 시범 사업의 계획과 시행을 위한 주민들의 기초 역량강화 교육을 실시하였다. 또한 다른 지원조직과의 협력을 위해 ANADER Bingerville 교육장에서의 합숙 훈련을 실시하고 씽골리마을 주민 교육은 특히 영농 기술 및 문해 교육 관련된 교육까지 포함하였다. 이처럼 씽골리 새마을시범마을 사업에 필요한 이해관계자들의 교육을 실시하고 주민들의 역량을 기르기 위해 전문가를 파견하여 컨설팅과 워크숍을 실시하였다. 그리고 마을 단위 시범 사업 계획(Action Plan)을 수립할 수 있는 역량, ANADER의 역량을 강화할 전문가를 정기적 혹은 수시로 파견하였다. 또한 사업이 지속가능하도록 사업의 성과평가를 매 사업 연도 말에 시행하며, 그 결과를 바탕으로 차기년도 마을별 사업비를 결정함으로써 시범사업 시행주민의 Action Plan에 따라 주민의 소득 증대 사업 및 마을 인프라 건설 등 생활환경개선 사업이 성공적으로 추진될 수 있었다.

씽골리 새마을시범마을조성사업은 의식개혁을 통해 지역주민 스스로 변화를 일으킬 수 있는 새마을정신을 마을 개발의 동력으로 삼았다. 이 과정에서 현지 주민의 의식 개선을 위한 다양한 노력이 이루어졌고, 지속적인 새마을정신 교육은 사업을 지속가능하게 하였다. 근면, 자조, 협동의 새마을정신으로 마을주민들은 마을 인프라 구축 사업에 무상의 주민 노동력을 제공하였으며 이를 통해 협동정신의 시너지 효과를 나타냈다. 주민들의 설문조사 결과, 본 사업이 주민 의식개선에 도움이 되었다는 씽골리 주민들의 매우 긍정적인 평가(평균 4.98)가 제시되었고, 사업이 지역사회의 의식개선에 기여하는 것으로 나타났다. 이와 같이 주민들의 의식 개선을 위한 지속적인 교육과 참여 유도는 마을 개발의 성공적인 모델을 위한 중요한 요소로 자리 잡아야 할 것이다. 설문조사를 통해 씽골리마을의 새마을 사업은 파급효과가 매우 높은 것으로 나타났다. '새마을사업을 다른 마을에 추천할 의사가 있는가?'라는 질문에 전적으로 추천하고 싶다고 하였으며(4.96), 새마을사업은 마을 빈곤층에 도움이 되는 사업인가?(4.48)라는 질문에도 매우 긍정적인 평가를 하였다. 또한 새마을시범마을조성사업의 효과는 새마을 프로젝트가 계획된 목표를 달성했습니까? (4.3) 이 프로젝트는 충분한 결과를 산출했습니까?(4.0) 새마을 프로젝트에 참여한 후 주민들이 마을 문제를 해결하기 위해 협력하는 의식을 개발했습니까?(5.0) 새마을 프로젝트에 참여한 후 나는 할 수 있다는 자신감을 얻었습니까?(4.0) 새마을 프로젝트를 통해 개선된 마을 환경으로 생활이 더 편리해졌습니까?(4.0) 새마을 프로젝트를 통해 소득이 증가했습니까?(4.0)우리 마을이 살기 좋은 마을이 되었다고 생각하십니까?(5.0)로 매우 긍정적으로 평가되었다.

씽골리 새마을시범마을조성사업 종료 후 주민들이 평가한 사업의 결과는 매우 성공적이었다. 주민들은 새마을 프로젝트를 다른 마을에 추천할 의향이 있다(5.0, 100%). 씽골리 주민들은 새마을 사업을 적극적으로 다른 마을에도 추천하고 싶다는 것과 씽골리 새마을운동이 향후 마을을 더 크게 발전시킬 것이라는 기대를 갖고 있으며 이에 적극적으로 참여하려는 의지도 강하게 갖고 있었다. 또한, 새마을운동 방법과 원칙이 다른 문제를 해결하는 데 적용될 수 있다고 생각한다(5.0, 100%). 우리 마을은 앞으로 더 발전할 것이라고 생각한다(5.0, 100%). 마을 주민들의 경제 상황이 앞으로 더 나아질 것이라고 생각한다(5.0, 100%). 이처럼 설문조사 결과에 나타난 것처럼 주민들은 새마을사업의 현재 성과는 물론 향후 소득증대와 잘사는 마을이라는 목표가 지속적으로 달성될 것으로 확신하고 있었다. 또한 씽골리마을 주민들은 근면, 자조, 협동의 새마을정신으로 마을의 변화는 지속될 것이라는 기대를 갖고 있음이 드러났다. 설문조사 결과는 나는 이웃과 협력하여 마을의 문제를 해결할 것이다(5.0, 100%). 마을 시설을 유지 관리하기 위해 시간과 돈을 기꺼이 내놓을 의향이 있다. 앞으로 어떤 어려움이 오더라도 이겨낼 의지가 있다(5.0, 100%). 나는 소득을 늘리기 위해 더 열심히 일할 것이다(5.0, 100%). 마을에서 발생하는 문제를 주민들이 스스로 해결하고 있다(5.0, 100%). 마을 주민들이 서로 의지할 수 있다고 생각한다(4.5, 100%). 주민들이 단결하면 어떤 문제도 해결할 수 있다(4.5, 100%). 나는 마을의 일원이라고 느낀다(5.0, 100%). 우리 마을에만 있는 독특한 정신이나 질서가 있다고 생각한다(5.0, 100%). 새마을 프로젝트가 코트디부아르 전역에 퍼져야 한다고 생각한다(5.0, 100%). 우리 마을을 본 다른 마을들도 새마을 프로젝트를 하고 싶어할 것이다(5.0, 100%).

이상의 설문조사 결과를 요약하면 씽골리마을 주민들은 새마을시범마을조성사업의 성공적 실시에 대한 자부심이 강하고 사업에 참여하면서 자신은 물론 가정과 마을의 발전에 대한 확신을 갖게 되었으며, 새마을사업에 대한 경험을 다른 마을과도 공유하고 전파하여 성공을 공유하려는 나눔의 정신이 확고해진 것이다. 주민들은 근면, 자조, 협동이라는 새마을정신으로 씽골리마을 주민의 생활이 새롭게 형성된 것이다. 이런 영향력은 주민들의 설문조사 결과 명료하게 드러나고 있다. 주민들은 주방 및 화장실 개선, 주민들의 할수 있다는 자신감, 우물 등의 물공급, 주민들 간의 협력 부분에 전주민이 100%의 영향받은 부분으로 평가하였고, 소득증진은 90%, 글자배우기 등의 교육수준 증진이 50%의 영향을 받은 것으로 평가하였다. 이러한 씽골리 주민들이 평가하고 인식하는 새마을조성사업의 영향력은 성공적인 씽골리마을 사업이었음을 보여주는 예이다.

5 시범마을 사업의 지속 가능성을 확보하기 위한 제언

씽골리 시범마을사업의 성과를 지속적으로 유지될 수 있도록 하기 위한 전략을 지방정부와 새마을지도자 및 새마을재단과 함께 논의하였다. 씽골리 새마을사업의 지속가능성을 확보하기 위해 부아케시 공무원들이 제시하는 의견과 주민들이 요구하는 의견에 다소 차이가 있었지만 새마을재단은 현장에서 사업 실행경험에 초점을 두고 다음과 같이 언급하고 있다. 새마을재단이 씽골리주민들의 설문조사한 결과를 종합하여 제시한 제언은 다음과 같다. 주민들의 적극적인 참여와 자발적인 행동, 교육과 훈련의 기회를 통해 주민들이 자립할 수 있는 기반을 마련한 것 등 성공요인은 다음과 같다.

① 주민들의 높은 참여 의식: 씽골리마을 주민들은 새마을시범마을 조성사업에 대한 높은 관심을 보였고 적극적으로 참여하였다. 설문조사에서 나타난 참여 주민들의 사업에 대한 만족도는 매우 높았으며 주민들의 참여가 사업 성공에 기여한 것으로 평가되었다.

② 자발적인 참여: 주민들은 사업추진 전후로 자발적으로 회의에 참석하고 다양한 활동에 주도적으로 참여하였다. 이들의 적극적인 태도는 마을 발전을 위한 여러 아이디어 제안으로 이어졌으며, 주민들의

회의 개최 횟수와 참여 인원 수는 사업 기간이 지속되어도 감소하지 않았으며 지속적인 참여가 이루어졌다.

③ **다양한 교육과 훈련의 제공**: 농업, 경영, 마케팅 등 다양한 분야에서 제공된 교육과 훈련은 주민들이 새로운 기술과 지식을 습득하여 자립적인 경제활동을 할 수 있는 기반을 마련하였다. 이러한 교육과 훈련이 시범마을 사업을 자속가능하게 하는 원동력이 되고 새마을정신 교육은 다양한 종류의 사업에 참여율을 효과적으로 증진시켰다. 여성과 취약계층의 참여를 독려하고 이들의 역량 강화를 위한 프로그램을 개발하여 마을 전체의 균형 발전을 도모하고 이를 위해 이들을 위한 특화된 교육 및 지원 프로그램을 운영하여 경제적 자립기반을 조성하는 계기가 되었다.

④ **자립 능력의 향상**: 교육과 훈련을 통해 주민들은 자신감을 얻었고, 이는 마을 내 자립적인 경제활동을 가능하게 하여 사업의 지속가능성을 높이는 데 기여하였다.

⑤ **주민들의 책임 의식 증진**: 새마을운동을 통해 주민들은 자신들의 역할과 책임을 인식하게 되었고, 이는 마을 발전에 대한 주인의식을 강화하는 데 중요한 요소였다.

⑥ **강화된 공동체 의식**: 주민들은 씽골리라는 공동체에 대한 자부심과 유대감을 가지게 되었고, 협력과 상호 지원을 통해 공동체 의식이 더욱 강화되었다.

⑦ **지속적인 지원과 관심**: 새마을재단의 지속적인 관심과 지원은 사업의 성공에 중요한 역할을 하였다. 재단은 현장 사무소를 통해 주민들과 소통하고 필요한 자원을 제공하였다.

⑧ **상호 신뢰 구축**: 주민들과 새마을재단 간의 강한 신뢰 구축은 사업 추진에 긍정적인 영향을 미쳤다. 현장 사무소의 진정성과 적극적인 참여가 주민들의 신뢰를 얻는 데 기여하였다.

⑨ **성공 경험의 축적**: 주민들은 작은 성공을 경험하면서 자신감을

얻게 되었고, 이는 지속적인 참여와 노력으로 이어졌다. 이러한 성공 경험은 주민들에게 더 큰 목표를 향한 동기를 부여하였다.

이와 같은 씽골리 주민들의 새마을사업의 성공경험을 바탕으로, 씽골리 새마을사업의 지속가능성을 확보하기 위해 주민조직과 주민회가 제시한 의견은 다음과 같다. 씽골리 주민들과 새마을 지도자들은 숙고와 논의하에 모니터링 시스템을 구축하고 거버넌스체제를 확고히 하고 교육을 지속하는 등의 요구를 하였고 구체적인 내용은 다음과 같다.

① **지속적인 모니터링 및 평가 시스템 구축**: 사업 종료 후에도 지속적인 모니터링과 평가 시스템을 구축하여 사업의 효과를 확인하고 필요한 개선점을 반영할 수 있어야 한다. 주민들의 피드백을 적극 반영하여 사업 방향을 지속적으로 수정하고 개선하는 것이다.

② **지속적인 교육과 훈련 제공**: 지속적인 교육 및 훈련은 주민들의 역량 강화를 위해 농업 기술, 경영, 마케팅 등 다양한 분야에서 전문교육과 훈련을 지속적으로 제공해야 하며, 이를 위해 정기적인 교육 프로그램을 운영하여 주민들이 최신 기술과 정보를 지속적으로 습득할 수 있도록 지원되어야 한다. 소득 증대와 자립 역량의 지속성을 위해 주민들에게 다양한 분야에서 교육과 훈련을 지속적으로 제공해야 한다. 특히, 여성과 취약 계층의 참여를 독려하고 이들의 역량 강화를 위한 프로그램을 개발해야 한다.

③ **재정 지원 강화**: 마을 주민들이 자립할 수 있도록 필요한 재정 지원을 강화하고, 새로운 농업 기술 도입 및 생산성 향상을 위한 기술 지원을 지속적으로 제공해야 한다. 주민들이 자립할 수 있도록 필요한 재정 지원을 강화하여 안정적인 경제 활동을 할 수 있도록 재정 및 기술 지원이 이루어져야 하교 새로운 농업 기술의 도입과 생산성 향상을 위한 기술 지원을 지속적으로 제공하여 주민들의 경제 활동을 지원할 필요가 있다.

④ **거버넌스 협력체제 지속 가능성**: 지역 정부와의 협력 체계를 구축하여 사업의 지속 가능성을 높일 필요가 있다. 초기 단계부터 지역 정부와 협력하여 사업 선정 및 추진 과정을 함께 진행해야 한다. 지역 정부와의 협력 강화는 사업의 지속 가능성을 높이기 위해 지역 정부와의 긴밀한 협력 체계를 구축해야 한다. 초기 단계부터 지역 정부와 함께 사업을 선정하고 추진하는 과정에서 협력하여 상호 이익을 도모할 수 있다. 또한, 지역 정부의 정책적 지원을 받아 마을 발전을 위한 장기적인 계획을 수립할 필요가 있다.

⑤ **생활환경 개선**: 주민들의 생활 환경을 향상시키기 위해 마을의 인프라를 지속적으로 개선해야 한다. 주민들이 직접 체감할 수 있는 시설을 구축하고, 전기, 수도 등 기본적인 인프라를 확충하여 생활 편의를 증진해야 한다. 주민들의 생활 환경을 개선하기 위해 마을의 인프라를 지속적으로 개선하여 놀이터와 같은 주민들이 직접 체감할 수 있는 시설을 구축하여 생활의 질을 높일 수 있다. 더불어, 도로, 전기, 수도 등 기본적인 인프라를 확충하여 주민들의 생활 편의를 증진시켜야 한다. 이와 같은 요소들은 씽골리마을 주민들의 자립적이고 지속 가능한 발전을 위한 기초를 제공할 것이다.

씽골리 새마을사업의 성공적 지속가능성을 위한 주민들의 제언뿐만 아니라 부아케시 지방정부는 인터뷰를 통해 다음과 같이 언급하였다. 부아케시의 농업국장은 씽골리새마을사업의 성공적인 요소들이 많지만 이런 새마을사업이 다른 마을에도 전파되어 성공을 거두려면 사업착수부터 종료까지의 소요시간을 당초 사업계획을 수립할 때부터 신중히 반영해주어야 할 것이라는 점을 제언하였다. 씽골리마을의 새마을사업 기간이 3-5년인 점은 목표한 성과를 거두기 위해서는 시간이 짧다는 점을 언급하였다. 씽골리마을의 경우 새마을사업을 착수하고 2-3년이란 기간동안은 주민도 공무원도 새마을운동을 인지하는데 시간이 소요되었고, 3년째 되던 해는 참여자들의 새마을교육을 통해 정신을 개조하고 그러고 나면 현실적으로 사업을 운영할 기간이 없다고 경험을 토로했다. 실제 새마을사업에 대한 주민들과 관련업무를 담당하는 공무원들이 사업을 이해하는데 시간이 소요되고 그리고 적극적으로 참여하도록 정신교육을 하고 태도를 변화시키는데 시간이 소요되고 있어 당초 계획한 사업기간이 사업실행에 소요되는 기간이 너무 짧다는 점을 언급하면서 주민들이 직접 사업에 투입되어 실행하도록 사업기간이 늘어나야 할 것을 제언으로 제시하였다. 모든 주민들이 새마을을 알기엔 시간이 사업기간이 짧고 해당 마을이 목표를 추구하고 새마을사업을 추진하려면 활동시작 전에 선정된 마을에 인프라를 구축하는데 2년이 소요될 것으로 예상되어 만약 5년 사업기간이라면 사업준비기간은 실제 2년으로 총 사업기간을 7년으로 하도록 제언하였다.

13

결론 및 제언: 씽골리 사례의 활용

씽골리마을 새마을사업의 성공은 여러 가지 요인이 복합적으로 작용하였다는 점이 언급되고 있으나, 무엇보다 주민들의 적극적인 참여와 무보수 사업 참여로 마을에 대한 헌신과 희생을 감수하였다는 점들이 현장 관찰과 주민들의 면담으로 나타나고 있었다. 씽골리 새마을시범마을조성사업은 2016년 첫 시도를 하던 시기부터 사업을 진행하는 과정에 착수 평가, 중간평가, 종료평가, 사후평가의 다양한 단계별 평가를 거치고 이는 모니터링 시스템으로 구축되어 씽골리 시범마을 사업을 적극적으로 지원하고 지속될 수 있는 피드백 시스템도 확고히 함으로써 최종적으로 씽골리마을의 성공적 사업 추진이 지속될 수 있었다. 이미 언급된 다양한 과정의 평가를 하는 과정에서 씽골리마을의 성공요인에 대한 분석이 이루어졌고 이런 성공요인은 씽골리마을의 사례를 벤치마킹하고자 하는 다른 지역에 의미있는 시사점을 제공함과 동시에 유용하게 활용될 수 있도록 다음과 같이 제시한다.

씽골리 새마을 시범마을조성사업의 사후평가는 이 사업이 전반적으로 매우 성공적임을 보여준다. 본 사업은 한국의 새마을운동 정신을 바탕으로 하여 마을 주민들의 자립 역량을 강화하고, 지역사회의 지속가능한 발전을 도모하기 위해 설계되었다. 씽골리마을은 이 프로젝트를 통해 경제적, 사회적, 환경적 측면에서 다양한 긍정적인 변화를 경험하였다. 씽골리 새마을운동의 핵심요소를 평가한 결과, 다음과 같이 몇 가지 요소들이 드러났다.

첫째, 주민 자발성과 공동체 강화라는 점이다. 씽골리마을의 새마을운동은 주민들이 자발적으로 참여할 수 있는 환경을 조성하였으며, 경쟁과 인센티브를 통해 마을 발전에 대한 책임감을 고취시켰다. 이러한 자발적인 참여는 주민 간의 신뢰와 협력을 강화하였고, 마을 공동체의 결속력을 높이는 데 기여하였다. 주민들은 마을에 대한 자부심을 느끼고, 경제적 자립을 위한 기반을 마련하는 중요한 역할을 수행하게 되었다. 체계적인 주민조직과 리더십 교육은 주민들이 조직적인 활동에 참여할 수 있는 역량을 갖추게 하였고, 이는 마을 발전의 중요한 추진력으로 작용하였다.

씽골리마을의 새마을시범마을조성사업은 경제, 사회, 환경적 측면에서 긍정적인 변화를 가져왔으나, 사업 초기에는 주민들의 이해 부족과 저항이 있었고, 일부 주민들은 혜택을 공평하게 누리지 못했다는 불만을 제기하기도 했다. 이러한 문제를 해결하기 위해서 효과적인 소통과 교육이 필요하며, 보다 포괄적이고 공정한 지원 체계를 마련하여 문제는 극복되었다. 새마을교육은 주민들의 적극적인 참여를 하게 하는 중요한 계기가 된 것이다. 씽골리마을 주민들은 새마을 시범마을조성사업에 높은 관심을 보이며 적극적으로 참여하였다. 주민들의 자발적인 회의 참석과 각종 활동에의 주도적 참여는 사업의 성공에 큰 기여를 하였다. 그들은 마을 발전을 위한 다양한 아이디어를 제안하는 등, 적극적인 태도를 보여주었다. 그리고 새마을 정신교육과 다양한 교육훈련을 통한 주민의 역량이 강화되었다. 주민들은 농업, 경영, 마케팅 등 다양한 분야에서 교육과 훈련을 받았다. 이러한 교육을 통해 새로운 기술과 지식을 습득하여 자립적인 경제활동을 할 수 있는 기반을 마련하였고, 자립 능력이 향상되었다.

교육과 훈련을 통해 자신감을 얻은 주민들은 마을 내 자립적인 경제활동을 가능하게 하여 사업의 지속가능성을 높였다. 특히 새마을정신교육은 주민들의 사업에 대한 의식을 개선하는데 커다란 기여를 하였다. 새마을운동은 주민들에게 자신들의 역할과 책임을 인식하게 하여, 마을 발전에 대한 주인의식을 강화시켰다. 또한, 협력과 상호 지원을 통해 공동체 의식이 강화되었고, 이로 인해 주민들 간의 유대감이 더욱 견고해졌다. 특히 주민들의 태도나 가치 등 눈에 보이지 않는 변화가 주민들의 새마을사업 참여와 적극적 개입에 큰 역할을 하게 되었다. 주민들은 "일찍 일어나 일하면 미래가 나아질 것을 알게 되었다."라는 말을 하면서 실제 마을주민들이 개인 활동으로 하던 것을 그룹활동으로(매주 수요일은 마을 청소의 날) 남자들은 마을의 나무 등을 정리하고 여자들은 집안 정리청소를 하는 날로 전주민이 적극적으로 참여하고 있다.

썽골리마을의 새마을시범마을조성사업의 성공으로 마을주민들은 인근 지역과 사카수 현의 172개 마을 대표들이 썽골리마을을 견학방문와서 센터를 관람하고 갔고 부지사가 방문하여 마을을 둘러보고 감으로써 주민들의 썽골리마을 주민으로서의 자부심을 고조시키는 계기가 되었다. 그리고 썽골리마을은 마을 진입부터 깨끗하게 관리된 청소하는 클린 마을의 모델이 되고 있다. 이런 다양한 계기로 썽골리마을의 주민들은 어떻게 마을을 성장하게 할 수 있을까에 대한 해답으로, 개인보다 먼저 마을을 생각하게 되는 새마을정신을 고취하고 실천하고 있다. 이런 자부심으로 씽골리마을 주민들은 자체 형성한 공동기금으로 새마을운동 글자와 로고를 새긴 씽골리 티셔츠를 만들어 입고, 새마을 자부심을 갖고 열심히 참여하고 있다. 또한 씽골리마을의 청년 회장의 말을 빌면 "start first, no wait help outside(먼저 우리가 시작하고 무작정 외부의 도움을 기다리지 않는다)."라고 함으로써 새마을사업으로 인해 주민들의 자조정신이 뿌리내리고 있음을 보여주고 있다.

둘째, 성과 인정과 보상 시스템이 있었다는 점이다. 성과 평가와 보상 시스템의 도입은 주민들이 자신의 노력과 성과를 인식하게 하고, 이를 통해 지속적인 참여를 유도하는 데 중요한 역할을 하였다. 새마을운동으로 추진되는 사업 시스템은 기본적으로 마을 내에서 주민들의 경쟁과 협력을 동시에 촉진하며, 열심히 참여할 수 있도록 주민들에게 동기부여를 강화하는 데 기여했다. 씽골리 주민들이 느끼는 변화는 마을의 환경을 개선하는 과정에 공동으로 참여하면서 성과를 가져왔고 자신들의 각 가정생활에서도 변화를 가져오도록 성과평가와 보상시스템이 작동한 것에 기인한다.

씽골리 주민들은 자신이 새마을교육 받으면 각 가정으로 돌아가 가족구성원들 공유하도록 교육하며 이 과정에서 각 가정의 변화는 성과로 드러나고 좋은 성과에 대한 상호 격려함으로써 동기를 부여하고 있었다. 주민들은 마을도로를 공동청소하고 자신의 각 가정을 청소하며 화장실을 집안으로 들여오는 화장실 현대화 사업을 추진하였다. 새마을재단이 지원하는 화장실 건축 재료를 지원받아 가족들의 공동노동과 자조협력으로 화장실을 직접 지었다. 또한 토마토와 닭은 주민들이 공동사육장에서 공동으로 생산하여 공동수익을 창출하였다. 또한 각 가정에서 채소와 닭고기를 식재료로 제공하여 음식을 잘 먹게 되었다는 주민들의 만족은 새마을사업이 주민들에게 충분한 보상 시스템으로 작용하고 있음을 보여준다. 부녀회 주민들은 농산물 가공품으로 아체케를 만들기 위해 전통적으로 손으로 하던 작업을 기계를 도입하여 노동력을 줄이고 생산량을 늘렸다. 부녀자들은 처음에 카사바를 빻는 기계의 사용법을 몰라 기계사용법 교육을 받았고, 토마토 농사를 하는 땅에 큰돌이 박혀 있어 파내야 하는 토양작업을 마을 청년회와 협력으로 하였다.

특히 씽골리마을 각 가정 화장실 현대화 사업은 불충분한 재원과 재료의 소진으로 당초 계획한 34개 화장실 건축과 달리 20개의 화장실 건축만 가능한 상황에서 주민들은 거듭된 논의를 통해 원칙을 세우고 화장실 건축의 우선 순서를 결정하여 건축하였다. 주민들은 누구나 가정에 화장실을 들이고 싶지만 회의 결과 결정된 우선순위는 노인거주가정, 영유아 및 어린이 동거가정, 다가족 가정의 순으로 건축자재를 할당하여 화장실을 건축하게 하였다. 이런 점은 주민들이 새마을정신 교육을 통해 상호 협력하고 서로를 돌보는 문화를 형성하면서, 새마을사업을 계기로 씽골리 주민들의 공동체 일상에 상호배려와 돌봄의 분위기가 정착되었음을 보여준다.

부녀자들이 공동작업으로 돈을 버니 자연스럽게 불평이 없어졌다는 청년회원들의 이야기가 있었다. 새마을사업으로 여성들이 공동작업으로 수익을 올리기 전에는 남자들이 100% 생업활동으로 가족의 생계를 부양하기 위해 가정살림과 아이 양육 등을 책임지고 가정경제를 꾸려왔다. 그러나 이제 여자들이 아체케 공동작업으로 수익이 생기니 가정 내 여자와 남자가 50 대 50으로 가정 경제 꾸리고 그로 인해 이제는 배우자를 상호 파트너(partner and helper)로 인식하는 변화를 가져왔다. 여성들이 비즈니스도 독립적으로 하게 되고 여성들이 노동에 참여하면서 남자들의 돈을 기다리지 않고 여자들이 아체케 팔아서 번 돈을 사용하여 아이들의 학비도 주고 병원비 약값을 지불할 수 있게 된 것에 여성들이 자신에 대해 자부심을 갖게 되고 자신의 노동력에 대해 인정하고 스스로 높이 평가하는 계기가 되었다. 또한 전통적으로 씽골리마을의 가정에서 부부문제나 갈등이 생기면 족장 집에 와서 족장의 중재로 해결했으나 지금은 여자들이 돈을 벌면서 그러지 않고 여성들이 자신의 권리를 주장하고 남녀평등에 대한 인식도 확산되는 계기가 되었다.

셋째, 새마을재단과 코트디부아르 지방정부의 전략적 지원이 있었다는 점이다. 새마을재단은 씽골리 새마을시범마을 사업이 추진되는 전 기간에 걸쳐 지속적인 지원을 하였으며, 새마을재단의 지속적인 관심과 지원이 사업의 성공에 중요한 역할을 했다. 재단은 현장 사무소를 통해 주민들과 지속적으로 소통하며 필요한 자원을 제공하였다. 이 과정에서 현장 사무소의 진정성과 적극적인 참여는 주민들의 신뢰를 얻어 사업추진에 긍정적인 영향을 미쳤다. 또한 지방정부의 전략적 지원은 새마을운동이 성공적으로 추진될 수 있는 기반을 제공하였다. 새마을 리더들의 헌신적인 노력은 주민들의 자발적인 참여를 이끌어내는 데 중요한 역할을 하였으며, 거버넌스 매커니즘이 효과적으로 작동하였다. 주민들은 마을 발전에 대한 책임감을 가지고 적극적으로 참여하게 되었고, 이는 경제적 자립과 생활 수준 향상으로 이어졌다.

┃인터뷰: 청년회 언급

마을에 청년들의 조직이 없었는데 새마을교육후에 조직을 만들었음, 청년회 조직 만들어 그룹이 형성되고 마을을 케어하게 되었다.

청년회 1: 새마을 전에는 개인이 개별적으로 농지에 나가서 농사지었는데 새마을교육 이후에 청년회 조직이 만들어져 그룹을 형성하고 마을을 care 한다.
청년회 2: 물문제, 전에는 5킬로씩 걸어다니며 물을 길어 왔는데 지금은 물로 농지 농사가 가능하다.
청년회 3: 젊은 층이 마을을 떠남: 전에는 house, wife를 가지면 살기 위해 마을을 떠났으나 지금은 물문제가 해결되고 토마토 농사를 하면서 자기 농지에 농사를 하고 수익을 벌면서 정착하게 되었다. 3모작도 가능하여 얌이나 카사바만 하던 것에서 채소 농사도 한다.

청년회 4: 월 수 카사바 하고 마을에 정착하여 살 수 있음.

청년회 5: 문해교육, 젊은 남녀들이 교육을 새마을회관 문해교실에서 글을 배우고 운전도 배워서 면허증을 취득하고 삼륜오토바이 면허를 따서 운전하고 일도 한다. 마을에서 농사를 지어도 내다 팔수도 없고 와서 농산물을 가져가는 상인이 오기를 기다리며 상인들이 부르는 가격에 의존할 수밖에 없어 제대로 농산물 가격을 받지 못했고 또 수확을 해도 바로 가져가지 않으면 보관도 어려워 그대로 썩어버리기도 했다. 그러나 새마을사업을 하면서 이런 문제가 해결되었다, 새마을사업을 하면서 새마을재단 사업비 지원으로 삼륜오토바이 3대를 구입하고 운전하고 나가기 위해 운전교육을 받고 면허증을 취득하게 했다. 그래서 지금은 농산물을 수확해서 삼륜오토바이로 운전해서 직접 시장에 내다팔면서 더 높은 수익을 얻게 되었고 아체케도 만들어서 시장에서 부녀회에서 직접 팔고 있다.

청년회 6: 시내로 나가 일하고 남의 집 일해주고 모두 임금을 받지 못하는 무임금 노동이었으나 새마을로 훈련 받고 양계 비즈니스해서 애들 학교 보내고 지금은 다른 마을 새마을교육 훈련 강사로 나가서 payment를 받고 있다. 내 인생이 바뀌었다.(마을 안떠나고 돌아와 성공한 수기 받을 것)
Life change
Challenge-transformation
problem-solving

청년회장: 마을 안 떠나고 새마을한다. 새마을로 시너지 효과가 있다. 새마을이 지속되기를 희망한다. 벼농사를 가르쳐 달라.

넷째, 경제적 성과가 가시적으로 드러난 점이다. 썽골리마을은 새마을 시범마을조성사업을 통해 경제적, 사회적, 환경적 측면에서 긍정적인 변화를 경험하였다. 특히, 경제적 측면에서는 주민들의 소득증대가 두드러졌다. 농업기술의 현대화와 생산성 향상, 협동조합의 조직화는 주민들의 생산량을 증가시키고, 이는 곧 경제적 자립으로 이어졌다. 새마을사업의 일환으로 도입된 다양한 경제활동, 특히 농업기술의 현대화와 생산성 향상은 주민들의 소득을 실질적으로 증가시키는 데 중요한 역할을 했다. 농업 생산성을 높이기 위해 실시된 기술 교육과 농기계 보급, 비료와 종자 지원 등이 주민들의 생산량을 크게 증가시켰으며, 이는 곧 소득증대로 이어졌다. 특히, 협동조합의 조직화와 운영이 마을 경제에 미친 영향도 주목할 만하다. 협동조합은 주민들이 공동으로 농산물을 생산하고 판매함으로써 경제적 효율성을 높였으며, 이를 통해 얻은 수익은 다시 마을 발전을 위해 재투자되었다. 이러한 경제적 성과는 주민들이 경제적 자립에 대한 자신감을 가지게 했고, 마을 전체의 경제적 안정성을 높이는 데 기여하였다.

다섯째, 사회적 변화를 가져온 점이다. 사회적으로는 협동과 상생의 중요성을 깨닫게 하였고, 특히 여성들의 역할이 강화되었다. 새마을사업은 여성들의 경제활동 참여를 촉진시켜 마을 내에서 주도적인 역할을 수행할 수 있는 기반을 마련하였고, 이는 성평등을 촉진하는 데 기여하였다. 주민들의 교육 기회가 확대되면서 청소년들도 다양한 교육 프로그램에 참여하여 미래에 대한 꿈과 희망을 키울 수 있었다. 이는 장기적으로 마을 전체의 교육 수준을 향상시키고, 미래 세대의 역량을 강화하는 데 기여할 것이다.

▍인터뷰 주민들의 직접 언급한 말: 부녀회

Q 새마을 전과 후 마을의 변화는?

부녀회 답변

- 아체케 공동작업 날로 8명만 참석
- 부녀회 조직, 아체케 비즈니스: 아체케를 팔아 필요한 것을 사고 마켓에도 가고 아체케 비즈니스는 일하고 3-6개월 후에 공동수익을 나누어 돈을 번다

부녀회 1: 만원 ~5천원을 받아 썼으나 지금은 그러지 않는다. 지금 활동을 위한 지출을 내가 벌어서 한다. 내일을 걱정하지 않는다.

부녀회 2: 가족의 생계에 참여하고 남편에게 100프로 의존하지 않는다. 지금은 내가 벌어서 소금이나 바나나를 산다.

부녀회 3: 남편이 아플 때 내가 가족의 생계를 꾸리고 아이들의 학비도 내고 약도 산다.

부녀회 4: 가족의 생계를 꾸릴 수 있는 것.

부녀회 5: 화장실 문제 등을 해결하고 병원을 가도 걱정이 없다. 아이들 학비를 내

여섯째, 환경적 측면에서도 본 사업은 긍정적인 성과를 거두었다.
새마을시범마을조성사업을 통해 마을의 환경이 크게 개선되었으며,
특히 쓰레기 처리와 같은 기본적인 환경 관리체계가 구축되었다. 이와
함께 마을에 도입된 새로운 위생 시설과 상수도 시스템은 주민들의 건
강을 증진시키는 데 중요한 역할을 했다. 더불어 환경 보호의 중요성
에 대한 교육이 이루어지면서 주민들은 지속 가능한 농업과 환경 보호
를 위해 노력하게 되었다. 이러한 변화는 단순히 마을환경의 개선에
그치지 않고, 주민들의 건강 증진과 삶의 질 향상으로 이어졌다.

썽골리마을의 시범마을조성사업이 종료된 후 실시된 사후평가에
서 드러난 성공요인을 정리하면 다음과 같다. 썽골리 새마을시범마을
조성사업의 성과를 평가하기 위한 주민들의 인터뷰를 키워드로 빈도
수를 분석한 결과, '마을', '새마을', '프로젝트', '장관', '물', '활동', '건설',
'사람들', '농업', '원하다' 등의 키워드가 중심적으로 등장하였다. 또한
인터뷰 내용의 키워드 간 연결성을 파악하기 위해 네트워크 분석을 진
행한 결과, '새마을', '훈련', '개발', '변화', '변환', '돈', '한국' 등의 키워드
가 높은 관계성을 나타내었다. 이러한 분석 결과는 썽골리 새마을 시
범마을조성사업이 주민들의 삶에 미친 영향을 명확하게 이해하는 데
기여할 것이다. 전체적으로, 이 사업은 경제적 자립과 사회적 결속, 환
경적 개선을 통해 마을주민들의 삶의 질을 크게 향상시키는 데 성공적
이었다는 점을 뒷받침하고 있는 것이다.

그림 13-1 주민 인터뷰 결과(키워드 빈도 그래프)

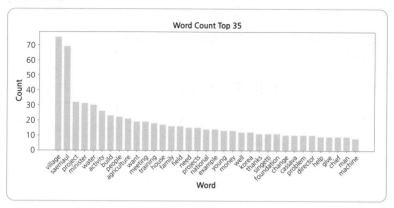

단어 빈도수 분석을 시각적으로 드러나도록 키워드 중심의 워드클라우드로 그리면 다음과 같이 나타났다. 중심의 핵심단어로 마을이 위치하고 이어 새마을이 가장 큰 크기로 영향을 미치고 있음이 보여지며 프로젝트, 즉 사업과 행정관료, 마을사람, 활동, 농업, 수립과 형성, 만남과 회의 가정, 농토, 훈련, 가족, 감사, 요구, 바람, 부족, 변화 등의 단어들이 드러났다.

그림 13-2 구성원 인터뷰 결과 (키워드 빈도 워드클라우드)

이상의 단어 빈도수 분석을 바탕으로 단어들 간의 네트워크 관계
망 형성에 대한 것을 분석하고 상호관련성을 시각적으로 드러나도록
네트워크분석을 실시한 결과는 다음과 같이 나타났다.

그림 13-3 구성원 인터뷰 결과(네트워크 분석)

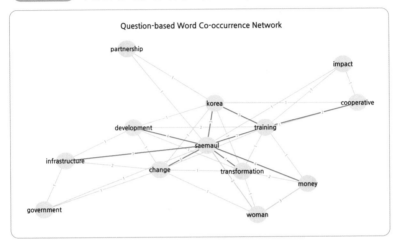

위의 네트워크분석과 키워드 빈도수 분석은 씽골리 주민들이 인식
하는 새마을시범마을조성사업의 성공요인에 대한 것이다. 이와 달리
부아케시의 공무원들이 인식하는 성공요인은 유사하지만 다른 요인들
이 드러났다. 부아케시의 지방정부 농업국장과 부서 공무원들의 면담
결과 드러난 씽골리마을의 새마을사업 성공요인은 인프라구축이 잘되
었다는 점을 가장 우선적으로 꼽았으며 다음으로 씽골리 주민들의 도
전정신, 그리고 새마을사업으로 인한 주민들의 수혜로 생활변화라는
경험을 한 점이 크게 부각되었다. 각 요인들에 대한 부아케공무원들의
인식을 구체적으로 살펴보면 다음과 같다.

첫째, 인프라(infrastructure)가 중요 요인이다. 인프라구축의 으뜸이

되는 것은 마을회관의 건립이라고 언급되고 있다. 씽골리마을 주민들의 회합은 마을회관 건립 이전에는 부족장의 집 뜰에 있는 망고나무 아래서 진행되었지만 새마을회관(meeting hall)이 건립되면서 새마을회관이 회합의 장소를 넘어서 다양한 마을활동을 위한 주민들의 집합장소이자 아이들의 교육에 새마을 회관을 활용하고 있다. 학교 교실이 부족하였는데 새마을회관을 교실로 사용하고 있으며 이는 지방정부가 각 마을에 아이들을 위한 교실을 더 만들기로 하게 만드는 성과까지 거두었다. 지방정부 차원에서 새마을시범마을 사업을 하는데 트리거가 되는 것은 인프라 구축여부에 달려있는 것으로 언급했다. 즉 주민들이 한데 모이고 의논할 수 있는 장이 마련되고 이런 인프라는 주민들이 가시적으로 볼 수 있는 사업의 효과이기에 주민들의 참여를 독려할 수 있는 시너지 효과까지 가져오고 있다는 점이 언급되었다.

둘째, 씽골리 주민들의 도전정신(challenge-transformation)을 요인으로 제시했다. 씽골리마을 주민은 전통적으로 주식인 카사바를 활용해 많은 요리를 해왔는데 새마을사업을 통해 카사바를 농산물 가공식품으로 만들자는 사업을 제안하였다. 카사바는 단지 식재료를 넘어 가공품으로 변환하도록, 즉 다른 형태 음식으로 만들어 수익을 창출하도록 하는 아이디어를 제안하게 된 것이다. 카사바는 주민들이 농사 - 수확 - 요리하는 농산물이었는데 이것을 다른 형태의 가공품인 아체케로 만들어 시장에 팔 수 있게 되었다. 농산품으로 만들어진 아체케의 생산은 주민들이 각 가정에서 하던 작업을 새마을사업으로 주민들이 함께 모여 공동 작업하여 공동생산하고 공동판매하여 벌어들인 공동수익을 공동분배하는 체제로 정착시켰다. 마을 부녀회 주도로 여성들은 공동작업에 참여하고 공동수익을 분배받아 여성들이 각자 주머니에 수익을 챙기게 됨으로써 가정생활이 변화하게 되었다. 이런 과정은 씽골리 주민들이 새로운 시도를 하고 공동생산판매라는 새로운 시스템에 적극적으로 참여하는 도전정신이었다. 여성들이 공동작업으로 소득을 얻게 되면서 이로 인해 남자들에게 매번 생활비와 가정 생활을 위해 손벌리지 않는 여성들이 자립성을 갖추고 자신의 의사결정과 의견에 대한 목소리를 내게 되었다. 또한 여성들은 새마을교육에 참여하여 회계교육을 받으면서 자신이 얻은 소득과 지출을 가계부에 기록하고, 문해교육에 참여하여 산수와 글자를 배우게 되면서 여성들이 저축의 개념도 생겨나게 되었다. 특히 여성들은 문해교육을 통해 글자를 익히고 계산이 가능하게 되면서, 은행에 자신의 계좌를 개설하여 통장을 만들수 있게 되고 저축의 개념도 생겼다.

2 씽골리 사례의 활용

씽골리마을의 새마을시범마을조성사업은 마을주민들의 자립역량을 강화하고, 경제적, 사회적, 환경적 발전을 동시에 이루어내어 지속 가능한 발전을 위한 기반을 마련했다는점에서 매우 성공적이었다고 평가되고 있다. 이러한 씽골리마을의 성공 사례를 벤치마킹하여 다른 마을에서도 유사한 사업이 진행될 수 있도록 씽골리마을의 사례가 활용되기를 기대한다. 씽골리마을의 새마을시범마을조성 사례는 지속 가능한 개발의 전략으로 활용될 수 있다. 이 과정에서 씽골리마을의 사례는 씽골리마을의 여건과 맥락에 적합하게 추진된 것으로 다른 마을에 적용될 때 각 마을의 여건과 환경에 맞도록 재단되어야 할 것이다. 씽골리마을에서 어떤 어려움이 있었고 어떤 과정을 거쳐 어떤 방식으로 극복되고 개조될 수 있었는지를 문서화하여 참고지침서로 활용하고자 한다. 이러한 노력은 씽골리마을의 성공적인 모델을 기반으로, 코트디부아르와 아프리카 다른 국가에서도 지속 가능한 개발을 위한 아이디어를 제공한다는 측면에서 다음과 같은 요인을 중심으로 기술한다.

씽골리마을에서의 변화는 여러 가지 요인이 있지만 새마을 거버넌스의 역할이 매우 중요하다. 주민과 공무원과 새마을재단의 거버넌스 관련 주민들의 면담을 분석하면 새마을재단의 역할과 주민들의 자치역량을 높이 평가하고 이들의 노력으로 씽골리마을이 사업 성공에 도달한 것으로 평가한다. 주민과 새마을재단에 대한 역할과 참여는 여러 가지 방식으로 구체적으로 제시되고 있지만 현지 지방정부와 공공기관의 도움에 대해서는 언급이 거의 없었다. 이런 결과는 지방정부의 도움이 있었는가라는 설문 문항에서 5점 척도 가운데 1점밖에 나오지 않아서 가장 낮은 점수로 지방정부의 지원과 도움이 상당히 부족했음을 드러냈다. 새마을운동이 한국에서 성공할 수밖에 없었던 것은 공무원과 주민간에 거버넌스가 매우 잘 형성되었다는 점에 비해 코트디부아르 특히 씽골리의 경우 공무원의 역할이 부족함을 알 수 있다. 그래서 본 씽골리 사례에서 아쉬운 점으로 지적된 공무원의 역할 미흡을 개선하기 위해 공무원 교육의 중요성을 언급하지 않을 수 없다. 공무원들의 새마을시범마을 사업에 대한 이해와 노하우를 경험할 수 있는 체계적인 교육프로그램을 확대해서 실시해야 한다.

씽골리마을 사례를 쉽게 활용할 수 있도록 마지막 결론 부분에 '씽골리 사례가 한국의 새마을운동과 같이 될 수 없었던 그 원인은 어떤 게 있었을까'라는 부분에 대해서 명확하게 언급을 해주는 것이 향후 발전에 도움이 될 것이다. 그것을 위해서 먼저 한국의 새마을운동과 씽골리 새마을시범 마을이라고 하는 것에 가장 두드러진 차이가 무엇에 있었는가 분석하는 것은 유용한 도움을 줄 것이다.

첫째, 새마을운동은 국가 차원에서 전국적으로 진행이 되었다는 것이고 씽골리마을의 경우에는 코트디부아르라는 국가 내의 부아케시의 한 마을 씽골리라고 하는 곳에서 진행이 된 점이다. 즉 국가적인 차원에서 전국 단위로 일어난 한국의 사례와 한 마을에서 시행된 코트디부아르 사례와의 차이는 공무원의 역할 비중에서 극명하게 나타난다. 한국의 경우에는 신도리라는 한 마을의 성공사례가 전국으로 퍼져나가면서 국가 단위로 동시에 움직일 수 있었던 것이고 코트디부아르에서도 우리가 기대하는 것은 씽골리마을이라고 하는 하나의 사례가 단초가 되어서 이것을 바탕으로 국가와 공무원이 함께 나서서 전국 단위로 확산해서 움직이는 국가 수준에 발전국가 개혁의 운동으로 확산되었으면 하는 기대를 가지고 있다. 이것은 충분히 가능할 것이라고 본다. 왜냐하면 새마을이라고 하는 바가지에 마중물이 들어가 있었지만 실제로 이 안에서 같이 움직이면서 이런 성과를 만들어낼 수 있었다. 중간평가 보고서에 의하면, 누가 이렇게 마을을 변화시키고 성공적으로 이끌 수 있었는가? 누가 주 역할을 했는가?라는 질문에 대해 두 차례의 조사 결과, 한 번은 85%, 다른 한 번은 98%에 이르는 응답자가 새마을 지도자라고 답했다. 두 번의 조사 모두에서, 그렇다면 그러한 활동에 대한 이득을 누가 보았는가? 혜택을 누가 누렸는가? 누가 그 성과로 온전히 이득을 볼 수 있었던가?라고 했을 때 98%가 '마을이 혜택을 보았고 마을 주민이 그 혜택을 보았다'라고 응답을 했다. 이런 응답의 결과를 보면 주민들이 명백히 인식하고 있는 것은 주민, 즉 새마을지도자, 마을의 리더라고 하는 것은 결국은 마을의 주민이고 그리고 마중물이라고 하는 새마을 거버넌스를 형성해서 새마을사업의 혜택이 온전히 주민들 자신에게 돌아온다는 것이다.

두 번째로 마을을 성공적인 사례로 만들어낼 수가 있었다는 점이다. 공무원들이 어떤 개선이나 환경 개선이나 혹은 국가 단위의 어떤 혁신을 위해서 어떤 역할을 할 것이냐라고 하는 부분은 매우 중요하다. 특히 국가가 아직은 개발 중인 개발도상국이라든지 혹은 그러한 발전을 위해서 국가 차원의 계획을 수립해서 추진하는 경우라면 무엇보다도 공무원들의 역할, 관료들의 역할이 매우 중요하다는 점을 알 수가 있다. 새마을 혹은 마을 개발 혹은 전국 단위의 어떤 국가 혁신으로 갈 수 있는 모델로 활용될 수 있도록 하기 위해서는 공무원들이 어떤 그 지식과 정보를 가지고 현장에 임해야 될 가이드라인은 아직은 제시된 것을 발견하지 못했다. 이 부분에 대해서 하나의 프로젝트 형식으로 조사 연구가 이루어지면서 전문가들에 의한 어떤 교재 형태로 가이드라인 지침서가 개발되어야 할 필요가 있다.

세 번째로는 우리가 씽골리마을의 사례를 놓고 국가 단위로 확산되고 혹은 코트디부아르라는 국가를 넘어서 환경과 여건이 비슷한 아프리카의 다른 국가에도 필요한 경우에 활용이 될 수 있도록 하기 위해서는 이런 모든 과정들이 어떻게 진행이 되었고 그러한 과정에서 느꼈던 어떤 어려움이나 애로점들을 하나의 매뉴얼 형식의 참고 지침서가 개발이 되어야 할 것이다. 그 이유는 국가마다 처한 환경이나 지역 여건이 다르기 때문에 한국에서 성공했던 새마을운동을 지금 현재 코트디부아르 및 인근 지역에 제대로 확산되기에는 잘 맞아떨어지는 부분도 있지만, 적용하기가 어려운 부분도 있을 것이기 때문이다. 이미 코트디부아르 씽골리마을의 사례에서 언급했지만 공무원 대상 새마을 교육을 전국적으로 확산시키고, 마을에서 리더 역할을 했던 이해 관계자들이 새마을시범 마을 조성에 참여하면서 실제 어떤 어려움이 있었고 그런 난제들이 무엇이었는가를 아주 세부적으로 밝혀서 이에 대한 어떤 솔루션을 제시하는 작업이 진행되어야 될 것이다. 이러한 것들이 충분히 이루어졌을 때 우리가 새마을운동 시범 마을이라고 하는 것이 국가 단위의 개발사업으로 확장될 수 있는 가능성이 넓어질 것이다.

특히, 한국의 새마을운동과 코트디부아르의 씽골리마을을 비교하면서 이러한 발전의 가능성을 살펴보는 것이 의미가 있을 것이다. 씽골리마을과 과거 한국의 사례를 통해, 여성과 새마을 지도자의 역할이 매우 중요함을 알 수 있고 변화를 이끌어내기 위한 거버넌스 구조는 주민, 공무원, 새마을재단 등 세 주체 간의 협력이 필수적이다. 특히 공무원들의 역할을 강화하는 것은 교육 프로그램을 통해 공무원들에게 새마을운동의 목표와 방법론을 이해시키고, 이들이 지역 주민을 지원하는 방법을 배우는 것이 중요하다. 이를 위해 현지에 설립된 새마을 연수원을 활용하여 체계적인 교육훈련이 필요하다. 씽골리마을의 사례를 통해, 한국의 새마을운동과의 차이점을 명확히 하고, 향후 발전을 위한 전략을 마련할 필요가 있다.

결국, 새마을운동은 단순히 한 마을의 변화가 아니라 국가 단위의 혁신으로 이어질 수 있는 잠재력을 가지고 있다. 이를 위해서는 공무원, 주민, 새마을재단 간의 효과적인 협력이 필수적이며, 이들이 상호작용할 때 진정한 변화가 일어날 수 있을 것이다.

요약

서문: 새마을운동의 세계화와 씽골리 사례의 배경

새마을운동은 1970년대 한국의 빈곤 극복과 농촌 개발의 성공 모델로, 근면, 자조, 협동의 가치를 기반으로 한 혁신적 접근법이다. 한국이 1950년대 세계 최빈국에서 오늘날 경제 대국으로 발돋움하는 데 중요한 역할을 한 이 운동은 국제적으로 주목받으며 다양한 개발도상국에 적용되었다. 특히, 코트디부아르의 씽골리마을은 새마을운동의 성공적 적용 사례로, 주민 주도의 자치적 참여로 마을개발과 생활환경 개선을 이루어낸 대표적인 모델로 제시하고 있다. 새마을운동은 한 국가, 한 지역, 한 마을이 잘살고자 하는 기본적 물질적 요구를 충족시키는 활동으로, 주민들의 집단적인 역동성을 불러일으키는 움직임이다. 이 책은 그러한 새마을운동의 본질과 가치, 그리고 이를 통해 얻을 수 있는 영감을 독자들과 나누고자 집필되었다. 새마을운동은 한국에서 시작되어 세계 최빈국 중 하나였던 한국을 경제 10위권의 대국으로 성장시키는 원동력으로 국제적으로 주목받았고 국제기구들은 이를 하나의 개발모델로 인정하였고, 여러 국가에서 새마을운동을 도입하며 각자의 여건과 맥락에 맞춰 활용하고 있다. 특히, 아프리카 대륙에서도 새마을운동은 관심의 대상이 되었으며, 성공적인 사례로 자리 잡은 코트디부아르 씽골리마을의 경험은 이러한 움직임의 중요한 지표가 되고 있다. 이 책은 씽골리마을 사례를 중심으로, 새마을운동의 핵심 정신과 기본원리를 아프리카 코트디부아르 씽골리마을 현지에서 어떻게 적용했는지를 구체적인 데이티와 함께 추진과정을 구체적으로 설명하고, 나아가 이 사례를 통해 국제적인 빈곤 퇴치와 지역 개발의 방향성을 제시하고자 하였다.

이 책은 씽골리마을 사례를 통해 새마을운동이 지역 개발에 어떻게 기여할 수 있는지 구체적으로 살펴보고 이를 벤치마킹하여 각 지역의 발전 니즈에 맞게 유연하게 적용할 수 있는 모델로 활용되기를 기대한다. 새마을재단은 이러한 역할을 수행하기 위해 설립되었으며, 새마을운동을 국제사회에 소개하고 현지에서 사용할 수 있는 구체적인 모델을 개발하는 데 초점을 맞추고 새마을운동의 현장 경험과 프로젝트의 모든 단계를 담아 새마을운동을 처음 접하는 국가나 이를 도입하려는 국가, 그리고 현장에서 실천하는 사람들에게 유용한 영감을 제공하고자 하였다.

이 책은 국내외 독자들을 대상으로 작성되었다. 국내 독자는 새마을운동 관련 교육훈련 기관, 업무 담당자, 강사, 그리고 현장에서 활동하는 실천가들이 가능할 것이며, 새마을운동을 도입하려는 국가와 국제 파트너십을 형성하려는 국가들, 관련 연구자 및 국제기구 종사자들이 해외독자로 가능할 것이다. 특히 이 책은 교육훈련 교재나 보조 교재로 활용될 수 있도록 집필되었다. 새마을재단은 아시아와 아프리카 16개국에서 성공적인 새마을운동을 펼쳤으며, 그 핵심 요인은 초기 단계에서 명확한 교육훈련으로 시작되었다는 점에 있다. 새마을운동은 교육과 불가분의 관계에 있으며, 이를 통해 새마을운동의 정신과 실천 방식을 알릴 수 있다. 새마을운동을 도입하기 위한 선행 조건으로는 첫째, 일관된 이해: 새마을운동에 대한 명확하고 통합된 이해가 필요하고 둘째, 로드맵 제공: 원하는 이들이 언제든지 활용할 수 있도록 전 과정의 로드맵을 공유하며, 셋째, 설계도 제공: 전 과정을 한눈에 파악할 수 있는 조감도와 설계도를 제시히고, 넷째, 유연한 모델: 각국의 특성에 맞게 조정할 수 있는 유연하고 구체적인 가이드라인과 매뉴얼이 필요하고 다섯째, 교육과 매뉴얼 제작: 새마을교육을 중심으로 교재와 매뉴얼이 제작되어야 한다. 이 책은 다양한 현장에서 사용 가능한 매뉴얼로 작성되었다.

이 책은 씽골리마을의 사례를 통해 새마을운동이 지역의 빈곤과 가난을 극복하며, 마을 주민들이 스스로 변화를 만들어내는 과정을 소개하고 이를 통해 유사한 환경에 있는 국가와 지역에 새마을운동이 희망의 단초가 될 수 있기를 기대합니다. 마지막으로, 저자는 새마을운동이 단순한 경제 성장 모델을 넘어 주민 간 관계와 공동체 의식을 변화시키며, 사회적 자본을 창출하는 데 기여한 점을 강조한다. 새마을운동의 씨앗이 씽골리마을에서 싹을 틔우며 만들어낸 변화를 공유함으로써 독자들이 이를 자신들의 상황에 맞게 활용하기를 바라며 다음은 이 책의 내용을 목차중심으로 1-2문장으로 요약하고 있다.

1부: 생존에서 생활로
씽골리마을과 새마을운동의 만남

1장. 씽골리 새마을 사업의 표본

씽골리마을은 새마을 시범마을로 선정되기 전, 극심한 빈곤과 열악한 생활환경에 직면해 있었다. 새마을운동이 도입되면서 일어난 변화를 개인적 차원과 마을차원에서 다음과 같이 소개하고 있다.

① 주민 주도 개발: 모든 사업은 주민의 자발적 참여를 중심으로 계획되고 실행.

② 지속 가능한 발전: 소득 증대와 환경 개선의 융합적 접근으로 장기적 성과를 도모.

한국 새마을운동 모델 적용: 한국의 성공 경험을 현지화하여 시행.

이 사업은 단순한 경제적 지원을 넘어, 주민들의 자립 정신을 고취시키고 협력을 통해 공동체를 재건하는 데 중점을 두었다.

2장. 씽골리마을 환경과 여건

1. 코트디부아르 국가 개황

코트디부아르는 서아프리카에 위치하며 세계 최대 코코아 생산국으로 알려져 있다. 하지만, 빈곤율이 46.3%, 문해율은 41%, 낮은 위생시설 접근성(농촌 지역 10%)이 난제로 지적되었고 이와 같은 문제는 경제와 생활 수준을 저해하는 주요 요인으로 작용하고 있는 실정이다.

2. 씽골리마을의 초기 상황

경제 구조: 농업 중심(전통적인 소규모 농업).

생활 환경: 상수도와 화장실이 없는 열악한 위생 상태.

사회적 구조: 부족 중심의 전통 사회 체계.

2부: 씽골리 성공 홀씨 되어
주민 중심의 개발 접근과 새마을운동 도입

3장. 씽골리마을의 실태와 주민 조직

씽골리마을 주민들은 전통적인 부족 조직을 기반으로 생활했지만, 협력보다는 개별 생존에 집중해 있었다. 새마을운동은 이를 변화시켜 주민 협력과 자치를 기반으로 한 체계를 구축하였다. 이를 가능하게 했던 주민조직과 조직작동원리는 다음과 같이 제시되고 있다.

① 청년회와 부녀회 조직화: 주민 주도의 협력체제 형성.

② 주민 자발성 강화: 모든 활동에서 주민들이 직접 계획하고 실행.

4장. 새마을운동과의 만남

새마을운동은 주민들에게 새로운 협력 방식을 소개하며, 근면, 자조, 협동 정신을 교육하여 주민들이 스스로 협력하여 잘살 수 있다는 정신을 갖고 마을 개발을 추진하도로 하였다.

① 새마을교육: 주민들이 자발적으로 사업을 이해하고 참여하도록 훈련.

② 한국방문프로그램: 주민 리더를 한국으로 초청하여 한국의 새마을 성공사례를 직접 체험.

③ 새마을 정신 확산: 주민들 사이에서 협력의 중요성이 확산되며, 공동체 의식이 강화됨.

5장. 씽골리 새마을사업의 씨앗 이야기

주민들의 노력과 새마을운동의 정신이 결합되어 성공적인 씨앗으로 자리잡았다.

① 청년회와 부녀회의 역할:

② 청년회는 마을 개발 프로젝트를 주도.

③ 부녀회는 농업과 가공품 생산에 참여하며 경제 활동을 활성화.

④ 리더십의 역할: 부족장과 지도자들이 주민 참여를 독려하고 조직화.

3부: 추진전략과 과정
새마을운동의 전략적 실행과 체계적 관리

6장. 시범마을 선정 및 사전 조사

씽골리는 시범마을로 선정되기 위해 다음과 같은 철저한 절차를 거쳤다.

① 선정 기준: 빈곤율, 주민 참여 의지, 발전 가능성.

② 사전 조사: 주민 인터뷰와 현황 분석을 통해 사업 계획 수립.

7장. 사업 추진체계와 이해관계자

사업은 주민, 새마을재단, 지역 정부, NGO 간의 협력을 통해 실행되었고 주요 추진 전략은 다음과 같다.

① 소득 증대: 농업 생산성 향상과 가공품 시장화.

② 환경 개선: 물 저장 탱크와 화장실 설치.

③ 주민 역량 강화: 문해 교육 및 기술 훈련.

4부: 새마을 마중물로 만든 기적
성과와 지속 가능한 발전

8장. 사업 구성요소와 산출물

1) 소득 증대:

① 양계장 설치로 병아리 생산량 10배 증가.

② 채소농사와 관수로 시스템 구축으로 상업농 가능.

③ 카사바 가공품 생산 및 판매.

2) 환경 개선:

① 마을회관, 놀이터, 쓰레기 처리 시설 설치.

② 화장실 현대화로 위생 수준 향상.

3) 자치 역량 강화:

① 주민 교육 및 공동체 활동(마을 축제, 체육대회 등) 활성화.

9장. 소득 증대 사례

① 현대식 양계와 채소 농사를 통해 연간 소득이 3배 이상 증가.

② 카사바 가공품은 지역 브랜드로 자리잡으며 주요 도시까지 판매.

10장. 마을 환경 개선

① 수돗물 공급 및 화장실 설치로 생활 수준 향상.

② 마을 도로와 놀이터 정비로 공동체 활동 증가.

11장. 주민 자치 역량 증대

① 주민들이 자발적으로 회의를 개최하고 마을 문제를 해결.
② 청년회와 부녀회는 협력의 중심이 되어 새로운 사업을 계획.

5부: Thanks, 새마을!
주민들의 증언과 지속 가능성

12장. 성공 경험과 주민 자부심

주민들은 자신들의 노력을 통해 삶이 변화했음을 강조.
마을 축제와 체육 대회를 통해 공동체 의식이 더욱 강화됨.

13장. 결론 및 제언

씽골리 사례는 국제적으로 새마을운동 확산의 모델이 될 수 있음.
성공 요인: 주민 중심의 접근, 체계적인 교육, 현지화된 실행.
부록

참고자료

새마을재단. (2017~2022) 코트디부아르 새마을시범마을조성사업 사업계획서

새마을재단. (2023) 코트디부아르 새마을시범마을조성사업 종료선조사 보고서

새마을재단. (2019) 코트디부아르 새마을시범마을조성사업 중간평가 보고서

새마을재단. (2021) 코트디부아르 새마을시범마을조성사업 종료평가 보고서

국무조정실. (2023). 국제개발협력평가매뉴얼. 국무조정실.

새마을재단. (2024). 평가업무수행매뉴얼. 새마을재단.

외교부 아프리카2과. (2024). 2024 코트디부아르 개황. 외교부.

행정안전부. (2023). 새마을운동 ODA사업의 협력 및 발전방안 연구. 충북대
학교 산학협력단.

부록
<부록 1> 새마을시범마을 사업개요
<부록 2> 씽골리 주역들 면담내용
<부록 3> 부아케 농업국장 면담
<부록 4> 씽골리 주민 면담
<부록 5> 씽골리 주민들의 새마을사업 만족도

부록 1

씽골리 새마을시범마을사업 개요

구 분		내용
사업명	국문	코트디부아르 새마을시범마을조성사업
	영문	The Global Saemaul Pilot village Project in Cote d'Ivoire
사업대상지		발레뒤반다마 주, 사카수 현, 씽골리마을(Singoli, Sakassou, Vallee du Bandama)
사업기간		1. 사업기간: 2017 ~ 2021(5년) 2. 사후관리: 2022 ~ 2023(2년)
수혜자		1. 직접수혜자: 씽골리마을 67가구, 589명(2021년 조사) 2. 간접수혜자: 사카수 현, 거주주민 56,230명
사업분야		농촌개발
시행기관	국내	새마을재단
	협력국	코트디부아르 농업부
사업목표 (달성가능한 SDGs)		코트디부아르 씽골리마을 지역주민의 농업소득 향상 및 농촌 마을 자생력 강화를 통해 다음 SDGs 목표를 달성한다. • SDGs 1. 빈곤퇴치: 모든 곳에서 모든 형태의 빈곤 종식 • SDGs 2. 기아종식: 식량 안보와 영양개선 및 지속가능한 농업 • SDGs 11. 지속가능한 도시와 공동체: 포용적이고 안전하며 회복력 있고 지속가능한 도시와 정주지 조성

사업 내용	**1. 농촌발전 자생력 강화** • 마을자치 역량강화: 새마을정신 교육, 문해교육, 태권도 교육, 마을발전조직 및 기금 조성 • 마을생활환경개선: 식수위생 사업, 마을회관 신축, 마을 안길 개선, 어린이 놀이터, 나무심기 **2. 농업소득증대** • 농업생산성증대: 영농기술교육(친환경 재배), 친환경 비료제작, 농업용수(관정, 관수), 농작물 저장창고 • 2.2 협동조합 조직: 공동 생산, 농산물 수매, 농자재 공동구매, 농기계 대여 • 2.3 부녀자 소득증대 활동: 아체케 생산, 구판장 운영
기대효과	• 시범마을 주민의 인식개선 • 시범마을 가구의 소득증대 • '새마을브랜드' 조성: 코트디부아르 내 농촌마을의 발전 모델로 씽골리마을의 발전현황을 홍보하여 아프리카 농촌에 '새마을 브랜드' 구축

부록 2
씽골리 주역들 면담내용

1. Interview with the President of the Toto Brou Women's Association and her Sister Brou Françoise (64 years old) - 부녀회장

Q1 I encouraged women to come together to work together and we got involved as much as the men

Community activities

We women carry water on our heads to build (meeting, training center, water tower...) like the president of Saemaul that we observed during our trip to Korea in 2016.

Today, we organize the village cleanup every Wednesday, we work together since Saemaul's arrival, whereas before, each one worked on her own.

For example, the activities of the vegetable cultivation are carried out in groups for production.

The production of attiéké is also done in 2 groups. We had the vision to transform the village in the image of Korea and we know that we are on the right track to achieve the goal.

The availability of water and toilets have improved the environment and the quality of life in the village. Now, we don't go into the bush for our needs.

Q3 Thanks to Saemaul project I got the money to support my daughter and her husband to pay for the children's school (the 1st got the bachelor's degree in accounting, the 2nd entered high school and the last one had the entry into secondary school.

I have developed two businesses, attiéké and Placali. My alimentation has also improved.

Thanks to these activities, I manage to find money to take care of my children.

I pray that all the villages in my country benefit from Saemaul and also that the project will be extended to Singoli.

※ Placali: 플라칼리(카사바로 만든 코트디부아르 음식), 새마을 프로젝트로 진행된 것은 아님

2. Young Researcher Yao N'gbra Etienne (36 years old) – 청년 회원 (새마을 훈련을 통해서 양계사업을 하고, 새마을 강사로 활동)

Before Saemaul, the activities did not give good results

With Saemaul's training in chicken farming, beekeeping, incubator making, vegetable production, soap making, processing and preservation of agricultural products, rabbit breeding and mushrooms, I learned all these activities.

Before I was going outside the village to look for a job (6-month job in the countryside) I didn't earn much when I came back. The Saemaul activities had already started when I returned to the village. I started to participate and I learned to work better and with others.

Current Activities

Today, I did a lot of activities in the village and I no longer go to the urban to look for job and now I work for myself.

Thus, I practice: vegetable production, broiler and African chicken production, peanut, yam and cashew nut cultivation.

Profit

The money I earn from the activities has allowed me to send my two children to school, build my house, 3 bedrooms, living room, toilet and build my personal chicken house.

I have become a trainer in the other localities and villages around singoli as Saemaul trainer and I am learn the money through it.

The literacy initiated by Saemaul allowed me to handle my mobile phone, to have basic calculations done and to follow my accounts.

Now I am based in the village, I only go out to train I Now, I earn a better living thanks to Saemaul. I would like other young people to benefit from it like me.

3. Koffi N'guessan Hernest, singoli youth president (50 years old) – 청년회장

I am Koffi N'guessan Hernest, singoli youth president. I was born on 07.01.1974.

As the Saemaul comity President, I am in charge of leading, coordinate, plan and organize and follow all the Saemaul activities we do in the village.

I am also in charge as leader to be an example myself (I am the one who has the whistle (I am the one who whistle into the whistle to start the Saemaul activity in the village). ※ 새마을 사업과 관련된 활동을 하기 전에 호루라기를 불어 마을 주민들에게 시간을 알리고 참여를 독려함.

I am the mobilizer, the catalyst responsible for raising awareness, maintaining a team spirit, unity, fraternity, solidarity and exchange between the villagers.

Also, I am responsible for cultivating a spirit of self-care, entrepreneurship and ensuring the implementation of micro projects.

Internal change: Personally, it's after my training workshop in Korea in 2016, I decided to to stay in the village after my University study and live definitely in Singoli, for the development of my village.

Thanks to the income-generating activities carried out by Saemaul, in particular the development of the market gardening(채소재배의 불어식 표현) area, I am able to constantly have money, which has changed my living conditions and my standard of living. I was able to put roofing sheets on my house thanks to my production, I was able to install electricity in my house and I am able to take care of my wife and pay my children's school fees.

There has also been a change in mentality and a real strengthening of my capacities through the various training courses that I have received, making me today an endogenous trainer in the new villages and within the other cooperatives on the Saemaul spirit and the change of mentality.

The Saemaul project really impacted positively my life and my environment.

Change in the village: The Saemaul project allowed the village to realize divers development project and infrastructure building (Meeting hall, water tower, training center, toilettes, football field) entrepreneurship training and environmental improvement.

There was also the creation of income-generating activities (development of a 4 ha market garden area, a mill, a shop and a chicken house)

External change: Singoli is now a modern village, a model of development of the department of Sakassou.

We receive visits from the authorities and even come to hold meetings in the meeting hall.

There was the meeting of the sub-prefecture council which was held on 28.06.2024 with all the 172 village chiefs of Sakassou.

The Kanango Tribe also holds its meetings in Singoli.

4. N'guessan N' Zué Nestor (69 years old) - 씽골리에서 생산성 1등

Large producer 01/01/1955=69 years old

We have worked as a group as one since Saemaul arrived

Q1 Help

Saemaul was instrumental in teaching us how to market compost.

Q3: The income I earned enabled me to send my five boys to school:

    1 doctoral student,

    2 are masters

    1 had the baccalaureate(한국의 수능시험)

    1 is in terminal class(고등학교 4학년)

Q4 my current activities are the production of yams (best in Singoli), bananas, cassava, corn, peanuts, cashews. Additionally, I constructed a house, painted it, and installed windows.

We can say that Saemaul helps us change our mentality through training and experience in promoting projects

So whoever receives Saemaul has received happiness

Saemaul enhances cleanliness in our village, transforms the living environment, and changes lives. I share it with neighboring villages. I don't want Saemaul to leave our village. We wish for Saemaul to remain in our village.

5. Interview Singoli's village chief - 씽골리 족장

My name is Nanan Kouadio N'dri Daniel. I have Singoli's village chief (84 years old).

Since the arrival of Saemaul, they have worked with us and provided significant assistance.

Saemaul has brought positive changes to our village, including a water tower, a poultry farm, a village meeting hall, and a training center. the foundation took care of. Saemaul organize the lot training session for mentality changing and has supported agricultural activities. We are happy with the work accomplished for us. They developed the community farm for a better production. Life of lot of villagers has been change. Now we have toilets in a lot of houses of village.

When Saemaul came to our village we were not in this state of development. They monitor the activities with us. The village started to develop with their arrival. I say thank you to them, I ask God to thank them, May God extend his hand of protection over them.

May the support from the foundation continue. it is their village forever and I consider all Saemaul workers as my children, I gave them space to build so that they can live permanently in Singoli.

6. N'dri Akissi Clemence (36 years old) - 마을 여성 (추가 인터뷰)

N'dri Akissi Clemence

01/01/1989 =36 years old

Before Saemaul the village was shared, everyone worked on their own

Changes

Our mentality has changed, we work together as young people to earn our bread ("먹기 위해 일한다" 불어식 표현)

Current activities

As a young woman, I produce peanuts and cassava and I raise 500 broiler chickens.

Thanks to Saemaul training and the activities I pursue, I can:

Schooling my two children (CE1 and CM1 girls) (CE1 초등학교 1학년 CM1 초등학교 5학년)

Carry out household expenses such as the purchase of a 50 kg bag of rice, payment of electricity bills, the contribution for access to water in the castle, fish, medicines for my mother, my children and me - even.

I even bought an Android cell phone

I want continued support from Saemaul.

2024년 7월 10(수) 부아케 시청 공무원 면담

시간: 16시-18시

장소: 부아케시 농업국장실

참석자: 농업국장 외 공무원 2인(공무원 1, 공무원 2는 인턴십 일주일 됨)

면담 내용:

(공무원 1) 컴퓨터 전공자로 농림부 입사

- 어떤 형태로든 새마을은 참여하여야 한다고 생각한다. 국가경제는 농업
  에 달려있다는 생각

(공무원 2) 인턴십 1주일 됨, 농업 관련된 모든 것에 이득된다, inffrastructure,
농업생산물 eat our rice

(농업국장:

Q: 전반적으로 자신의 의견을 진술토록 질문함)

1. 농림부 장관이 새마을운동을 인식하고 국장이 보고하여 알고 있다. 국
   가 농업정책에 반영하도록 하고 있다. 씽골리마을 앞 도로를 지나다가
   마을의 모습이 다른 지역과 달리 매우 깨끗한 것을 보고 마을을 파악토
   록 하여 새마을운동으로 인함을 알게 되었다 함(일반적인 마을의 모습은
   도로 주변 및 마을 어느 곳이든 쓰레기가 널부러져 있고, 심한 곳은 쓰레기 하치장
   같은 곳도 있었음).

2. 새마을재단이 higher minister 직접 방문 만나서 말해달라. 수많은

NGO들이 우리를 코트디부아르를 찾아오나 새마을재단처럼 직접 그 프로젝트를 알리고 인지하도록 한 것이다. Minister 직접 만나 프로젝트 소개하고 논의하여 우리 함께 공동목표를 세워 국가 발전 프로젝트로 하고자 한다.

3. 파트너십(농림부 차원에서 확산하고자 함): 공동목적이 있으니 가능하다.

장관을 만나서 프로젝트를 propose

"How to implament SM as national project"

이미 propose 해서 장관을 한국으로 초청토록 현지새무소에서 요구하고 대답을 기다리는 중(아젠다 체크중에 있음).

Q 새마을 프로젝트의 어떤 요소가 도움이 되더냐? 성공 요인이 무어라 생각하냐?

1. (project time을 역으로 질문하고) 새마을 기간이 3-5년은 짧다. 사업 착수하고 2-3년은 주민도 공무원도 새마을운동을 인지하는데 시간이 소요되고 3년째는 정신 개조하고 그러고나면 사업을 운영할 기간이 없다. 모든 주민들이 새마을을 알기엔 시간이 사업기간이 짧다. 모든 city 가 goal을 추구하고 새마을을 하려면 활동시작 전에 선정된 마을에 인프라를 하는데 2년이 소요, 만약 5년 사업기간이라면 사업시간은 실제 2년으로 사업기간을 7년으로 suggest 한다.

Q Any comments?

1. 사업기간 늘려달라 infra (3년) -spirit (5년) - management???

Q 새마을 사업을 성공하게 한 이유는? (다시 질문 파고 들어감, 피면담자가 하고 싶은 말이 많은 듯 자신의 요구 사항부터 말하고 있어서)

1. infrastructure(인프라) - 마을 주민들의 나무 밑 미팅이 새마을회관 meeting hall에서 하면서 변화. 지금 클로스람부지역(새로 선정 작년 시작된 곳)은 아이들 교육에 새마을회관을 활용하고 있다. 학교 교실이 부족

하였는데 새마을회관을 교실로 사용하고 있음. 그래서 정부가 교실을 더 만들기로 하는 성과.

2. 도전정신 challenge-transformation: 카사바로 많은 요리가 가능한데 새마을이 이것을 offer 하여 카사바를 단지 식재료를 넘어 가공품으로 생산하게 변환, 즉 다른 형태 음식으로 만들어 수익을 창출, 농사 - 수확- 요리였는데... (이것을 다른 형태 가공품으로 만들어 시장에 내가 팔 수 있게 하고 이것을 공동 작업하고 공동수익을 분배하게 하여 여성들이 각자 주머니에 수익을 챙기게 됨. 이로 인해 남자들에게 매번 생활비와 가정 생활을 위해 손벌리지 않는 여성들이 자립성과 목소리를 내게. 아들 병원비, 학비 등 필요한 것을 여성들이 카사바 공동작업에 참여하여 수익을 분배하였다. 그리고 이를 가계부에 기록하고, 기록을 위해 산수와 글자를 가르침, 은행 어카운트도 만들 수 있게 되고 저축의 개념도 생기고...)

카사바와 물팅크가 가능하도록 challenge - transformation

3. life change: 개인의 regular life 변화, 7년 동안에 개인 삶이 변하도록 building process, 이것을 다른 마을로 확산토록 부아케 시에서 국가로 확산할 수 있도록 새마을 프로젝트가 지속되어야, going on-lesson 평가해달라(나중에 반영하게).

(몇 년 전에도 이와 같은 과정에 있던 중 새마을감사로 인해 중단된 상태였음)

ANADE(National Agency Agriculture Development & Advising Agency)

Q: 새마을 프로젝트를 어떻게 알게 되었느냐?

ANADEL(우리나라의 농진청 같은 곳—설립자의 사욕으로 어려워졌다 함) 농림부 ANADEL 새마을프로젝트에 지역 참여로 새마을파트너십을 형성, 이때 director로 참여해서 알게 됨. 작년에 한국방문하고 새마을훈련 받고 더 많이 알게 되었다. 우리 상황은 다르다. 새마을을 한국 수준으로 발전시킬 방안은 무엇인가? How to?

Q: ANADEL과 새마을 프로젝트를 비교하면? 두 개를 비교해서 우리가 어떤 어떤 파트너십? 어떤 도움이 필요하냐? 당신의 말대로 한국수준의

성장을 위한 파트너십 지원을 위해서 어떤 도움이 필요하냐?

ANADEL 한국가서 훈련 받고 MOU 체결하고 농림부 대표 MOU 하고, 협력그룹으로 주민들은 work together - 공동생산 - 공동 이득 중요

Q: 새마을재단 아느냐?

길가에 표지판(사업지 싸인 간판)을 보고 알았다. 주민 2명이 내게 효과가 크다고 설명, 마을이 깨끗해지고 좋은 이득을 창출하고 새마을재단이 농업국장이 재촉하여 한국가서 훈련함

Q 새마을 사업의 효과는?

1. rural rad, water, 화장실, meeting hall, training mentality
2. 마을대표가 공무원 팀에게 전화했음

   이 마을 썽골리 미팅홀을 (새마을 프로젝트) 주민들이 모두 모여 미팅—change life—다른 마을이 질투—다른 마을주민들이 와서 새마을 프로젝트 따르려면 어떻게 해야 하느냐고 문의
3. 확산할거냐고 질문했더니? - 농촌 여러 마을 있는데 새마을이 준비되면 push 하고, 7-8개 마을 중 평가팀 구성해 2개 마을 선정

결국 주민 자체로 다른 마을에 파급효과 기대하는 것

농업 국가정책 따라 ANADEL 프로젝트(2개년)와 새마을프로젝트 잘 맞아 장관이 새마을 프로젝트와 same goal—농림부에서 direction 만들 때 새마을 파트너, 여성국장이 리포트하고 농림부에서 직접했다. 마을의 새마을 운동 시범마을 사업이 국가발전 농업정책으로 확산 파급된 경우로 National Agricurure policy로 suggestion—go field

총평: 파급효과와 지속가능성

1. 옆 마을에서 질투 우리도 끼어들게 해달라.
2. 장관이 국가농림부 차원으로 확산할 계획이다.
3. 마을회관 인프라가 교실로, 카사바가 단지 농산물이 아닌 가공품으로, 물탱크, 사람들 라이프 체인지.

4. 사업기간을 7년으로 늘려달라.

5. climate change 문제되어 이것에 새마을이 도움-농업프로젝트로 확산하도록 할거다.

"스마트 팜 가르쳐 달라."

다음은 부아케시 농림국장과의 면담을 서술식으로 요약한 것이다.

부아케시 농림국장 면담 기록

2024년 10월 12일, 부아케시 농림국장을 대상으로 한 면담이 진행되었다. 면담은 주로 지역 농업 현황과 관련된 다양한 이슈를 다루었으며, 다음과 같은 주요 내용이 논의되었다.

먼저, 농림국장은 최근 몇 년간 부아케시 지역의 농업 생산량이 꾸준히 증가했음을 강조하였다. 그는 특히 주요 작물인 카카오, 커피, 그리고 쌀 생산이 크게 증가하였다고 언급하였다. 이는 정부의 농업 지원 정책 및 지역 농민들의 노력 덕분이라고 평가하였다. 또한, 정부 차원에서 지속적으로 농업 기반 시설을 확충하고, 현대화된 농업 기술을 보급함으로써 농업 생산성 향상에 기여하고 있음을 설명했다. 하지만 농림국장은 여전히 해결해야 할 과제가 남아 있다고 밝혔다.

가장 큰 문제로는 기후 변화로 인한 예측 불가능한 날씨와 빈번한 가뭄을 꼽았다. 이에 대응하기 위해 정부는 농업용수를 관리하는 체계적 방법을 연구 중이며, 더 많은 저수 시설 건설을 추진하고 있다고 말했다. 또한, 부아케시 농업의 경쟁력을 강화하기 위해 정부는 국제 시장과의 연계를 확대하고 있다고 밝혔다. 특히, 지역 특산물의 품질을 개선하고, 이를 통해 부가가치를 높여 수출을 촉진하는 방안을 강구 중이라고 설명했다.

마지막으로, 농림국장은 지역 농민들과의 소통을 중요하게 여기고 있으며, 그들의 목소리를 직접 듣고 반영하는 것이 정책 수립 과정에서 핵심이라고 강조하였다. 이를 위해 정기적인 간담회를 통해 농민들의 의견을 수렴하고 있다고 덧붙였다. 이번 면담을 통해 부아케시 농업 정책의 방향성과 현안을 파악할 수 있었으며, 앞으로의 발전 가능성에 대해 긍정적인 전망을 확인할 수 있었다.

부록 4
씽골리 주민 면담

- 씽골리마을 가는 도중에 university 한 곳과 college 몇 곳을 볼 수 있었는데 매우 열악한 상태의 시설이었고 학생들이 있는 것을 볼 수 있었음.
- 씽골리마을 도착, 외관상 별 다른 차이를 느끼지 못하고 평범한 다른 마을처럼 보여 무슨? 성공마을이라고 하느냐는 의아함 들었으나 이후 다른 지역을 방문후 씽골리가 왜 성공적인 곳인지 절절히 느끼게 되었음, 특히 마을 돌아다니며 어느 곳에서도 쓰레기가 보이지 않았고 아이들의 활발한 소리와 움직임이 제일 먼저 눈에 띄는 매우 역동적인 마을이라는 것이 느껴짐.
- 마을의 배치 그림

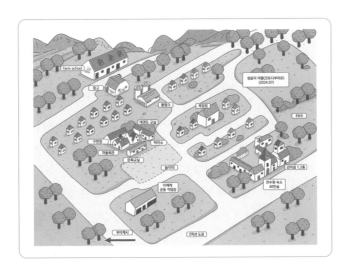

- 마을 입구로 들어서니 놀이터가 바로 눈에 띔, 아이들이 놀고 있어 역동적인 모습을 보여주고 부소장이 아이들에게 막대사탕을 나눠주다 내게도 건네주어, 아이업고 있는 5-6세 정도 여아에게 막대사탕 주니 본인이 안 받고 등에 포대기 속의 동생 손을 꺼내어 사탕을 받도록 하고 그 후에 자신의 것을 받음. 조금 떨어진 곳에 또 아기 업은 어린 여아에게 막대사탕 주니 또 같은 현상으로 이 마을의 아이들은 자신보다 어린 동생을 더 케어하는, 아이가 아이를 돌보고 양보하는 문화를 보니 어린 시절 한국 상황이 생각나고 팔라완 방문시 비치 레스토랑에서 어린 아이들의 구걸 장면이 생각남. 가난한 곳에 살지만 자신보다 약자를 더 먼저 챙기는 모습에 뭉클함.
- 면담시작 전 족장 인사 및 환영식 있다는 말에 환영식 생략 부탁. 바로 면담시작토록 요청한 것은 환영식에 시간이 오래 걸리는 문화때문임. 족장집 방문하니 망고나무 아래 의자 마주보는 배치로 면담 완비, 몽고 파리가 몸에 벌레기생토록 전염시킨다는 말에 내내 신경쓰였으나 바로 면담에 집중함. 한글-영어-불어-현지어라는 다언어 통역이 우려되기도 하였으나 몇 차례 반복 체크 결과 불어-영어통역자의 능숙함에 안심. 면담장소의 온화하고 부드러운 리더십이 보이고 마을 리더들에게 존경받는 분위기.
- 면담 과정(3차례의 다른 연구참여자)에서 적극적으로 참여하는 분위기, 자신의 의사표현에 적극적인 것은 마을의 분위기인가 아니면 코트디부아르의 문화인가? 적극적으로 새마을 어필하고 지속해달라는 그들의 적극적인 요구가 있었고 여성들의 일부는 아바케 작업과 오고가며(오늘이 아바케 공동작업이 있는 날이라고) 참여하는 것으로 높은 참여성을 확인할 수 있었음.

사업코디면담

- 코디는 불어와 현지부족어 능통자로 통역을 담당하고 역량이 뛰어난 것으로 보임.

- 자신은 한국을 방문하지 못해 사업관리하면서 주민들로부터 소외감 느낀다고(주민 10명 한국방문 교육받음) 한국방문 기회를 달라고 어필함. 어젯밤 면담하려 했으나 피곤하여 오늘 점심으로 미룸. 코디의 한국방문 교육이 필요할 것인가에 대해 신중 고려 필요할 듯 보임.
- 코디는 자신의 업무에 매우 만족한 듯 보이고 즐겁게 하고 있는 듯.

연구참여자 선정방법

1. 설문조사는 새마을사업 참여자 및 그 가족을 대상으로 했습니다.
- 조사자 방문일을 사전 안내하고 해당일 참여자를 대상으로 수집
- 참여자 중 무작위 추출을 지향하였으나 방식상으로는 편의 표본추출에 가깝겠네요.
2. 인뎁스인터뷰는 할당 표본추출하였습니다.
- 르완다는 새마을사업 지원 임원(코우말레카는 신규선출 됨) 또는 마을리더 중 영어소통이 비교적 원활한 사람을 선택 진행하였습니다.(설문자체가
- 코트디부아르 상골리의 경우 각 부문별 대표가 참석하였습니다.(부녀회, 청년회, 새마을회 등)

완전 랜덤추출이나 표본추출은 어려워서 가능한 우호적인 사람들을 추렸어요.

FG 포커스그룹 인터뷰 리더그룹 참여자(19/20)+부녀회(8/5)+청년회(7/24)

마을가구수는 82가구, 새마을운동 전에는 45가구였는데 새마을운동으로 도시에 나간 청년들 마을로 재유입되어 가구수가 37가구 늘어남. 새마을운동 중요한 효과 중의 하나임.

족장집 마을리더들 인터부: 20명 중에서 18명 발언, 1명은 부녀회 여성으로 그 시간에 부녀회의 공동작업으로 인해 오락가락하며 양쪽을 참여하느라고 발언을 못하고 감.

아프리카 담당공무원 및 주민 면담내용

- 사업장 이해: 부족장이 모든 토지를 소유, 개인에게 땅을 분할 하사하는 형태로 사업지 방문 시 족장과 토지장(땅을 관장)을 먼저 방문하여 인사교류후 사업평가하는 절차임.
- 사업지 마을은 관리농업을 하지 않고 자연채집과 수렵 방식으로 생활하던 가난하던 마을.
- 새마을 시범마을 사업을 통해 관리농업을 하도록 체계적으로 유도.
- 시범농장 교육을 통해 농작물 변경(카바사로부터 토마토, 고추등 채소작물 제베)과 작물 생산성 증가 기술 전수.
- 생산 농작물의 가공산업으로 소득증대사업.
- 빈부격차 해소를 위한 새마을정신 교육: I can do it(할 수 있다 정신), self-reliance(자조 정신).
- 기록물 남기는 교육: 생산성 기록 및 수입, 지출을 기록하여 수익과 생산성을 파악할 수 있도록 교육함.

방문지: 씽골리마을

통역과정: 영어-불어-부족언어로

마을의 진입부터 부드럽고 온화한 이미지를 주고 있었음. 먼저 2대의 차량으로 이동하였으며 마을 입구에 있는 연수원을 먼저 방문하고자 주차하였으나 청년 회장이 마을 족장을 먼저 만나고 마을 리더들과의 미팅부터 하고 연수원은 나중 나오면서 들르는 것으로 안내하여 마을 중심으로 들어가 주차함. 마을에 들어서니 중앙에 놀이터가 자리하고 있어 아이들이 놀고 있었음. 우리 팀이 도착하여 내리니 아이들이 달려와 인사하고 안기는 아이도 있었으며 어린 동생들을 등에 업고 있는 다수의 여자아이들이 보였음. 부소장이 가져간 막대사탕을 나눠주니 아이들이 모두 몰려왔지만 차분하게 순서대로 받는 모습이었음. 내가 막대사탕을 주려고 5-6세 정도의 여아에게 사탕을 주니 등에 업힌 자신의 동생 손을 포대기에서 빼잡고 사탕을 받도록 하고 그리고 자신의 사탕을 나중에 받음. 아이가 아이게게 먼저 양보하는 것을 보니 자신이 먼저 먹고 싶은 욕구를 통제하는 모습이 강하게 인상에 남음.

FG 1 리더들 면담

(면담 1-Focus group interview)

참여자: 족장, 토지장, 족장 딸, 회계담당, 청년리더외 주민 대표 14명(주로 각 부분의 대표성을 지닌 마을의 리더격인 사람들이 참여함, 14명 가운데 여성 1인을 제외한 모두가 의견을 자유럽게 말함, 포커스그룹 인터뷰는 개별에게 질문주지 않고 던져둔 질문인데 자유롭게 자신의 의견을 개진하는 것이 인상적, 마을 사람들의 분위기는 온화하고 온순하고 매우 반기는 분위기로 새마을에 대한 호의적이고 감사함을 수없이 말함, 면담 시 말 안한 여성 1인은 들락날락 나중에 보니 여성 카사바 공동작업장에 들락거리며, 나중 부녀회 포커스집단 면담 시 자신의 의견을 말함)

장소: 족장 집 망고 나무 아래

(먼저 환영식을 위해 족장 집에서 담근 과일종류의 오일로 담근 술을 권유. 모두 한 잔씩 입대고 마시는 시늉이라고 하라고 하여 입에 대고, 따로 우리 문화를 아는지 사이다를 가져와 마시고 과일주는 아직 발효하지 않아 시원하다며 다른 사람들은 마심)

족장인사말: 새마을운동 계속하게 해달라, very happy 하다, 양계, 벼농사 교육을 원한다.

썽골리 마을이 모델이 되고 있으니 지속되게 해달라, 새마을을 위해서 언제든 우리 땅을 주겠다.

Q: 새마을 시범마을 사업으로 인한 마을의 변화는?

족장: 웰컴과 감사, 172개 마을 가운데서 썽골리 1등을 했다. 우리

가 사카수 현의 대표 마을로 모델로 선정되었다. 씽골리의 원어민 뜻은 "우리가 먹고 살 수 있을까?"(자연 채집과 수렵으로 굶어 죽지 않기 위해) 도로가로 나와서 시범마을 사업을 하면서 우리가 이렇게 잘 살고 있다. 감사하다.

Q 새마을 사업 Before/After를 말해달라, 즉 변화가 무엇이냐?(효과부분을 이렇게 질문함)

변화 1

	Before	After
족장	물 문제: 5킬로씩 여자들이 걸어서 머리에 이고 물을 떠옴	마을에 물탱크(water tower) 설치로 각자 집에서 물을 받을 수 있도록 새마을이 하고 주민들이 같이 함, 24시간 물이용 가능
토지장		풋볼장, 놀이터
청년리더	수풀 덤불속으로 뱀의 위험	화장실
회계	얌만 팔았는데	지금은 닭, 카사바, 로컬 푸드 판매 농장재배함: 토마토 오이
족장 딸	카사바 가는 기계 모름	사용
남성1		모던 빌리지가 됨
남성2		마을에 small shop(구판장) 생김으로 오일, 쌀, 생선을 팔러 멀리 안 나가도 됨
남성 3		인프라 빌딩 생김

변화 2

Q 태도나 가치, 눈에 보이지 않는 변화는?
- 일찍 일어나 일하면 미래가 나아질 것을 알게 됨.
- 개인활동으로 하던 것들이 그룹활동으로(매주 수요일은 마을 청소의

날) 남자들은 마을의 나무 등 정리하고 여자들은 집안 정리청소
- 사카수 현의 172개 마을 chiefs들이 마을방문와서 센터 관람하고 갔고 부지사가 방문하여 마을을 둘러보고 가고, 청소하는 클린 마을의 모델이 되고 있다.
- metality change: 마을을 생각, 어떻게 마을 성장하게 할 수 있을까 개인보다 먼저 마을을 생각하게 됨.
- 씽골리 티셔츠 만들어(자체 공동기금으로) 새마을운동 글자 새기고 함께 하고 있다.
- start first, no wait help outside(먼저 우리가 시작하고 외부의 도움을 기다린다, 무작정 도움을 기다리지 않는다).

변화 3

Q 가정생활에서는 어떤 변화를?
- 새마을교육받으면 가족구성원들과 공유하도록 교육한다.
- 자정 청소
- 화장실을 집안으로, 새마을이 재료줘서 가족들이 화장실 짓고
- 토마토, 닭들을 재배하고 사육하고 음식을 잘먹게 되었다. 집에서 자체 농사지어 토마토 채소 등을 재배했다.

변화 4

- 카사바 기계 가는 것 몰라 어려움.
- 토마토 농사땅에 큰돌이 박혀있어 파내야 하는 토양과 rain
- 양계 비즈니스: 닭 죽음, 닭병 지속, 예방
- 물탱크 지금 문제 생김.
- 화장실 문제: 34개 계획, 재료부족으로 20개만 현재 (누가 먼저 결정과정을 쓰기 기준이 3가지 노인==어린이==다숫자 가정) 차별, shame
- place in couple

- 여자들이 공동작업으로 돈을 버니 불평이 없어짐, 전에 남자들이 100 돈벌어 가정살림 아이양육 등을 위해 여자에게 주었으나 이제 여자들이 아체케 공동작업으로 공동수익 올려 수익 생기니 스스로 해결하는 여자와 남자 50 대 50으로 가정 경제 꾸림. 그래서 배우자를 이제는 파트너, partner and helper로 인식변화.
- 여성이 야무지게 비즈니스도 독립적으로 여성 노동-남자들 돈 기다리지 않고 여자들이 아체케 팔아서 돈 사용, 아이들 학비도 주고 병원비 약값을 지불함.
- 부부문제나 갈등이 생기면 족장 집에 와서 족장의 중재로 해결했으나 지금은 여자들이 돈을 벌면서 그러지 않는다.
- 1년에 1번 5월에 여성의 날이 있다(국가에서 제정).
- 젊은 세대는 out of work, 일이 없어 도시로 나갔으나 지금은 마을로 돌아온다. 전에는 일이 없어 마을을 떠났으나 지금은 own village를 건설허려고 남아있다. claean 개발하려고 한다.

FG 면담2: 부년회 + 청년회

(면담 2: Focus group) 마을 주민들 청년회원(27명 FG 면담)과 부녀회원들(8명)

부녀회원들은 아체케 만드는 날로 (목요일과 화요일) 공동작업장에서 작업 중으로 대표성 있는 8명이 참여하였음.

Q 새마을 전과 후 마을의 변화는?
부녀회 답변
- 아체케 공동작업 날로 8명만 참석
- 부녀회 조직, 아체케 비즈니스: 아체케를 팔아 필요한 것을 사고 마켓에도 가고 아체케 비즈니스는 일하고 3-6개월 후에 공동수익을 나누어 돈을 번다.

부녀회 1: 만원~5천원을 받아 썼으나 지금은 그러지 않는다. 지금 활동을 위한 지출을 내가 벌어서 한다. 내일을 걱정하지 않는다.

부녀회 2: 가족의 생계에 참여하고 남편에게 100프로 의존하지 않는다. 지금은 내가 벌어서 소금이나 바나나를 산다.

부녀회 3: 남편이 아플 때 내가 가족의 생계를 꾸리고 아이들의 학비도 내고 약도 산다.

부녀회 4: 가족의 생계를 꾸릴 수 있는 것.

부녀회 5: 화장실 문제등을 해결하고 병원가도 걱정하지 않는다. 학비도 걱정하지 않는다. 비전을 갖고 out activity를 한다. 화장실 문제등을 해결하고 병원을 가도 걱정이 없다. 아이들 학비를 내기 위해 돈도 적립해두고(저축의 개념) 생활의 비전을 갖고 바깥 활동을 한다.
새마을이 지속되기를 원한다. 그리고 벼농사를 가르쳐 달라(새로운 새마을교육? 혹은 새마을운동의 지속을 위한 새마을교육에 대한 요구가 있음).

청년회 답변 (27명 참석) 연령은 개별적으로 알 수 없으나 30-65세 사이의 연령으로 구성됨.
마을에 청년들의 조직이 없었는데 새마을교육 후에 조직을 만들었음, 청년회 조직 만들어 그룹이 형성되고 마을을 케어하게 되었다.

청년회 1: 새마을 전에는 개인이 개별적으로 농지 나가서 농사지었는데 새마을교육 이후에 천년회 조직이 만들어져 그룹을 형성하고 마을을 care 한다.
창년회 2: 물문제, 전에는 5킬로씩 걸어다니며 물을 길어 왔는데 지금은 물로 농지 농사가 가능하다.

청년회 3: 젊은 층이 마을을 떠남: 전에는 house, wife를 가지면 살기 위해 마을을 떠났으나 지금은 물문제가 해결되고 토마토 농사를 하면서 자기 농지에 농사를 하고 수익을 벌면서 정착하게 되었다. 3모작도 가능하여 얌이나 카사바만 하던 것에서 채소 농사도 한다.

청년회 4: 월 수 카사바 하고 마을에 정착하여 살 수 있음

청년회 5: 문해교육, 젊은 남녀들이 교육을 새마을회관 문해교실에서 글을 배우고 운전도 배워서 면허증을 취득하고 삼륜오토바이 면허를 따서 운전하고 일도 한다. 마을에서 농사를 지어도 내다 팔 수도 없고 와서 농산물을 가져가는 상인이 오기를 기다리며 상인들이 부르는 가격에 의존할 수밖에 없어 제대로 농산물 가격을 받지 못했고 또 수확을 해도 바로 가져가지 않으면 보관도 어려워 그대로 썩어버리기도 했다. 그러나 새마을사업을 하면서 이런 문제가 해결되었다, 새마을사업을 하면서 새마을재단 사업비 지원으로 삼륜오토바이 3대를 구입하고 운전하고 나가기 위해 운전교육을 받고 면허증을 취득하게 했다, 그래서 지금은 농산물을 수확해서 삼륜오토바이로 운전해서 직접 시장에 내다팔면서 더 높은 수익을 얻게 되었고 아체케도 만들어서 시장에서 부녀회에서 직접 팔고 있다.

청년회 6: 시내로 나가 일하고 남의 집 일해주고 모두 임금을 받지 못하는 무임금 노동이었으나 새마을로 훈련받고 양계 비즈니스해서 애들 학교 보내고 지금은 다른 마을 새마을교육 후런 강사로 나가서 payment를 받고 있다. 내 인생이 바뀌었다(마을 안떠나고 돌아와 Life change, Challenge-transformation, problem-solving).

청년회장: 마을 안 떠나고 새마을한다. 새마을로 시너지 효과가 있다. 새마을이 지속되기를 희망한다. 벼농사를 가르쳐 달라.

ㅇ 설문대상자: 씽골리마을주민 50명이 설문에 응답자로 참여함. 비문해
   율이 높은 현지 여건과 상황을 감안하여 필요 시 사업관리자와 조사전
   문가가 설문 응답자에게 설문 문항을 읽어주고 답을 받아 적는 형식으
   로 진행되기도 하였음.
ㅇ 설문문항
   - 평가항목에 따른 각 설문 문항은 다음의 표와 같음.

평가기준	질문
적절성	• 현지의 수요(needs) 반영 여부(개인 단위) • 현지의 수요(needs) 반영 여부(마을 단위)
효율성	• 사업비 배분집행 과정의 효율성 • 마을 자원의 활용 여부 • 관련 행정조직의 적극적 지원 여부 • 봉사단과의 협조 여부
효과성	• 산출물 목표 달성 여부 - 지역거버넌스 활성화 정도 - 주민역량 강화 정도 - 생활환경 개선 정도 - 소득 증가정도 • 성과달성 여부 - 농촌마을의 자생력 강화 정도 - 환경역량 강화 정도 및 소득증대 정도

영향력 파급효과	• 타 지역에의 미친 영향(타 지역확산 여부) • 생활의 타 분야에 대한 영향
지속 가능성	• 사업 이후 마을 주민의 자발적 노력에 의한 사업 수행 가능성 여부(자체재 원, 운영조직, 운영규정) • 지방정부의 지속적인 관심 여부(재원확보, 지원조직, 지원규정) • 종료 이후의 지속 전략 여부
범분야 이슈	• 여성의 적극적 참여 여부(사업참여자의 남녀 비율, 위원회 등에서의 남녀 비율) • 환경 측면의 고려 여부
새마을운동 핵심 요소 반영	• 새마을운동 핵심요소의 반영은 재단의 평가 기준과 행안부의 평가문항 참조 활용

- 새마을운동 핵심 요소의 반영에 대한 평가는 새마을 시범마을조성사업
  이 새마을운동의 성격을 가진 것으로 평가기준 및 지표의 설정은 행정
  안전부의 초기형 새마을 모델에 기반함.
- 새마을운동 핵심요소는 마을단위(자연부락), 새마을지도자 역할, 주민정
  신교육, 정부의 지원, 경쟁과 인센티브, 거버넌스, 사업대상(기초생활환경
  개선+소득증대지역자원활용)으로 제시하고 있으며 사업범위는 기초생활환
  경개선과 소득증대(지역자원활용)에 초점을 두고 있어 이런 추진원리와 사
  업대상 및 특징은 새마을재단의 평가기준과 부합하고 있어 이를 활용함.
- 따라서 새마을운동 사업 성격에 대한 평가결과는 본 과제에서 활용하고
  자 하는 새마을운동 성격 평가지표를 인터뷰 대상자들에게 적용하여 평
  가결과에 별도로 활용하고자 함.
- 설문조사 결과는 평가등급 점수체계로 환원하기 위해 5점 척도의 자료
  를 평균값을 4점 척도의 값으로 환원하여 최종 평가등급을 매김.

○ 면담 자료 분석방법

- 서면을 통한 비대면 인터뷰 내용은 작성된 면담지 내용을 데이터로 입력하였음

- 대면 현장방문 면담은 면담시 참여자의 동의를 구한후 녹취하여 텍스트로 만든 뒤 이를 분석함.

그림 5-1 키워드 네트워크 분석 절차

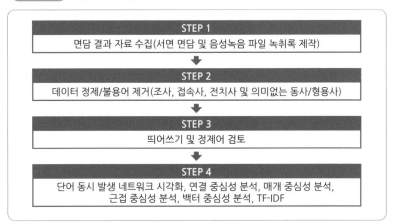

면담조사의 결과를 분석하기 위해 인터뷰 대상자의 녹취록을 기반하여 Python 프로그래밍 언어를 활용하였으며, 명확한 결과를 위하여 조사(is, are 등)를 포함한 불용어를 정제한 뒤 분석을 진행함.

불용어의 경우, Python nltk 라이브러리를 활용하여 1차로 정제한 뒤 get, come, more, most 등 결과분석 핵심에 크게 미치지 않는 단어들을 정리함.

면담분석은 새마을재단의 종료평가에서 제시하는 8개 평가요소를 바탕으로, 관련 선행연구와 새마을재단의 타국가의 종료·사후평가를 참조하여 36가지 키워드를 선정한 뒤 분석함.

표 5-1 분야별 새마을운동 핵심 키워드

분야	키워드
적절성	saemaul, development, training, needs
일관성	communication, collaboration, cooperative, cooperation, coordination, partnership
효과성	change, effectiveness, money, income, improvement, infrastructure, involvement
효율성	government, governance, support
영향력	transformation, impact awareness
지속가능성	sustainability, motivation, empowerment
범분야이슈	gender, woman, environment, poverty, malnutrition, health, hunger
새마을핵심요소	korea, korean, insurance

- 면담조사 결과 분석은 네트워크를 통한 시각화 및 중심성 분석과 TF-IDF(Term Frequency-Inverse Document Frequency) 분석을 진행하여 제시하였으며, 각각 아래와 같이 분석을 진행하였음.

■ 네트워크 분석

• 네트워크 분석을 통하여 면담 내 단어들의 구조를 시각적으로 표현하고, 주요 단어와 단어 사이의 연결성 분석을 통해 전체적인 흐름과 패턴을 파악하고자 함.
• 특히, 네트워크 분석을 통해 면담 내의 주요 키워드와 주제를 파악하고, 주제 간의 연관성·흐름을 파악함으로써 중요한 개념과 주제의 구조를 이해하고자 하였음.
• 네트워크 분석은 아래의 방법으로 진행하였음.
① 단어 동시 발생 네트워크(Word Co-occurrence Network)
- 면담에서 자주 등장하는 주요 단어들의 동시 출현 빈도를 바탕으로 네

트워크 모형을 시각화함. 각 단어는 노드로, 단어 간의 동시 출현은 연결
선으로 나타내어 단어 간의 관계를 시각화함.
- 빈도수가 높은 단어 쌍이 중심을 이루며, 특정 주제나 관련성이 높은 키
  워드들이 군집을 형성하여 면담에서 강조된 주요 키워드들을 파악할 수
  있도록 구성함.
② 연결 중심성 분석(Degree Centrality Analysis)
- 연결 중심성 분석을 통해 네트워크에서 다른 단어들과 가장 많이 연결
  된 단어를 파악함.
- 연결 중심성이 높은 단어는 면담 내에서 자주 언급되어 주제 내에서 핵
  심적인 역할을 하고 있음을 의미함.
③ 매개 중심성 분석(Betweenness Centrality Analysis)
- 매개 중심성 분석을 통해 두 단어 간의 중개 역할을 하는 단어들을 파악함.
- 매개 중심성이 높은 단어는 여러 단어 사이를 연결하는 역할을 하며, 네
  트워크 내에서 중요한 연결고리로 작용함.
④ 근접 중심성 분석(Closeness Centrality Analysis)
- 근접 중심성 분석을 통해 네트워크 내에서 다른 단어들과 평균적으로
  가까운 거리에 위치한 단어들을 도출함.
- 근접 중심성이 높은 단어는 네트워크의 중앙에 가까이 위치하며, 빠르게
  접근 가능한 정보 또는 주제의 중추적인 역할을 함.
⑤ 백터 중심성 분석(Vector Centrality Analysis)
- 백터 중심성 분석을 통해 중요한 단어들과 연결된 단어들 또한 중요한
  단어로 인식할 수 있음을 확인함.
- 백터 중심성이 높은 단어는 네트워크 내에서 다른 중심적인 단어와 연결
  되어 있어, 그 단어 자체뿐만 아니라 연결된 단어들로 인해 중요도가 강
  조되어, 면담에서 논의된 주제 내에서 중심적인 맥락을 파악할 수 있음.

■ TF-IDF(Term Frequency-Inverse Document Frequency) 분석
• TF-IDF 분석을 통해 각 면담 텍스트에서 빈번하게 언급되면서도 다른

면담 문서에서는 상대적으로 덜 언급된 특이성을 가진 주요 키워드를 식별하고자 하였음. 이를 통해 면담 대상자별로 특별히 강조된 주제나 독특한 관심사를 파악하고자 하였으며, 각 면담에서 특정한 주제의 중요도와 관련성을 도출하고자 함.

- 네트워크 분석에서는 특정 단어가 자주 함께 등장하는 빈도에 따라 관계가 형성되기 때문에, 주제와 관계없는 단어들 간의 동시 발생으로 오류가 발생할 수 있음. 이러한 오류를 보완하고자 TF-IDF 분석을 병행하여 각 인터뷰 내에서 상대적으로 중요한 단어들을 도출함으로써, 주제의 핵심 단어들을 명확하게 반영하고자 하였음.

- 새마을재단에서 실시하는 새마을시범마을조성사업의 적절성을 평가하기 위하여 내부 구성원의 인터뷰를 진행하였으며, 인터뷰 대상자는 다음과 같음.

표 5-2 인터뷰 대상자

	대상자
1	코트디부아르 농업국장과 공무원 그룹
2	씽골리 부녀회 및 청년회 구성원들의 면담
3	씽골리 주민회
4	씽골리 부족장과 토지장을 포함한 리더그룹

□ 평가의 한계

○ 조사연구 자료를 수집하기 위한 전문인력의 한계로 자료수집의 제한성이 있음. 사업지역의 사업관리자를 현지사무소에서 사전 교육을 실시하고 재단사무소에서 사전 교육을 통해 설문지 검토 및 데이터 수집의 과정을 모니터링하면서 자료를 수집함.

○ 현지 면담조사는 현장파견의 시간적 제한으로 주민과 사업참여자 및 리더들의 개별면담이 불가한 상황으로 포커스그룹 면담으로 진행되었

음. 면담 데이터 수집의 신뢰도를 확보하기 위해 현지 조사에서 동일한 질문을 유사 질문으로 교차하여 면담을 하면서 신뢰도를 확보하고자 하였음.

o 언어의 한계로 통역 및 번역의 한계: 면담 데이터 수집은 현지부족언어로 확보된 경우, 필요에 따라 프랑스어로 통역 후 영어로 통역 그리고 보고서 작성을 위한 데이터 분석은 한글로 함으로써 2차-4차에 걸친 통역과 한글과 영어번역 과정을 거치면서 원데이터의 의미를 충분히 반영하였는가를 체크하고자 하였으나 한계가 있을 것임.

표 5-3 **평가결과 종합등급표**

평가기준	심사항목	4점 만점)	기준별 총점
1. 적절성	1-1 수원국 개발전략 및 수요와의 적합성, 우리정부 지원 전략과의 적합성	3	3.66
	1-2 사업 설계 및 수행의 적절성	4	
	1-3 환경변화 대응, 위험관리 적절성	4	
2. 일관성	2-1 내적 일관성	4	4
	2-2 외적 일관성	4	
3. 효과성	3-1 계획한 산출물, 성과 목표 달성 정도	4	4
	3-2 사업성과의 취약계층 포용성 및 형평성 정도	4	
4. 효율성	4-1 사업 비용의 효율성	4	4
	4-2 사업 기간의 효율성	4	
	4-3 투입대비 성과 달성 정도	4	
5. 영향력	5-1. 사회·경제·제도에 대한 영향력	4	4
6. 지속가능성	6-1 재정적·제도적 역량 여부	4	4
	6-2 인적역량·유지관리 체계 여부	4	
	6-3 계획대비 실제 지속가능성	4	

종합점수(각 평가기준별 총점의 합: 24점 만점)	23.66
종합등급**	98.58% 성공

* 주1) 득점 구분: 4점 만점으로, 1~4점을 4등 간으로 구분하여 점수 부여
** 주2) 종합등급 기준
   - 종합점수 21점 이상이 매우 성공적으로 판정되며, 씽골리사업은 23.66점을 획득하여 씽골리 주민들에 의해 매우 성공적인 사업으로 평가되었음.

씽골리 주민들의 새마을시범마을조성사업의 영향력 평가

씽골리마을의 새마을 시범마을조성사업에 대한 영향력 평가는 주민 설문과 관계자 인터뷰를 통해 이루어짐. 주민들은 프로젝트 이후 마을 발전에 대해 긍정적인 인식을 가지고 있으며, 특히 소득 증가와 생활 여건 개선을 매우 성공적으로 인식됨. 설문 결과, 주민들은 새마을 프로젝트를 다른 마을에 추천할 의향이 있고, 마을의 경제 상황과 생활 수준이 앞으로 더 나아질 것이라고 기대하고 있음. 특히 도로 인프라 개선과 공무원과의 관계 향상에 대한 긍정적인 평가가 높았음. 설문 문항에서 "우리 마을에만 있는 독특한 정신이나 질서가 있다"는 응답은 비교적 낮았으나, 전체적인 영향력 평가 점수는 4.5625점으로, 이는 주민들이 프로젝트의 효과를 긍정적으로 인식하고 있음. 인터뷰 결과, 새마을 프로젝트가 훈련과 협동조합 형성을 통해 주민들의 경제적 자립을 도운 점이 강조되었으며, 카사바 가공 기계와 같은 인프라 제공이 농업 생산성을 높였다는 긍정적인 평가가 이루어짐. 이러한 결과는 새마을 프로젝트가 주민들의 생활 수준 향상과 자립 역량 강화에 매우 성공적으로 기여함.

   □ 영향력에 대한 구성원의 인식: 코트디부아르 씽골리마을 새마을 시범마을조성사업에 대한 씽골리마을 구성원의 영향력을 파악하기 위하여 설문평가를 진행하여 인식을 조사함. 특히, 영향력 평가 문항에 있어 씽골리마을 구성원이 전반적으로 새마을 시범마을조성사업에 대한 영향력에 긍정적인 인식을 가지고 있는 것으로 확인됨. 이외에, "새마을 프로젝트 이후 크게 변화한 것은 무엇입니까?"라는 문항에 있어, '마을 내 도로'와 '공무원과의 관계'의

응답률은 30%로 나타나 지역 내의 도로 인프라 구성과 공무원-주민 간 유대감에 대한 시사점을 나타냄.

표 5-4 영향력 평가 결과(사후평가)

	영향력 평가 항목	
1	나는 이 새마을 프로젝트를 다른 마을에 추천할 의향이 있다.	5
2	새마을운동 방법과 원칙이 다른 문제를 해결하는 데 적용될 수 있다고 생각한다.	5
3	우리 마을은 앞으로 더 발전할 것이라고 생각한다.	5
4	마을 주민들의 경제 상황이 앞으로 더 나아질 것이라고 생각한다.	5
5	나는 이웃과 협력하여 마을의 문제를 해결할 것이다.	5
6	마을 시설을 유지 관리하기 위해 시간과 돈을 기꺼이 내놓을 의향이 있다.	4
7	앞으로 어떤 어려움이 오더라도 이겨낼 의지가 있다.	5
8	나는 소득을 늘리기 위해 더 열심히 일할 것이다.	5
9	마을에서 발생하는 문제를 주민들이 스스로 해결하고 있다.	5
10	마을 주민들이 서로 의지할 수 있다고 생각한다.	4.5
11	주민들이 단결하면 어떤 문제도 해결할 수 있다.	4.5
12	나는 마을의 일원이라고 느낀다.	5
13	우리 마을에만 있는 독특한 정신이나 질서가 있다고 생각한다.	5
14	새마을 프로젝트가 코트디부아르 전역에 퍼져야 한다고 생각한다.	5
15	우리 마을을 본 다른 마을들도 새마을 프로젝트를 하고 싶어할 것이다.	5
16	새마을 프로젝트 이후 크게 변화한 것은 무엇입니까? (모두 선택) ① 소득 90%(45) ② 주방 및 화장실 100%(50) ③ 다양한 음식 100%(50) ④ 마을 내 도로 30%(15) ⑤ 글자 배우기 등의 교육수준 50%(25) ⑥ 여성의 고용 70%(35) ⑦ 공무원과의 관계 30%(15) ⑧ 우물 등의 물 공급 100%(50) ⑨ 주민들의 자신감 100%(50)(할 수 있다는 정신) ⑩ 주민들 간의 협력 및 조화 100%(50)	
	기준별 총점$(\sum_{1}^{n}/n)$	4.5625

□ 관계자 인터뷰를 통한 영향력 평가 결과: 인터뷰 대상자 4그룹의 52개 질문에 대한 답변의 네트워크 분석을 진행함. 효과성 분야의 중심키워드인 변환(Transformation)과 영향(Impact)를 중심으로 진행한 결과 아래와 같음.

그림 5-2 구성원 인터뷰 결과(Transformation 중심 네트워크 분석)

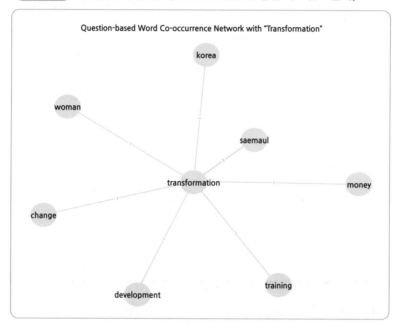

- '변환(Transformation)' 키워드를 중심으로 진행된 네트워크 분석의 결과, 주요 동기어는 아래와 같음.
  * 새마을(Saemaul, 3회), 개발(Development, 1회), 변화(Change. 1회), 한국 (Korea, 1회), 훈련(Training, 1회), 여성(Woman, 1회), 돈(Money, 1회)

그림 5-3 구성원 인터뷰 결과(Impact 중심 네트워크 분석)

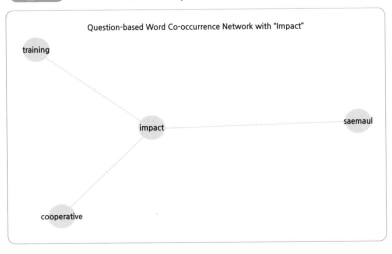

Question-based Word Co-occurrence Network with "Impact"

training

impact

saemaul

cooperative

- '영향(Impact)' 키워드를 중심으로 진행된 네트워크 분석의 결과, 주요 동 기어는 아래와 같음.
  * 새마을(Saemaul, 1회), 협동조합(Cooperative, 1회), 훈련(Training, 1회)

표 5-5 새마을 사업의 영향력 확인을 위한 인터뷰 내용 일부

코트디부아르 농업국장	씽골리 족장 리더그룹
- 새마을은 카사바를 가공하는 기계를 제공하였음. 마을 주민들은 카사바를 재배하고 가공하여 판매할 수 있음. 이는 새마을 프로젝트의 큰 성과 중 하나. 이외에 물탱크와 같은 인프라를 제공하여 농업 활동을 더 쉽게 할 수 있도록 도왔음.	- 부아케에는 시가 있고, 그 안에는 172개의 마을이 있음. 행정 단위로 보면 씽골리가 가장 깨끗하고 조직적인 마을임. 큰 행사가 있을 때 씽골리에서 열리며, 주민들은 깨끗한 환경에서 좋은 공기를 마실 수 있음. 또한 축구장이 있음. - 새마을 덕분에 이제 집마다 화장실이 생김. 가족 구성원들이 함께 조직하여 화장실을 짓고, 토마토와 닭 사육 등의 활동에서 더 많은 수익을 얻게 됨. 한 젊은이는 토마토 재배 활동 덕분에 자신의 집을 지을 수 있게 되었음.

□ 구성원 인터뷰에 대한 중심성 분석 결과

○ 코트디부아르 씽골리새마을 시범마을조성사업의 영향력을 인터뷰 중심성 분석을 통해 파악하고자 하였음.

○ 중심성 분석의 주요 키워드로 선정된 Transformation, Impact, Awareness에 대하여 중심성 분석을 진행하였으며, 분석 결과는 아래와 같음.

표 5-6 영향력 평가에 대한 중심성 분석 결과

주요 키워드	연결중심성	매개중심성	근접중심성	백터중심성
Transformation	0.583333	0.027778	0.705882	0.33957
Impact	0.25	0	0.571429	0.153813
Awareness	0	0	0	0

○ Transformation 키워드은 가장 두드러진 키워드로, 연결중심성 (0.583333)과 근접중심성(0.705882)에서 높은 점수를 기록함. 이는 변화가 해당 네트워크 내에서 중요한 연결고리 역할을 하며, 다양한 구성원과의 관계 형성에 기여하고 있다는 것을 의미함.

○ Impact는 연결중심성(0.25)과 근접중심성(0.571429)에서 상대적으로 낮은 점수를 보이지만, 여전히 네트워크 내에서 어느 정도의 영향을 미치는 것으로 해석됨. 이 점수는 영향력이 있으며, 변화에 대한 인식을 나타내는 데 있어 중요한 요소로 작용할 수 있음.

○ 반면 Awareness는 모든 중심성 지표에서 0으로 나타남. 이는 이 키워드가 네트워크 내에서 존재하지 않거나, 관련된 논의가 이루어지지 않고 있음을 시사함.

□ 영향력 평가에 대한 TF-IDF 분석결과

표 5-7 **영향력 평가에 대한 면담 대상자별 TF-IDF 분석결과**

인터뷰대상자	Transformation	Impact	Awareness
코트디부아르 농업국장	0.009583	0.006078	0
씽골리 부녀회 청년회	0.009669	0	0
씽골리 주민회	0	0	0
씽골리 족장 리더그룹	0	0	0

○ 인터뷰에 대한 동시출현 빈도분석과 중심성분석의 경우, 주제와 관계 없는 단어가 동시출현하여 오류가 발생할 수 있는 한계점을 보완하기 위해 각 인터뷰 대상자들에 대한 TF-IDF 분석을 통해 오류를 보완할 수 있도록 하였음.

○ 코트디부아르 농업국장: 코트디부아르 농업국장은 Transformation (0.009583)과 Impact(0.006078)에서 낮은 점수를 기록하였으나, 두 키워드 모두에서 어느 정도의 중요성을 보여줌. 이는 코트디부아르 농업국장이 변화와 영향력에 대한 인식이 있지만, 이러한 주제에 대한 논의가 상대적으로 미비함을 시사함.

○ 씽골리 부녀회 및 청년회: Transformation(0.009669)에서는 약간의 점수를 보이고 있지만 Impact는 0으로 나타나 변화에 대한 인식은 있지만 그 영향력에 대한 고려가 부족하다는 것을 알 수 있음.

○ 씽골리 주민회 및 씽골리 족장 리더그룹: 모든 키워드에서 0으로 나타남. 이는 이들 그룹이 변화, 영향력, 그리고 인식에 대한 논의에서 완전히 제외되었음을 의미함.

□ 관계자 인터뷰를 통한 지속가능성 평가 결과
- 인터뷰 대상자 4그룹에 대상, 씽골리마을 새마을 시범마을조성사업의 지속가능성에 대하여 다음과 같음.

표 5-8 새마을 사업의 지속가능성 확인을 위한 인터뷰 내용 일부

코트디부아르 농업국장	씽골리 부녀회 및 청년회
- 국가 농업 프로젝트와 함께 새마을 프로젝트가 진행되도록 노력하고 있음. 농업부 장관과의 협력을 통해 새마을 프로젝트가 농업 국가 프로젝트와 같은 목표를 달성할 수 있도록 하고 있음. 장관에게 직접 보고하고 있으며, 새마을 프로젝트가 잘 진행되도록 제안하고 있음. - 한국에서 새마을 교육을 받으며, 새마을이 한국의 발전에 어떻게 기여했는지 직접 보았음. 왜 우리 지역에서도 안 될 이유가 없다고 생각함. - 우리 지역에서도 새마을이 성공하기를 간절히 바라고 있음. 우리는 한국과 멀리 떨어져 있지만, 이 프로젝트를 성공시키기 위해 노력하고 있음.	- 새마을재단에 감사의 말씀을 드리고 싶음. 이 곳의 가장 큰 문제는 물이었음. 정말 좋지 않았음에도, 새마을재단에서 급수시설을 지원해 주어 밭에 가서 물을 가지고 더 많이 생산하고 더 많은 혜택, 추가 혜택을 받을 수 있었음. 그래서 새마을사업이 계속되기를 정말 원하고 더 많은 활동을 원함.

색인

새마을재단 소개

인류 공영과 행복한 사회를 꿈꾸는 새마을재단

새마을재단은 새마을운동의 성공 경험과 노하우를 전 세계와 공유하고, 한국사회의 새로운 도약을 위해 새마을정신을 되새기며 공동체 회복에 힘쓰고자 설립된 비영리재단입니다. 2005년 경상북도가 시작한 '새마을세계화사업'을 이어 받아 2012년 '새마을세계화재단'이 설립되었고, 2022년 '새마을재단'이라는 새로운 이름으로 국내외 새마을운동의 가치 확산과 국제개발협력의 파트너로서 활약하고 있습니다.

이제 새마을재단은 16개국에서 추진한 새마을사업의 성과를 바탕으로 마을을 너머 국가 차원의 새마을사업을 추진하기 위해 해당 국가의 정부와 긴밀하게 협력하고 있습니다. 또한, 소득증대와 더 나은 생활편의를 위한 환경개선 사업을 지속할 뿐만 아니라, 문화적 소외나 디지털 격차를 해소하기 위해 문화와 ICT가 결합한 '스마트새마을'로의 확대·전환을 추진하고 있습니다.

행복한 사회를 함께 만들어가는 재단 조직

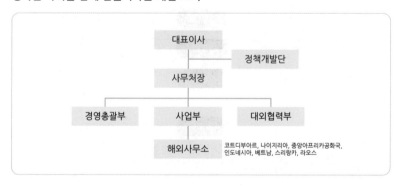

행복한 사회로 가는 새마을재단의 발걸음

새마을 시범마을 조성사업 시작국가		새마을재단 연혁
중앙아프리카공화국	**2023**	국가정책화 (스리랑카, 중앙아프리카공화국) 해외새마을운동연구소 (중앙아프리카공화국) 개소
	2022	새마을재단으로 명칭 변경
나이지리아	**2020**	기업지원형연수사업 시작
	2018	글로벌청년새마을지도자 파견
코트디부아르	**2017**	AFDB / IFAD 협력사업 시작
캄보디아, 라오스, 키르기스스탄	**2016**	해외새마을운동연구소 (베트남, 키르기스스탄) 개소
인도네시아	**2015**	해외새마을운동연구소 (인도네시아, 세네갈) 개소
우즈베키스탄, 스리랑카, 세네갈, 베트남	**2014**	찾아가는 연수 시작
필리핀, 인도	**2012**	새마을세계화재단 설립
카메룬	**2011**	
에티오피아, 르완다, 탄자니아	**2010**	경상북도-KOICA 새마을리더 해외봉사단 파견
	2005	경상북도 새마을세계화사업 시작

씽골리 새마을, 커뮤니티 개발의 표본

초판발행	2025년 4월 9일
지은이	새마을재단
펴낸이	안종만·안상준
편 집	장유나
기획/마케팅	장규식
표지디자인	이은지
제 작	고철민·김원표
펴낸곳	(주)박영사
	서울특별시 금천구 가산디지털2로 53, 210호(가산동, 한라시그마밸리)
	등록 1959.3.11. 제300-1959-1호(倫)
전 화	02)733-6771
f a x	02)736-4818
e-mail	pys@pybook.co.kr
homepage	www.pybook.co.kr
ISBN	979-11-303-2280-3 93350

정 가   25,000원